Direito e violência

estudos críticos

Série IDP/Saraiva
Conselho Científico

Christoph Menke

Direito e violência

estudos críticos

Organização e revisão técnica

João Paulo Bachur

Antonio Martins

Tradução

António Francisco de Sousa

António Franco

Geraldo Luiz de Carvalho Neto

2019

saraiva jur

SÉRIE idp INSTITUTO BRASILIENSE DE DIREITO PÚBLICO | LINHA Direito Comparado

ISBN 978-85-536-1206-2

DADOS INTERNACIONAIS DE CATALOGAÇÃO NA PUBLICAÇÃO (CIP)
ANGÉLICA ILACQUA CRB-8/7057

Menke, Christoph

Direito e violência : estudos críticos / Christoph Menke ; organização e revisão técnica de Antonio José Teixeira Martins, João Paulo Bachur ; tradução de António Francisco de Sousa, António Franco, Geraldo Luiz de Carvalho Neto. – São Paulo : Saraiva Educação, 2019.

1. Direito 2. Violência (Direito) I. Martins, Antonio José Teixeira II . Bachur, João Paulo III. Sousa, António Francisco de IV. Carvalho Neto, Geraldo Luiz de V. Série.

19-0687 CDU 34:316.48

Índice para catálogo sistemático:

1. Direito : Violência 34:316.48

saraiva EDUCAÇÃO | saraiva jur

Av. Doutora Ruth Cardoso, 7.221, 1º andar, Setor B
Pinheiros – São Paulo – SP – CEP 05425-902

SAC | sac.sets@somoseducacao.com.br

Direção executiva	Flávia Alves Bravin
Direção editorial	Renata Pascual Müller
Gerência editorial	Roberto Navarro
Gerência de produção	Ana Paula Santos Matos
Consultoria acadêmica	Murilo Angeli Dias dos Santos
Edição	Eveline Gonçalves Denardi (coord.) Deborah Caetano de Freitas Viadana
Produção editorial	Rosana Peroni Fazolari
Arte e digital	Mônica Landi (coord.) Claudirene de Moura Santos Silva Fernanda Matajs Guilherme H. M. Salvador Tiago Dela Rosa
Planejamento e processos	Clarissa Boraschi Maria (coord.) Juliana Bojczuk Fermino Kelli Priscila Pinto Marília Cordeiro Fernando Penteado (coord.) Mônica Gonçalves Dias Tatiana dos Santos Romão
Novos projetos	Melissa Rodriguez Arnal da Silva Leite
Diagramação	Claudirene de Moura Santos Silva
Revisão	Cecília Devus Denise Pisaneschi Ivani Aparecida Martins Cazarim Ivone Rufino Calabria Willians Calazans de V. de Melo
Capa	Tiago dela Rosa
Imagem de capa	*Médée furieuse*, por Eugène Delacroix (1862). Domínio Público
Produção gráfica	Marli Rampim Sergio Luiz Pereira Lopes
Impressão e acabamento	

Data de fechamento da edição: 24-5-2019

Dúvidas? Acesse www.editorasaraiva.com.br/direito

CL 605865 CAE 654415

Sumário

Apresentação

Christoph Menke é hoje certamente um dos principais expoentes da filosofia social alemã. Professor de Filosofia Política e Teoria do Direito na Universidade de Frankfurt, integra atualmente o grupo de pesquisa *Normative Orders*, desdobramento da antiga Escola de Frankfurt focado especificamente na explicação do surgimento de ordens jurídico-normativas. Dono de uma formação erudita e abrangente, Menke combina aportes da filosofia, em especial da estética, com a sociologia e a teoria do direito para compreender fenômenos, tais como o jogo entre capitalismo, direito e sociedade civil, a relação entre direito, força e violência, a estrutura dos direitos fundamentais e dos direitos subjetivos, sem prejuízo de muitos outros temas. Sempre em tom crítico e analítico, os textos de Menke propiciam uma renovada reflexão sobre o direito moderno.

O presente volume procura trazer para o público brasileiro uma pequena parte da reflexão teórica de Menke sobre o direito moderno, a partir de seus principais artigos. Os textos *Direitos subjetivos: sobre o paradoxo da forma* [originalmente: "Subjektive Rechte: Zur Paradoxie der Form", in *Zeitschrift für Rechtssoziologie* v. 29, n. 1, 2008, p. 81-108], *Crítica dos direitos* [manuscrito inédito disponibilizado pelo autor] e *Na fronteira do direito: o julgamento de Hannah Arendt sobre o Processo Eichmann* [originalmente: "Auf der Grenze des Rechts", in *Merkur* v. 67, n. 7, 2013, p. 573-588] foram traduzidos pelos professores António Francisco de Sousa e António Franco; *Direito e violência* [originalmente:"Recht und Gewalt". Köln: August, 2012, 108 pp.], *Da impossibilidade do reconhecimento* [originalmente: "Das Nichtanerkennbare. Oder warum das moderne Recht keine

'Sphäre der Anerkennung' ist", in Reiner Forst, Martin Hartmann, Rahel Jaeggi & Martin Saar (orgs.), *Sozialphilosophie und Kritik*. Frankfurt am Main: Suhrkamp, 2009, p. 87-108] e *A revolta dos escravos ou por que direitos? Um esboço* [originalmente:"Sklavenaufstand oder Warum Rechte? Eine Skizze", in Falk Bornmüller, Thomas Hoffmann & Arnd Pollmann (orgs.), *Menschenrechte und Demokratie*. München: Karl Alber, 2013, p. 137-157] foram traduzidos pelo professor Geraldo de Carvalho. Todas as traduções passaram por revisão técnica dos organizadores, que se restringiram a ajustar termos técnicos e conceituais específicos da filosofia do direito. Nossa revisão técnica buscou intervir o mínimo possível nas traduções cuidadosamente elaboradas pelos tradutores. Os textos reunidos neste volume foram escolhidos para propiciar uma visada geral acerca da análise crítica que Menke faz do fenômeno jurídico. Embora componham um todo temático unitário, optou-se por manter a estrutura interna de cada artigo traduzido. Por oportuno, agradecemos ao autor e aos detentores dos direitos autorais dos textos originais pelo comprometimento com este projeto, bem como pela cessão dos direitos relativos às traduções para o português.

Em *Direito e violência*, Menke aborda a questão crucial da teoria do direito: o convívio necessário e paradoxal do direito como legitimação e, portanto, como negação da violência, de um lado, com a execução do direito enquanto violência, de outro. A forma jurídica anda sobre o fio dessa navalha. Para ilustrar isso, Menke recupera a origem comum do direito e da tragédia como gênero estético, indo às raízes da justiça da vingança e sua transição à justiça procedimental do direito. A partir daí, Menke relê criticamente o diagnóstico de Walter Benjamin sobre a violência e a tese da "supressão do direito". A sugestão não é simplesmente continuar a operar o direito, cegamente, como se o sistema jurídico fosse uma "fábrica", na célebre analogia de Max Weber, nem simplesmente supor a possibilidade de abolir o direito. Trata-se de operar o direito "com relutância", i.e., problematizando cada operação concreta, levando-se com isso a autorreflexão do direito quase que ao paroxismo. Em um texto erudito, mas de linguagem clara e argumentação afiada, Menke oferece importante material para que a questão central da teoria jurídica seja novamente retomada.

O artigo *Direitos subjetivos: sobre o paradoxo da forma* reconstrói o processo pelo qual os direitos subjetivos se tornam, historicamente, pretensões subjetivas individuais judiciáveis. Em uma criativa combinação entre Luhmann e Derrida, Menke reinterpreta o processo de autorreflexão do direito como um processo paradoxal – tanto para a teoria de sistemas quanto para a desconstrução. A diferença está no diagnóstico que cada uma dessas teorias faz do paradoxo do direito. É a partir daí que surge o componente intrinsecamente político da aplicação do direito.

O texto *Crítica dos direitos* retoma aspectos do texto anterior, mas em diálogo com a crítica que Marx faz aos direitos do homem em *A questão judaica*. Menke investiga a origem dos direitos e a forma de autonomização do direito a partir dos direitos subjetivos, pedra angular do direito – privado, mas também da teoria geral do direito, sobretudo entre nós, cuja formação jurídica é, em geral, essencialmente (e talvez excessivamente) privatista. Contra o que Menke denomina como"empirismo jurídico", que toma o indivíduo – o sujeito de direito proprietário – como imediatamente dado e, nessa medida, como fonte de legitimação da norma jurídica, o autor defende um materialismo jurídico que não se reduza ao imediato, ao dado. Isso redundaria em um direito como movimento, um direito para o qual as operações jurídicas venham a ser momentos de uma transposição dialética da imediaticidade fatual. Isso implica (embora Menke não o diga com todas as letras) compreender o direito como ferramenta de transformação social.

Em *Da impossibilidade do reconhecimento. Ou por que o Direito moderno não é uma "esfera do reconhecimento do outro"*, Menke trava importante diálogo crítico com Axel Honneth e sua teoria do reconhecimento. Em acurada reconstrução crítica dessa teoria, destaca a virada de um conceito ainda eminentemente normativo de reconhecimento, em *Luta por reconhecimento* [*Kampf um Anerkennung*], para o primado do sentido teórico-constitutivo do conceito, marcado sobretudo a partir de *Sofrimento de indeterminação* [*Leiden an Unbestimmtheit*]. O reconhecimento é concebido, assim, a partir do modo de ser social dos sujeitos e, simultaneamente, da capacidade da sociedade de subjetivar por meio de nexos sociais. Isso significa que o reconhecimento se dá por intermédio do outro generalizado, quer dizer, não pela interação recíproca entre os sujeitos, mas por sua condição de membro da sociedade, instaurando-se, nesses termos, uma dialética entre o especial e o geral. Menke volta-se, então, ao desenvolvimento do direito moderno, cuja forma, nomeadamente os direitos subjetivos, permite dissociar liberdade jurídica de autonomia moral, respeito jurídico de estima social. Na liberdade de arbítrio que caracteriza o direito moderno está inscrita também a liberdade de não ser moralmente autônomo: direitos subjetivos, assim, tanto socializam quanto privatizam, em movimentos contraditórios. Menke acompanha o giro de Honneth para o Hegel da *Filosofia do direito*, definindo essa ambivalência a partir da integração dialética entre as possibilidades de participação na esfera da eticidade e de recuo para trás dela; esse recuo, se destituído de qualquer valor ético, caracteriza o que Honneth define como a patologia do direito moderno: a fixação na liberdade jurídica. É nesse momento da reconstrução teórica que se articula a crítica à teoria do reconhecimento de Honneth. Para Menke, a fundamentação da forma dos direitos subjetivos na individualização aberta pela eticidade está estruturalmente limitada pela própria possibilidade de um uso não moral da liberdade jurídica inerente àquela forma. O direito moderno, cuja forma é a indiferença ética, não pode ser concebido a partir de uma teoria da individualização que o formula, necessariamente, em termos de diferença normativa entre o uso correto e incorreto da forma jurídica. Entre as alternativas de abandonar uma teoria do reconhecimento ou modificá-la, Menke aponta o caminho da segunda opção por meio de uma reformulação radical da autorreflexidade das práticas modernas de reconhecimento.

No artigo *A revolta dos escravos ou por que direitos? Um esboço*, o autor se volta ao problema da superação da diferença entre senhores e escravos a partir da reivindicação revolucionária destes últimos. O enigma a ser considerado consiste na interpretação jurídica dessa reivindicação, que dá lugar à crítica do jovem Marx à ordem de direito burguesa como fracasso do ideal revolucionário. A reivindicação dos direitos opera aqui – esta a crítica – uma despolitização da política como verdadeira prática democrática de autogoverno. Para melhor compreender esse paradoxo, Menke recorre a uma reconstrução da *Genealogia da Moral* de Nietzsche, compreendida como uma radicalização da crítica de Marx. Em Nietzsche, os direitos reivindicados pelo escravo permanecem direitos de escravos, de fracos; em vez de reivindicar o direito de criar valores, próprio do senhor, o escravo reivindica o direito de criticá-lo, assumindo uma posição de passividade, de vítima, definindo-se uma vez mais, portanto, como escravo. O passo seguinte será aproximar essa linha argumentativa da crítica de Alain Badiou à ética dos direitos humanos, cujo produto seria a paradoxal declaração, por parte de um sujeito político ativo, de sua passividade, de seu estado de sofrimento. O giro que Menke realiza sobre essas concepções está em compreender passividade e atividade, no ato da revolta, em sua relação dialética. O escravo reivindica *ser considerado*: reformulando a pergunta inicial acerca do porquê dessa reivindicação, Menke enfatiza não o lado negativo da resposta apresentada por Nietzsche, no bojo de uma antropologia pessimista, mas o seu lado afirmativo: a saber, a compreensão do ato da revolta como um ato criador a partir da passividade, como a afirmação rebelde de não querer converter-se em senhor, mas de, numa revolução antropológica, reivindicar uma outra forma de julgar, uma outra forma de criar valores.

Por fim, *Na fronteira do direito: o julgamento de Hannah Arendt sobre o Processo Eichmann* empreende uma reflexão sobre o livro de Hannah Arendt e a conhecida tese sobre a "banalidade do mal" recuperando um aspecto decisivo de sua pretensão: uma rigorosa avaliação jurídica do processo de Eichmann, tal qual em instância recursal, a partir do material apresentado no próprio contexto daquele processo. A dificuldade com que Arendt se depara, ao colocar-se acima do Supremo Tribunal, mas dentro do direito, é esbarrar nas fronteiras deste: a sentença que ela se propõe julgar é uma sentença que não teve – e não podia ter – forma legal. As normas jurídicas preexistentes não são adequadas aos fatos; a forma jurídica sucumbe, o direito não dispõe de elementos prévios para proceder ao julgamento. Por isso, o julgar segundo a forma do direito é substituído por uma espécie de livre julgamento, que remonta às condições de existência da própria forma do direito. Isso se dá, na reconstrução de Menke, a partir da reflexão sobre o problema da competência e da pretensão de cada um de ser julgado pela própria comunidade a que pertence. Surge, assim, a ideia de crime contra a humanidade, contra a espécie em geral, contra a comunidade que é condição de existência de todas as comunidades. Na medida em que é julgado, Eichmann é reconduzido a essa mesma comunidade universal, que aqui vai estabelecer-se como jurisdição universal. O crime ultrapassa a lesão de cada uma das vítimas do autor; ele é um crime contra o gênero humano como tal. Mas o paradoxo consiste, propriamente, na tentativa de impor a forma jurídica sem que esteja satisfeito o pressuposto de existência do direito, isto é, a capacidade daquele que é julgado de se constituir como pessoa. Essa incapacidade, tida em regra como excepcional e comum àqueles que não atingem o estado de discernimento necessário para se fazerem passivos de um julgamento, leva, ordinariamente, à não aplicação das consequências jurídicas normais. Só que aqui essa incapacidade se transforma em regra: a diferença entre normatividade e normalidade desaparece, torna-se excepcional. A fórmula da banalidade do mal é, assim, reconstruída como a incapacidade de Eichmann de pensar e formular um juízo normativo. Mas, se é assim, se o caso foge às fronteiras do direito, como querer aplicá-lo? Como realizar um juízo discursivo sobre um crime cuja especificidade reside na própria impossibilidade de compreendê-lo discursivamente, para além da sua monstruosidade? A impossibilidade desse juízo, para além do "espanto sem fala", é a conclusão paradoxal a que o texto de Menke, inelutavelmente, nos conduz.

O conjunto de textos neste volume exemplifica o vigor da reflexão teórica de Christoph Menke sobre o fenômeno jurídico, constituindo-se em referência obrigatória a todos aqueles que pretendam investigar os fundamentos do direito moderno.

1

Direito e violência

Introdução

I. O destino do Direito
   1. A indecidibilidade da vingança (*Agamemnon*)
   2. O procedimento do Direito (*Eumênides*)
   3. Igualdade e domínio
   4. A violência que se apresenta
   5. Direito e não Direito
   6. A maldição da autonomia (*Édipo Rei*)
   7. O destino do Direito (Benjamin 1)

II. A deposição do Direito
   1. A deposição do Direito (Benjamin 2)
   2. Autorreflexão do Direito
   3. A liberação do destituído de direitos (*O jarro quebrado*)
   4. Excurso: o dilema dos direitos
   5. Após o liberalismo: o paradoxo do Direito
   6. A utopia da possibilidade igual (*Wolokolamsker Chaussee I*)
   7. Direito contra sua vontade

Introdução

Toda tentativa de compreender a relação entre Direito e violência deve partir de duas constatações que se encontram sob tensão entre si, quando não em contradição. A primeira constatação é: o Direito é o oposto da violência; formas jurídicas de decisão são introduzidas a fim de interromper a infinita série de violência que gera violência que gera mais violência, de desfazer o feitiço da obrigatoriedade de resposta à violência com nova violência. A segunda constatação diz: o Direito é violência; decisões jurídicas também exercem violência – tanto violência externa que afeta o corpo, quanto violência interna que lesa a alma, o ser do condenado.

Em ambas as constatações defrontam-se a hostilidade à violência e a violência do Direito: de um lado, a pretensão do Direito em pôr fim à "liberdade selvagem" do estado de natureza, "liberdade externamente anárquica"[1]; a "expectativa de que o Direito possa transformar a débil força de convicções livremente formadas e intersubjetivamente compartilhadas em um poder de integração social capaz de subjugar, por fim, qualquer mera violência, não importando sob que máscara surja"[2] – e, de outro, a violência que inevitavelmente se repete no modo *como* o Direito realiza esta pretensão. O problema entre Direito e violência é o problema da relação entre estas duas constatações: a legitimação do Direito como superação da violência

1 Kant, *Metaphysik der Sitten*, "Metaphysische Anfangsgründe der Rechtslehre". § 42, A 158.

2 Habermas, *Faktizität und Geltung*, p. 471.

e a crítica do Direito como uso da violência. Ambas as constatações são antagônicas, mas nenhuma pode ser negada; ambas são verdadeiras. Compreender a verdade de ambas as constatações é o primeiro requisito para satisfazer a relação entre Direito e violência.

Parece uma tarefa simples. O fato de o uso da violência ser parte das possibilidades de ação do Direito é a tese inicial de toda teoria que se ocupa da legitimação do Direito: a "possibilidade de vinculação da coerção recíproca geral à liberdade de cada um" constitui o *conceito* do Direito[3]. O exercício da coerção (que se dirige à vontade, como "arbítrio") se dá através do uso ou da ameaça de violência, que se aplica ao corpo e à alma. Consoante a expressão latina, violência é um modo de ação que viola a integridade física ou psíquica; usar de violência significa "violar" (*violare*). O Direito, como reza sua legitimação, atua com base na legitimidade, na validade normativa de seus julgamentos. Se seus julgamentos são justificados, então eles o são perante todos, mesmo perante o julgado, e, nesse ponto, também não contra a vontade deste, ou seja, não configurando lesão ou violência mesmo a ele. O Direito só deverá poder usar de violência quando este nexo de justificação for interrompido. A violência é empregada pelo Direito apenas a título subsidiário: *em substituição* à justificação sobre a qual ele se baseia. Se a violência servia ao Direito tradicional ainda como "meio de representação e certificação"[4], ou seja, como meio de reforçar sua justificação, no Direito moderno, cuja legitimação racional não carece, nem é capaz de um reforço violento, ela só existe para combater o sempre ameaçador "risco de dissensão": a violência só serve aqui à proteção *fática* do consenso *normativamente* presumido no Direito[5]. O emprego de

---

3 Kant, *Metaphysik der Sitten*, "Rechtslehre". Introdução, § E AB 36.

4 Luhmann, *Rechtssoziologie*, p. 108.

5 Habermas, *Faktizität und Geltung*, p. 45-60. Como registrado por Habermas, este problema permanece sistematicamente excluído na teoria do Direito do chamado "Liberalismo Político": "Rawls se concentra em questões de legitimidade do Direito sem tematizar a forma jurídica como tal e, com isso, a *dimensão institucional* do Direito. O específico na validade do Direito, a tensão entre facticidade e validade, inerente ao Direito, não é consi-

violência no Direito – conforme sua legitimação – constitui um "caso limite insuperável"[6]; ela está à disposição do Direito, o qual é organizado internamente de modo "simbólico" ou normativo, como um "mecanismo simbiótico" que atua sobre a "existência físico-orgânica". "A violência acompanha o Direito como uma sombra inevitável", pois só através do uso ou da ameaça de violência pode ser garantido que a normatividade do Direito, com vistas ao consentimento, "funcione independente das estruturas de motivação individuais e como tais goze de confiança"[7].

Assim não é novidade quando a crítica ao Direito insiste em que não há Direito – tampouco o pós-soberano que renunciou às cruéis festividades de castigos e torturas – que passe sem violência[8]; com isso, a crítica do Direito só repete o que também a legitimação do Direito já sabia. Mas a crítica do Direito não consiste apenas na constatação de que o Direito ameaça de violência ou a emprega para o cumprimento de seus julgamentos. A crítica consiste, antes, no entendimento de que o "caso limite" (Luhmann) de sua violência é uma condição estrutural do Direito. A crítica vale para a lógica profundamente eficaz que une internamente a dimensão simbólica ou

---

derada" (id., p. 88). A exclusão da questão da violência ocorre explicitamente em Ronald Dworkin, o qual diferencia entre "grounds and force of law" (Dworkin, *Law's Empire*, p. 108-113) para, a partir daí, falar tão somente dos motivos, da justificação – sem violência – do Direito. Assim, não causa surpresa o fato de Dworkin afirmar no final que o Direito seria "finally, a fraternal attitude, an expression of how we are united in community though divided in project, interest, and conviction" (id., p. 413).

6 Luhmann, *Macht*, p. 64. Luhmann não fala aqui do Direito em especial, mas sim de maneira geral da relação entre poder e violência que ele diferencia estritamente, como Hannah Arendt (*Macht und Gewalt*, p. 52 e s.), em sua forma operacional: o poder é "transferência de prestações seletivas" (Luhmann, *Macht*, p. 11; cf. também id., p. 60), pressupondo com isso alternativas; em contrapartida, a violência é uma "alternativa de prevenção" (id., p. 64). Para o que vem a seguir, cf. p. 61 e s.

7 Luhmann, *Rechtssoziologie*, p. 110 e 114.

8 Um bom resumo desta descrição crítica do Direito (na qual não desponta sua própria posição, cf. mais à frente no presente texto) é dado por Robert Cover em "Violence and the Word".

normativa da legitimidade de sentenças jurídicas com o mecanismo simbiótico de sua imposição violenta. A violência consiste no fato de a "ação ser eliminada pela ação"[9]. A eliminação da ação, da capacidade de ação ou liberdade não é um modo de ação vinculado ao Direito apenas externamente, ou mesmo instrumentalmente. A crítica do Direito mostra que violência, enquanto eliminação da ação, é, ao contrário, uma consequência necessária da legitimidade do Direito: uma consequência de seu modo legítimo de julgar. À legitimação jurídica da violência a crítica contrapõe o exame da violência da legitimação jurídica.

Assim, do problema da relação entre ambas as considerações sobre o Direito, que pareceria ser de fácil solução, surge um paradoxo. Esse paradoxo da simultaneidade de supressão da violência e uso da violência pelo Direito será explorado na primeira parte das reflexões seguintes ("O destino do Direito"). Isso acontecerá aqui por meio de uma reconstrução do pensamento jurídico da tragédia. O objetivo dessa reconstrução consiste em compreender a *unidade* paradoxal de legitimação e violência do Direito – ou seja, compreender por que a normatividade do Direito é o motivo de sua violência como destino. A *Crítica da violência*, de Walter Benjamin, pode ser lida como um resumo desse entendimento da tragédia. A segunda parte procura encontrar a lacuna na unidade de Direito e violência, normatividade e destino, interpretar o paradoxo dessa unidade como oportunidade de libertação. Para tanto, a obscura ideia de Benjamin de uma "deposição do Direito" será esclarecida no sentido de um programa de autorreflexão do Direito: depor o Direito não significa continuar a aplicá-lo sem mais nem menos, nem suprimi-lo definitivamente, mas sim refletir sobre ele, ou seja, executá-lo *com relutância*.

I. O DESTINO DO DIREITO

O gênero da tragédia e a instituição do Direito estão interligados em sua origem e em sua estrutura: a tragédia é o gênero do

---

9 Luhmann, *Macht*, p. 64.

Direito, o Direito é a justiça da tragédia. Assim, a forma do Direito não está presente só nos conteúdos e matérias da tragédia, e sim em sua constituição específica do gênero. De justiça trata também a epopeia pré-trágica. Mas aqui impera a justiça como destino, enquanto a tragédia, através de sua forma, apresenta o destino de uma nova forma de justiça ligada à instância de um juiz que julga imparcialmente. A queixa do indivíduo em particular, o confronto e o diálogo entre as partes, a responsabilidade do agente, o significado e as consequências da decisão, as questões e enigmas da interpretação – estes são concomitantemente elementos estruturais da tragédia e do Direito. Os elementos básicos da tragédia correspondem aos elementos básicos da nova teoria e práxis da justiça que se desenvolvem, simultaneamente, como Direito.

Porém, a ligação entre tragédia e Direito é igualmente válida em outra direção: a tragédia não é apenas forma de representação do Direito, o Direito é a forma de justiça da tragédia. O Direito é a forma de justiça produzida pela tragédia: a forma de justiça que a tragédia, através de seu trabalho de reflexão no modo de representação da epopeia, faz resultar da experiência da crise da justiça pré-jurídica (da justiça da vítima ou vingança). O Direito do qual aqui se trata é o Direito da tragédia; não um tipo qualquer de ordem garantida pelo poder que cria um mínimo de confiabilidade das expectativas, mas a forma específica do Direito que gera o trabalho de reflexão da tragédia. A tragédia define um conceito ambicioso de Direito ao contar a história do mesmo; a tragédia define o Direito através da história deste. Esta história trágica do Direito,"em forma de tragédia", é uma dupla história: sua história anterior e posterior, a história de sua gênese e de seu fracasso, de sua legitimação e de sua crise ou crítica.

É disso que trata o breve olhar que lanço a seguir sobre duas tragédias: trata-se de se depreender de ambas as tragédias um conceito normativamente ambicioso de Direito que encerra, simultaneamente e de antemão, a consciência de seu paradoxo. Isto se dá em dois passos: o primeiro passo (tendo em vista a *Oresteia*) conduz da justiça da vingança à justiça do Direito e mostra onde o domínio do Direito repete ao mesmo tempo, de forma modificada, a violência da vingança com a qual ele rompe. O segundo passo (tendo em vista *Édipo Rei*) conduz do Direito "autoritário", que reina através do medo, ao Direito "autônomo", baseado na livre autocondenação de seus sujeitos. O objetivo de tal reconstrução da história trágica do Direito consiste em compreender como no Direito "autônomo", no Direito do Iluminismo (de Édipo[10] até hoje), a violência se mantém: em que sentido – de "crítica" e de "violência" – o Direito autônomo deve se tornar objeto de uma "crítica da violência".

1. A indecidibilidade da vingança (*Agamemnon*)

Os discursos filosóficos da legitimação contrapõem o Direito à violência do estado de natureza, no qual todos podem tudo fazer impunemente. Esse estado filosoficamente ideado é fictício[11], e assim também o é a legitimidade que a filosofia proporciona ao Direito como antídoto. A tragédia, em contrapartida, descreve a violência, com a qual o Direito rompe, como violência não derivada de instintos naturais ou mero arbítrio, mas, ao contrário, como violência derivada de um estatuto peremptoriamente necessário: o Direito, segundo o realismo da tragédia, surge da objeção à violência da vingança. A vingança, no entanto, é uma forma de execução da justiça. A violência que o Direito supera não é a violência que constitui o estado de natureza, conforme a ficção filosófica, mas a violência de uma primeira e primitiva ordem de justiça: a violência de uma ordem normativa, violência normativa. A *katastrophé* – um "cataclismo à força" – que, de acordo com a experiência das Erínias, as deusas da vingança, signifi-

---

10 Na concepção original da *Dialética do Iluminismo*, seu herói não era Odisseu, e sim Édipo.

11 O estado de natureza é "fictício" no sentido de que ele foi feito, inventado ou gerado. Mais precisamente, ele foi feito exatamente pela situação jurídica que se apresenta como resposta a ele. O estado de natureza não precede a situação jurídica (como o imaginam as filosofias da legitimação), sendo, sim, o próprio produto desta. Cf. a respeito o ponto I.5 – "Direito e não Direito".

ca a inserção do "novo Direito"[12-13], não é a primeira origem da normatividade contra a natureza, mas uma mudança tardia na ordem da justiça. No entendimento da tragédia, o Direito nasce da – *contra a* – experiência da violência, a qual faz parte da justiça vista como vingança. O Direito pretende ser uma ordem normativa da justiça segundo a – *para além da* – violência dos vingadores.

A vingança é justiça, pois a vingança atinge aquele que a merece. A vingança segue a lei da igualdade, pela vingança retalia-se com os mesmos meios: a mulher mata seu marido por este ter sacrificado a filha em comum, por isso o filho mata sua mãe e, em seguida – por não haver mais ninguém da família para fazê-lo – ele é perseguido pelas deusas da vingança. A vingança é justa por ser justificada. A vingança não é o ato primeiro, infundado, mas o segundo. A vingança é a resposta a um delito – uma resposta que *tem que* ocorrer (destarte é considerada enviada por Deus) porque ou quando o delito foi uma violação excessiva da justa ordem.

> Quem muito sangue derramou
> Aos olhos dos deuses não escapará.
> As negras Erínias da vingança logo volverão daquele
> Injustamente favorecido a sorte em infortúnio
> E o precipitarão no abismo.
> (*Agamemnon*, 461-466)

Agindo contra o excesso do delito – da sorte "injustamente" – a vingança, que volve a sorte destituída de qualquer direito em "infortúnio", restabelece a situação correta. A vingança cria um equilíbrio ao cometer novamente um crime naquele que cometera um crime. A justiça da vingança consiste em fazer o mesmo.

---

12 Como em todos os pontos decisivos, também aqui o discurso da tragédia sobre o Direito é, ao mesmo tempo, um discurso da tragédia sobre si mesma: a *katastrophé*, a "virada para a decadência", cita a "estrofe", a virada do coro em sua dança para um lado do palco (e a parte do canto que é entoado nesta direção), seguida pela "antístrofe", a conversão na outra direção.

13 Ésquilo, *Eumênides*, p. 490 e s. A *Oresteia* é citada no original em alemão segundo: Aischylos. *Tragödien und Fragmente*, tradução de Oskar Werner.

Contudo, é justamente na igualdade da vingança, através da qual ela se justifica, que reside também sua violência. O ato vingador é uma resposta ao ato vingado na medida em que repete o ato vingado; o ato vingador é *como* o ato vingado. Ao repetir o ato vingado, o ato vingador é, ao mesmo tempo, justificado sob o mesmo aspecto, é necessário e inevitável[14] – e violento. O ato vingador, como repetição do delito a ser vingado, é, ele próprio, novamente um delito a ser vingado. A vingança que um deus –"Apolo, ou Pan, ou mesmo Zeus" – enviou aos "malfeitores" só *pode* ser executada de modo a exceder a medida e, porque "repleto de violência", suscita o "rancor" de outra deusa – no caso aqui, Artemis[15]. Destarte, ao ato vingador deve seguir, por sua vez, uma resposta que faz com o vingador o mesmo que este fez. Por seguir a lei da igualdade, a vingança vai sempre mais adiante. Todo ato de vingança, apesar de toda legitimidade de sua resposta a uma violação anterior, é por si mesma exatamente como a violação a qual resposta. Legitimidade e violência da vingança estão insoluvelmente ligadas: o ato vingativo é "medida por medida" *e* excesso, que exige outro ato vingativo para ser colocado na medida certa. A violência da vingança consiste em ter que continuar infinitamente – a "loucura do assassínio alternante" (*Agamemnon*, 1575 s.).

Todo ato de vingança é ambíguo: ele é retaliação *e* repetição de um crime excessivo, pois todo ato vingativo se encontra no curso dos acontecimentos, simultaneamente, em dois locais distintos. De cada ato de vingança há dois contos, haja vista que sempre que acontece um ato vingativo contam-se duas vezes. Em uma das contagens, o ato de vingança está em segundo lugar. Através dele é expiado um primeiro crime; as deusas da vingança são "os mais justos juízes" (*Eumênides*, 312). Na outra contagem, o ato de vingança está em primeiro lugar. É um ato excessivo que ainda deverá receber sua

---

14 Não é decisivo nem através de quem nem como e através de que a vingança sucede: "Tudo é / como deve: tudo caminha como destinado, / se acendes a chama, se a de novo instilas, / se vertes lágrimas – nada satisfará a ira inapagável / sobre sacrifícios que perdeste" (*Agamemnon*, 67-71).

15 *Agamemnon*, 55-59, 130, 135 s.

"merecida recompensa" (*Eumênides*, 272). O ato de vingança é contado duas vezes, portanto avaliado em sentidos opostos, já que é ontologicamente ambíguo. A vingança é mera execução de um destino ou maldição que o primeiro crime já infligiu a si mesmo: um acontecimento. E a vingança é uma ação, um primeiro crime, ao qual terá que seguir vingativamente um segundo crime.

Os etnólogos da vingança discutem sobre o que ela é: "uma forma extremamente elaborada e controlada de regulação da violência", através da qual, após um delito na relação pré-estatal entre grupos distintos, mas ligados entre si, é restabelecido o equilíbrio[16]; ou um círculo infinito de violência, no qual não existe "nenhuma diferença nítida entre o ato punido pela vingança e a própria vingança"[17]. A vingança não é nem uma coisa nem outra, pois é inerente à sua essência ser ambos ao mesmo tempo. A justiça da vingança – em restabelecer o equilíbrio frente um ato excessivo – e seu caráter violento gerador de violência – ao repetir o excesso retaliado – são dois lados do mesmo objeto. A vingança encerra uma ambiguidade que faz decompor sua justiça em uma disputa irresolúvel entre partes adversas: foi a retaliação de um malfeitor passado e desmedido (como Apolo defende Orestes[18]) ou foi um "novo assassínio" (como acham as Erínias: *Eumênides*, 204) que clama por retaliação? Para esta questão a justiça da vingança não possui resposta, pois há sempre duas respostas incompatíveis entre si.

Do mesmo modo que a vingança não pode obrigatoriamente responder à questão de definir se o delito foi um ato primeiro ou

---

16 Hénaff, *Der Preis der Wahrheit*, p. 331.

17 Girard, *Das Heilige und die Gewalt*, p. 28. Girard escreve que isto aparece assim "na tragédia grega, por exemplo" (id., p. 29). O nexo é bem mais estreito: é primeiramente (e só) na tragédia que a vingança se apresenta assim. Hénaff aludiu com razão a este fato (cf. Hénaff, *Der Preis der Wahrheit*, p. 346). Mas ele explica este nexo no sentido de que a tragédia tomaria partido da pólis contra a vingança. Contudo, a avaliação negativa da vingança na tragédia já resulta da lógica de sua representação: a vingança pode aparecer assim somente a uma maneira de representar, segundo a qual tudo o que ela representa, ela conta não uma única vez, mas duas.

18 "Ordenei que vingasse o pai; e com direito" (*Eumênides*, p. 203).

segundo, ela tampouco é capaz de dizer se a retaliação a este é bastante. A questão que a vingança deixa sem resposta é: como pode haver um ato justo em resposta a um delito, um ato que não carece de nenhuma outra resposta, que não inicia nenhuma nova história, mas que põe termo na sequência de atos violentos? A violência da vingança é uma violência feita por justiça. Esta violência consiste na infinitude de seu agir. A pergunta que a vingança faz e obrigatoriamente fica sem resposta é: existe um ato de justiça que *não* continue a agir infinitamente – que não seja violência?

2. O procedimento do Direito (*Eumênides*)

A resposta do Direito à questão que a vingança não conseguiu responder é: sim, existe um final quando o ato de decidir segue o procedimento correto. O Direito não incorpora nenhum saber maior a respeito da situação justa do que a ordem da vingança. Também o Direito só sabe que, segundo a regra da justiça, o crime exige uma resposta que faz, àquele que o cometeu, o que o mesmo fizera. Porém, o Direito sabe, ademais, da natureza controversa do saber; sabe que todo ato pode ser contado duas vezes, relatado de duas formas. O Direito sabe que todo relato não passa de um relato. Ou o Direito sabe que a todo relato se contrapõe outro relato. Quando for feito um relato, por exemplo, o relato de um "novo assassínio", o Direito então sabe e diz:

> Por se apresentarem duas partes, só a metade da história foi dita. (*Eumênides*, 428)

Assim inicia o Direito. Este é o primeiro e fundamental passo do procedimento no qual consiste o Direito. O Direito supera a violência da vingança, haja vista que ele primeiro é capaz de perceber e depois garantir que "se apresentam duas partes" e que tomarão a palavra[19]. Com isso o Direito define cada um que se apresenta como

---

19 Também na tragédia, por isso ela é o gênero do Direito, sempre "se apresentam duas partes": a história da tragédia começa com que "Ésquilo tenha aumentado o número de atores de um para dois" (Aristóteles, *Poetik*, 4. 1449a).

sendo um de dois. Ele é definido como uma parte: como alguém cujo relato é parcial. E este é definido como alguém a quem se defronta legitimamente outrem, com seu relato parcial. O procedimento do Direito consiste em defrontar todo relato como parcial. Isto não significa que o Direito pressupõe que ele não seja verdadeiro. Por que um relato parcial não deveria poder ser o relato verídico? Significa, antes, que o Direito não pressupõe que ele seja verídico (ou que seja inverídico). Defrontar todo relato como parcial significa proceder de modo que depois de um ainda terá que ser ouvido o outro. O procedimento do Direito *distancia* todo relato e o *relativiza*, assim, como sendo um de dois. É por isso que o Direito ouve ambos. O fato de se poder contar o mesmo ato (crime) de uma maneira e de outra marca o fim da justiça da vingança. Em contrapartida, no procedimento do Direito, esse é o caso normal. Poder contar um ato (crime) de uma maneira *e* de outra é simplesmente o que constitui um caso jurídico. Com isso, todo caso jurídico é um caso "difícil".

Dentro da ordem da vingança, é indiferente o modo do relato: se o matricídio é um "novo assassínio" que grita por retaliação, ou se já era, ele próprio, a retaliação pelo anterior assassínio do marido (e, assim, se este foi um "novo assassínio" que gritou por retaliação, ou se ele mesmo já era a retaliação pelo assassínio anterior da criança), – isso é indiferente para alguém que entende a justiça no sentido da vingança. Os relatos que a justiça da vingança executa são destituídos de sujeito; eles se contam como o próprio mito. Por outro lado, os relatos, cujas confrontações constituem o caso jurídico, são relatos feitos por uma parte. Com isso, a verdade se torna o problema e, assim, o resultado de um procedimento: a verdade primeiramente ainda deve ser achada; ela se encontra no fim de um processo de investigação e de julgamento[20]. A esse processo é inerente o fato de se ver que dois lados se apresentam simultaneamente. O procedi-

---

20 Cf. a observação de Heidegger sobre o conceito de procedimento em Platão: Heidegger, *Parmenides*, p. 189 e s. Cf. também Foucault, "A verdade e as formas jurídicas". Sobre a incerteza a respeito do desfecho como uma condição fundamental de todos os processos, também o do Direito, *vide* Niklas Luhmann, *Legitimation durch Verfahren*, p. 40, 116.

mento do Direito ouve ambos os lados. Assim sendo, o procedimento do Direito exige um sujeito que não seja parte: um sujeito imparcial, neutro – um juiz. Com a instituição deste, Atena executa a "catástrofe" da vingança:

> O caso é por demais grave
> Para ser confiado
> Ao julgamento de um mortal;
> Tampouco caberá a mim
> Julgar a contenda (...).
> Contudo, como a questão nos chegou até aqui,
> Escolherei juízes para assassínios,
> Comprometidos por juramento, inflexivelmente munidos de justo sentido
> E lhes colocarei esta atribuição para todos os tempos.
> (*Eumênides*, 470-484)

"Justo" não mais significa: fazer o que tem de ser feito; compensar o excesso do crime repetindo o mesmo crime contra quem o praticou. "Justo" significa agora aquela maneira de compreender as coisas (o inflexível "sentido") que não é parcial, mas que vê ambos os lados.

O rompimento com a justiça da vingança e a entrada na do Direito requer dos adversários que se vejam como partes, o que tem um duplo significado: é-lhes exigido reconhecer o outro e "outrem". Requer-se deles que vejam a si mesmos como uma parte e o outro também como uma, como segunda parte, em uma situação em que ambas serão igualmente ouvidas. E exige-se deles verem a si mesmos e ao outro como partes que não são capazes de um julgamento justo em seu litígio, ao tempo em que este julgamento só pode ser obtido por outrem: outra pessoa que não seja mais uma parte outra, e sim que seja em sua categoria distinta deles – não uma parte, "outrem". A saída da justiça da vingança e a entrada no Direito requer dos adversários renunciar ao direito do julgamento em causa própria e reconhecer outrem como julgador acima deles. A entrada no Direito requer a submissão de ambos os lados ao poder de decisão de outrem:

Erínias: Então examina e julga retamente.
Atena: Deixais a mim o poder de decisão?
Erínias: E por que não?
Assim honramos aquele que é digno de nossa veneração.
(*Eumênides*, 433-435)

Orestes: Decide tu se o que fiz foi justo ou não!
Me entrego a ti, submeto-me por inteiro a teu veredito.
(*Eumênides*, 468 s.)

O rompimento com a justiça da vingança e a entrada na justiça do Direito exige de cada uma das partes (e que só através disso se tornam partes) um duplo descentramento. Aqueles dois que se defrontam hostilmente precisam se ver como uma dentre duas "partes" que manifestam seu reconhecimento mútuo pelo fato de que ambas simultaneamente – ao mesmo tempo e igualmente – cedem seu poder de decisão a um terceiro acima deles, ao juiz imparcial. Com esse duplo descentramento começa a subjetivação requerida pelo Direito (e que nem permanece nesse duplo descentramento – liberando a maldição da internalização autônoma do Direito – nem jamais será totalmente realizada: pois a subjetivação por meio do Direito tem como resposta a "relutância" dos subjugados).

3. Igualdade e domínio

O procedimento no qual consiste o Direito é definido por meio de três posições – uma primeira parte; uma segunda parte; um terceiro com poder de decisão – e duas relações: a relação horizontal entre as duas partes e a relação vertical entre as partes e o juiz na qualidade de não parte. Contudo, o sentido dessas relações no processo jurídico só se revela quando elas são reconhecidas em seu conteúdo político. Na forma negativa isso significa: o processo jurídico não é um processo arbitral, o juiz não é um árbitro que pondera a legitimação relativa de dois direitos, pois as posições e relações em um processo arbitral são "privadas". Elas baseiam-se no acordo voluntário entre dois partidos em confronto no sentido de, para este caso e objetivo, buscar auxílio de uma pessoa externa. Em contrapartida, o processo jurídico estabelece relações políticas entre os partícipes: relações de igualdade e de domínio. Essas duas relações constituem a política do procedimento, definindo o processo jurídico *como* política[21].

A igualdade é primeiramente aqui a igualdade das partes submetidas ao procedimento jurídico: ambas as partes são igualmente ouvidas no procedimento jurídico, elas estão subordinadas ao mesmo juiz. Nessa igualdade procedimental das partes realiza-se, no entanto, a igualdade política dos cidadãos: ser um cidadão igual significa poder se tornar parte igual em um procedimento jurídico. A igualdade produzida ou garantida pelo processo jurídico entre as partes interessadas baseia-se na igualdade de todos os cidadãos. Só pode ser "parte" em um processo jurídico quem faz "parte", *partie*, de uma coletividade[22].

Nisso, o Direito como processo é político: vinculado à comunidade dos cidadãos. Contrariamente à justiça da vingança, dominante entre diversas comunidades, a justiça do Direito só pode existir em uma comunidade de cidadãos iguais, o que também significa: não existe Direito fora da coletividade política. Assim tranquiliza Atena, como deusa do Direito, as deusas da vingança furiosas com a destituição de seu poder, ao lhes mostrar onde elas, mesmo após a introdução do procedimento jurídico, poderão continuar a reinar,

---

21 De acordo com uma tese básica de Christian Meier, *"Aischylos" Eumeniden und das Aufkommen des Politischen*. Cf. também o esclarecimento da igualdade como isonomia em Meier, *Entstehung des Begriffs "Demokratie"*, p. 36 e s.

22 "Quem ousa dar a um povo uma constituição (*d'instituer un peuple*), também há de ousar transformar, por assim dizer, a natureza humana. Transformar cada indivíduo (*individu*), que em si é um todo perfeito e autônomo, em uma parte (*partie*) de um todo maior, do qual esses seres individuais obtêm, de certo modo, sua condição de ser e sua vida; desfigurar a constituição do ser humano a fim de fortalecê-la. Colocar uma existência parcial (*partielle*) e moral no lugar de uma existência física e independente que recebemos por natureza. Em resumo: ele precisa tomar da pessoa humana suas forças que lhe são próprias a fim de lhe dar outras que lhe são alheias e que ela, sem o auxílio do outro, não saberá utilizar" (Rousseau, *Vom Gesellschaftsvertrag*, cap. II.7: "Der Gesetzgeber", p. 100).

haja vista que lá o Direito *não* se aplica: na casa onde só existem relações de desigualdade – entre marido e mulher, pai e filhos, senhor e servos – e na relação entre as coletividades, pois aqui governa o "deus da discórdia"[23]. Porém, após a instituição do tribunal, as Erínias, segundo Atena, não mais poderão dominar entre "meus cidadãos", em "meu povo" (*polítais*: *Eumênides*, 854, 926), pois aí domina a igualdade – a igualdade perante o Direito ou *através* do Direito.

Mas a igualdade política dos cidadãos não é base apenas para a igualdade procedimental de ambas as partes. Ela também define a relação entre as partes e o juiz imparcial que sobre elas sentencia. De acordo com o entendimento de Atena, aplica-se o seguinte: também o juiz é um cidadão; só um cidadão pode ser juiz. Diferentemente da justiça da vingança, a justiça do Direito não mais se impõe em um julgamento que não possui sujeito, em todo caso, não um sujeito humano. O julgamento da vingança era destituído de sujeito, pois ele já estava contido no excesso do ato a ser vingado; o vingador apenas comprova esta propriedade. Por outro lado, a sentença do Direito possui um sujeito que ela *revela* através de um processo de investigação e julgamento – o juiz. Com as partes sobre as quais ele sentencia, o juiz se encontra em uma relação dupla: ele não apenas *é* um cidadão igual como ambas as partes em litígio; diferentemente das partes, o juiz-cidadão fala também *em nome* da igualdade. O juiz é a personificação da igualdade, o representante da igualdade de todos os cidadãos. A sentença do juiz é a sentença de cidadãos sobre cidadãos. De forma mais precisa: é a sentença de um cidadão (ou de alguns, ou de muitos ou de todos os cidadãos) em nome *do* cidadão. Por meio do juiz ou dos juízes, toda a comunidade de cidadãos sentencia sobre cidadãos individuais.

Em Atenas discutiu-se por séculos se o julgamento jurídico, a fim de ser considerado julgamento de toda a comunidade dos cidadãos, deve ser entendido e organizado democraticamente ou aristo-

---

23 "Que guerra só haja fora dos portões, que facilmente se inflama; sempre ao alcance de quem guarda em si a ambição violenta de glória verdadeira, mas que seja proibida a luta a aves da mesma gaiola!" (*Eumênides*, 865-867).

craticamente[24]. Nesse debate toma posição Ésquilo quando este deixa Atena dizer que não cidadãos quaisquer podem ser juízes: devem ser"os melhores dentre os cidadãos"que Atena escolhe como juízes (*Eumênides*, 487). Segundo Atena, assim Ésquilo, o Direito, caso deva funcionar, só pode ser constituído de forma aristocrática: domínio do Direito significa domínio dos melhores[25-26].

"Domínio dos melhores"significa que no Direito impõe-se, com base na igualdade, um antagonismo, mais precisamente uma hierarquia. Ela é aqui qualificada, no discurso aristocrático de Atena, como hierarquia entre os cidadãos melhores e os comuns. Porém, ela remete à relação de domínio pertencente a todo Direito, independentemente de como ocupa a função judicial. A designação aristocrática da hierarquia entre os cidadãos"melhores" e os comuns manifesta

---

24 Para uma pequena visão geral sobre o vai e vem entre ambas as concepções em Atenas, *vide* Christoph-Maximilian Zeitler, *Zwischen Formalismus und Freiheit. Das Rechts – und Richterbild im attischen Recht am Beispiel des Prozesses gegen Sokrates*, p. 17-51. A respeito, também Meier,"*Aischylos' Eumeniden und das Aufkommen des Politischen*", p. 214 e s.

25 Assim também vê Tocqueville. No capítulo de seu livro sobre a América: "O que contribui para suavizar a tirania da maioria nos Estados Unidos", escreve ele:"Oculto no fundo da alma dos juristas reencontramos, assim, algo das inclinações e costumes da aristocracia. Como esta, eles têm uma preferência involuntária pela ordem, prezam por natureza as formas, como estas nutrem uma grande aversão à ação das multidões e desprezam em segredo o governo do povo. (...) Digo que, em uma sociedade na qual os juristas incontroversamente ocupam a elevada posição a eles atribuída naturalmente, seu espírito se revela como extremamente conservador e voltado contra a democracia"(Tocqueville, *Über die Demokratie in Amerika*, parte I, p. 396 e s.). No Direito moderno que não mais recruta seus juízes, como Atena os seus, através de seleção divina, o espírito aristocrático dos juristas encontra-se sob a ressalva de que"qualquer um, todavia, pode se tornar jurista, desde que empregue a força necessária para tal" (Savigny, *System des heutigen römischen Rechts*, p. 49).

26 Sobre o caráter antidemocrático do domínio do Direito (e de sua legitimação jurídico-filosófica no liberalismo), cf. Walzer,"Democracy and Philosophy". Para tanto, um belo exemplo é a frase de Dworkin:"The courts are the capitals of law's empire, and judges are its princes" (*Law's Empire*, p. 407).

apenas a essência senhorial e "crática"[27] no Direito, pois indiferentemente de como se pareça a solução organizatória, o problema é sempre o mesmo: que a justiça praticada pelo procedimento jurídico consiste em nada mais que a comunidade dos cidadãos como um todo sentencia, por meio do juiz ou dos juízes, sobre cidadãos individuais. Isso se chama aqui "imparcialidade". Por meio do Direito tem voz a unidade política dos cidadãos. No estado pré-jurídico da vingança tomamos ciência de que todo cidadão particular se vê como um destinatário de exigências normativas, e mesmo de deveres incondicionais. Cada um se encontra sob as pretensões de *sua* justiça (o general precisa sacrificar sua filha; a mãe precisa vingar a filha, o filho o pai etc.), cujo cumprimento é reclamado por um deus, uma deusa. A ordem da vingança é caracterizada não por uma falta, mas por uma superabundância de justiças. A isto o Direito coloca um fim ao fazer valer uma lei. Essa lei é a lei da igualdade que constitui a unidade política dos cidadãos. Todas as diversas justiças, conflitantes entre si, em cujos nomes foram consumados os atos de vingança, são reduzidas, diante disso, a meras parcialidades. A jurisdição dos tribunais, assim escreve Robert Cover com vistas a *Eumênides*[28], não é tão criadora ou realizadora do Direito, e sim, antes de tudo, hostil à lei ou sua destruidora: *jurispathic;* ela intervém em um campo de "polynomia", impondo o Direito ao sufocar as muitas leis de justiça vingativa, conflitantes entre si. Mas se democrática ou aristocraticamente; se por meio da assembleia de todos ou se apenas por meio dos melhores cidadãos: no julgamento jurídico executa-se o domínio da unidade política sobre os indivíduos parciais.

---

27 N.T.: No original em alemão, "kratisch", traduzido a seguir como "crático, crática", é empregado no significado grego de crático (= domínio) como em "aristocrático, aristocracia" ("domínio dos melhores").

28 Cover, "Nomos and Narrative", p. 139 e s. Cf. também o resumo conciso na p. 155: "Judges are people of violence. Because of the violence they command, judges characteristically do not create the law, but kill it. Theirs is the jurispathic office. Confronting the luxuriant growth of a hundred legal traditions, they assert that this one is law and destroy or try to destroy the rest".

Por conseguinte, em seu procedimento o Direito realiza a igualdade política dos cidadãos sempre de duas formas: pelo fato de ambas as partes tomarem a palavra elas mesmas e igualmente, e pelo fato de um juiz julgar em nome da igualdade de todos os cidadãos. No processo de audição das partes, o Direito realiza a pluralidade da igualdade política; no momento da decisão, a igualdade como unidade política. Igualdade no Direito na dimensão horizontal significa: pluralidade das partes, iguais entre si pelo fato de serem meras partes. E igualdade no Direito na dimensão vertical significa: hierarquia entre juiz e partes; a sentença judicial executa a igualdade entre os cidadãos como domínio de sua totalidade sobre os cidadãos individuais.

4. A violência que se apresenta

Atena testemunha o caráter de domínio do Direito ao se apresentar na instituição do tribunal como hábil discípula das Erínias. Ela lhes repete a lição de que só existe justiça quando esta repousa em "medo". A doutrina crática com a qual as deusas da vingança derivam da justiça a necessidade de sua atuação hedionda e intimidadora – a doutrina de que não é bom nem quando os cidadãos estão "sem senhor" [*anarquia*], nem quando são "servos de um senhor" [*despotismo*], por terem *medo* apenas diante de um senhor (e por a justiça sem medo não poder dominar)[29] – não apenas não está esquecida na ordem política do Direito como também, ao contrário, a ordem do Direito adota este ensinamento, desde o início, de uma maneira a se lhe abrir um futuro de aguçamento extremo. A ordem do Direito *interiorizou* a doutrina crática do domínio através do medo. Assim repete Atena, como houvesse decorado, que a relação dos cidadãos para com o Direito, como uma relação de "reverência", deve permanecer uma relação de "temor" (*Eumênides*, 691): o reconhecimento da

29 "Quem não sob o brilho da felicidade sente medo nas profundezas do coração, tanto a cidade quanto o homem, não é capaz de se curvar ao Direito? Seu desejo seja não se submeter nem a uma condição sem senhor nem a de servo de senhor!" (*Eumênides*, 520-522).

validade de julgamentos jurídicos – pois só neles se manifesta a igualdade dos cidadãos – *significa* submissão ao poder ameaçador do domínio que todos exercem sobre o indivíduo em particular. Atena recomenda a sua cidade a nova ordem do Direito porque nela se coadunam intimamente igualdade e domínio:

> Nem anarquia nem servo de tiranos
> (Não viver sem senhor, não viver sob a violência de um senhor[30])
> Eis o mais alto objetivo que os cidadãos hão de seguir e respeitar,
> E não expulsar todo o temor da cidade.
> Pois quem dos homens que nada teme
> Permanece justo?
> (*Eumênides*, 696-699)

Esta repetição de um domínio que infunde o temor, domínio através do qual já se legitimou a ordem da vingança, foi interpretada no Direito, desde o início, como um sinal de sua indecidibilidade. Já na reescrita de Eurípedes da terceira parte da Oresteia, a confiança em poder distinguir entre os atos ou ameaças da vingança e aqueles do Direito deu lugar a uma combinação de ambos os fenômenos: eles são objeto *do mesmo* medo. Se Orestes teme "as mulheres-serpente com o olhar incandescente vermelho-sangue", as "sacerdotisas de Hades de olhar canino", que por vingança querem matá-lo[31], ou a votação diretamente iminente dos cidadãos de Argos no processo de homicídio contra Electra e ele, que o condenarão à "morte por apedrejamento pelas mãos do povo" (Orestes, 442): isso, para Orestes, para seus sentimentos e sua queixa, não representa diferença alguma. (Ambas, tanto a justiça da vingança quanto a do Direito, devem ser, portanto, também igualmente suspensas pelo tribunal no monte sagrado de Ares, que Eurípedes não mais descreve, como Ésquilo, como um tribunal de cidadãos instituído por Atena, mas como um tribunal divino prometido por Apolo: *Orestes*, 1643-1651.) Para *Orestes* de Eurípedes, a pretensão do Direito em ser em sua

30 Aischylos, *Die Orestie*, trad. de Emil Staiger.

31 Euripedes, *Orestes*, 256, 261, em: id., *Tragödien*, vol. II, p. 235-300.

categoria (e, destarte, catastrófico) diferente da vingança, se tornou incompreensível; a reivindicação de diferença do Direito agora emudece diante da evidência fenomenal de que tanto o Direito quanto a vingança, a violência da punição do Direito e a violência da vingança, possuem a mesma aparência.

A diferença entre vingança e Direito é uma "qualidade não perceptível sensorialmente", pois ela é – *meramente* – uma diferença de forma, da forma como julgam. Como diferença formal, a diferença entre vingança e Direito só se revela "por um processo de reflexão"[32]. Essa diferença formal, não perceptível pelos sentidos, desvanece-se quando os fatos da realidade jurídica se sobressaem com um poder imperioso: quando o olhar "realista", desde Eurípedes e a sofística coletânea até os atuais *Critical Legal Studies*, desmascara o Direito como violência mascarada que vem auxiliar os interesses da classe dominante em sua aplicação. Diante do simples dado estatístico de que, do grupo de negros nos EUA entre vinte e trinta e quatro anos, mais de onze por cento estão na cadeia, mais que dez vezes mais na média de toda a população e, ainda assim, quatro vezes mais do que na faixa etária correspondente de brancos, a – correta – alusão à diferença formal de todo ato de julgamento jurídico de que se compõe esta estatística se torna nula em relação ao da vingança. Direito e vingança não são apenas aparentemente iguais, eles *se apresentam* iguais.

5. Direito e não Direito

Mas exatamente por isso não basta o olhar realista, que sempre só atinge a apresentação, para compreender a violência do Direito: o fato de que ela é a violência *do Direito* "só resulta de um processo de reflexão" (Kelsen). Afinal, contrariamente à hipótese fundamental compartilhada pela observação realista do Direito com seu adversá-

---

32 "Que um fato seja execução de uma sentença de morte e não um assassínio, esta qualidade – não perceptível sensorialmente – resulta de um processo de reflexão: da confrontação com o Código Penal e com o Código de Processo Penal" (Kelsen, *Reine Rechtslehre*, p. 19).

rio idealista, a violência do Direito não é a outra sua forma (e a forma do Direito, idealisticamente, não a outra da violência); a violência do Direito nasce de sua forma – daquela mesma forma jurídica que rompe com a indecidibilidade da vingança, reprodutora da violência. Toda violência se apresenta de forma igual: para quem a sofre, não faz diferença por que e como ela é exercida. Mas nem toda violência, por ser igual em sua forma, é igual em sua essência: as diversas maneiras de eficácia violenta da ação distinguem-se em sua finalidade e, destarte, também em sua causalidade. Compreendemos ambas, a violência da vingança e a do Direito, apenas quando não as contemplamos na igualdade de sua apresentação, e sim quando reconduzimos sua violência à sua forma – à respectiva forma que a justiça toma nelas.

A vingança era justa porque restabelecia, após um ato de excesso, o estado correto do mundo. A vingança pensava a partir do estado justo do mundo; a justiça que ela fazia valer era pensada objetivamente. Na ordem da vingança sempre podem ou, mesmo, devem existir dois relatos antagônicos entre si sobre o seguinte fato: se o estado justo do mundo foi restabelecido ou, exatamente o contrário, perturbado por um ato. Na rivalidade exasperada da vingança trata-se de justiça contra injustiça. Porém, injustiça sempre significa aqui: uma compreensão oposta de justiça. A injustiça contra a qual se vira a vingança, é uma outra, uma contrajustiça (e não: não justiça). Na ordem da vingança, a justiça vale para ambos os lados, ambos são agentes da justiça.

Em contrapartida, a justiça do Direito não trata do estado correto do mundo, e sim da correta relação "política": trata-se da igualdade entre cidadãos. O juiz, em sua sentença, faz valer esta igualdade dos cidadãos. A relação de igualdade entre os cidadãos define sua unidade política, como partes de uma coletividade. Em seu nome, em nome da igualdade e unidade dos cidadãos, não da ordem do mundo, tem lugar o julgamento jurídico do juiz; o juiz fala pela unidade política dos cidadãos, a representa. Ao subjetivar e procedimentalizar a sentença da justiça e, nisso, vinculá-la à unidade política, o Direito cria, ao mesmo tempo, uma possibilidade que na ordem da vingança era totalmente desconhecida, e até mesmo impensável: a possibilidade de algo *fora* da justiça; a possibilidade da não justiça – de um querer e agir aquém da orientação normativa pela justiça em geral. Afinal, se a juridicização da justiça significa sua subjetivação, sua procedimentalização e, com isso, também sua politização, então a justiça no Direito é ligada a uma ordem que – diferentemente da ordem justa do mundo que a vingança restabelece e que abrange tudo e todos – conhece algo outro, algo defronte ou fora. Ninguém pode estar fora da justiça da vingança, pois cada um é *ou* justo *ou* injusto – ele perturba ou consuma ou restitui a justa ordem do mundo. No entanto, fora da justiça do Direito é possível estar: a coletividade política em cujo nome o Direito sentencia, é definida pelo fato de que algo – o estado de "natureza" – está defronte a ela, no qual a igualdade dos cidadãos não conta. Nisso, fora do Direito não está já quem, em uma condição "especial", não se vê abrangido adequadamente pela generalidade de seus preceitos e sentenças. Em um sentido radical, fora do Direito se encontra quem *não* mais se orienta pela norma do Direito, pela norma da igualdade dos cidadãos, mesmo quem não se orienta mais por *nenhuma* norma de justiça (pois por meio da instituição do Direito deixa de existir qualquer outra justiça que não a político-procedimental da igualdade dos cidadãos). Ao obter um processo, um sujeito e, assim, um teor político, a justiça no Direito, por conseguinte, tem um problema inteiramente novo a superar: a imposição não apenas contra o injusto, mas contra o não justo – contra aquele que se defronta alheio com a justiça do Direito.

Isso dá ao domínio que os juízes exercem e ao temor que eles despertam um sentido ambíguo. Apenas à primeira vista (dissimuladora) trata-se, no declive hierárquico entre os melhores e os comuns, entre os julgadores e os cidadãos parciais, da superioridade em entendimento do que a igualdade dos cidadãos exige; como se o injusto da parcialidade fosse apenas um erro, uma visão errada, por ser incompetente, do que o Direito exige[33]. Se assim fosse, o Direito não precisaria dominar nem disseminar o temor. O Direito teria tão

33 Assim descreve Hegel o "injusto imparcial" em: *Grundlinien der Philosophie des Rechts*, arts. 84-86.

somente que explicar e instruir à compreensão ("reverente") do entendimento superior do juiz. Mas é necessário que o domínio do Direito incuta *temor* – sem este não é de fato possível haver Direito – porque em todo ato do injusto espreita a possibilidade do que está fora, até mesmo do que está contra o Direito. Em uma violação da igualdade dos cidadãos o Direito sempre deve temer o abandono do Direito, a insurreição contra o Direito. Como o Direito realiza apenas a unidade política dos cidadãos, o Direito nunca poderá estar seguro de que as partes, sobre as quais ele sentencia, se vejam como parte nessa unidade e não estejam, antes, em externa oposição a esta. O Direito há de contar com o fato, em todo ato do injusto, de se deparar com o não Direito, o isento de Direito ou até mesmo com o contra Direito. No entanto, perante o fora-do-Direito os juízes não podem fazer valer o que legitima seu julgamento sobre os cidadãos "comuns": que eles, os juízes como os melhores cidadãos, possuem um entendimento superior daquilo que compartilham com os cidadãos comuns, sua igualdade como cidadãos. Afinal, entre o juiz e o fora-do-Direito não impera nem a igualdade do cidadão nem o escalonamento do entendimento: o fora-do-Direito é desigual e livre de todo entendimento. Portanto, perante o fora-do-Direito os juízes só podem fazer valer sua sentença de modo a impô-la *contra* ele; perante ele, que defronta o Direito de forma externa e alheia, a sentença dos juízes só pode imperar pelo temor.

Destarte, a violência faz parte não apenas da apresentação, mas também da essência do Direito: a violência do Direito resulta de sua forma de julgamento político-procedimental. E tal compreensão mostra que na verdade a vingança e o Direito se igualam – porque eles se apresentam igualmente como violência e em que consiste de fato sua violência. Como vimos, a violência da vingança não consistia em que nela se esgotava um afeto cego – uma sede de vingança irracional, histérica mesmo (como parece na ópera em razão da psicologização da tragédia). A violência da vingança consistia em que seu restabelecimento da justiça se consumava por um ato que um segundo relato apresentava como uma perturbação excessiva e transgressora do justo equilíbrio e que, portanto, clamava por um novo restabelecimento da justiça. Assim, a violência da vingança consistia no fato de que seu restabelecimento da justiça há de se repetir infinitamente, pois a violência da vingança se dá sempre através de um ato que é precisamente do mesmo tipo daquele contra o qual ela se dirige. Mais precisamente, é seu próprio caráter de ato contra o qual se dirige a vingança, preocupada com o justo estado do mundo. A vingança tenta, como transgressão, extirpar do mundo o que ela acaba sempre trazendo de volta ao mundo através precisamente disto: o ato, o feito. Inconciliáveis são o que a vingança pretende restabelecer, o estado justo do mundo, e o que ela mesma é, um ato necessariamente excessivo[34]. A violência da vingança é a obrigação de sua repetição.

E igualmente, mas de modo totalmente distinto no Direito: também o Direito deve repetir continuamente sua aplicação com violência, mas não porque o Direito, como a vingança, provoca em si aquilo contra o qual ele se dirige, e sim porque o Direito o provoca fora de si, diante de si. Com a vinculação da justiça à unidade política dos cidadãos, o Direito produz o seu próprio outro. Doravante passa a existir algo fora da justiça: com a instituição do Direito produz-se, simultânea e inevitavelmente, a possibilidade do fora-do-Direito, do não Direito. Por conseguinte, o Direito não precisa assegurar suas decisões apenas contra interpretações outras, antagônicas, da lei de igualdade dos cidadãos. O Direito precisa assegurar seu domínio contra a possibilidade do fora-do-Direito ou do não Direito que ela mesma produziu e que reproduz com cada um de seus atos. Isso requer não apenas a violência como meio – como deve ser aplicada contra cidadãos "comuns" que não podem ou querem compreender os entendimentos superiores dos melhores a julgar. A garantia do domínio do Direito contra a possibilidade do fora-do-Direito é, *em sua essência*, violência por completo, pois a relação entre Direito e não Direito não é uma relação normativa e, portanto, tampouco cognitiva. É um antagonismo que não pode ser vencido por nenhum entendimento nem mediado por quaisquer motivos. É uma relação de mera imposição – mera violência[35].

---

34 Para a justiça da vingança vale: "*Ainda não* foi cometido nenhum crime" (Hegel, *Phänomenologie des Geistes*, p. 342).

35 Esta estrutura da relação entre o Direito e o não Direito ou fora-do-Direi-

6. A MALDIÇÃO DA AUTONOMIA (*ÉDIPO REI*)

Não existe porventura nenhum texto que tenha pensado a exterioridade do Direito de forma mais fundamental do que a tragédia *Édipo Rei* de Sófocles, pois ao apresentar a lógica inexorável com a qual o juiz Édipo dirige a violência do Direito contra si próprio, Sófocles mostra que o problema da exterioridade do Direito (problema esse inscrito no próprio Direito) deixa ao desenvolvimento histórico do Direito uma única via aberta: a exterioridade do Direito força sua interiorização cada vez maior. O Direito precisa produzir o sujeito autônomo. Por causa de seu domínio, o Direito autoritário precisa se transformar em Direito autônomo: em um Direito que, de acordo com seu conceito, cada um é capaz de exercer por si mesmo. Então, assim demonstra *Édipo Rei*, cada um se torna ele próprio a instância que pode e pretende dirigir contra si mesmo, como ato próprio, a ação violenta do Direito contra aquele destituído de Direito.

Édipo Rei começa com os cidadãos de Tebas, sob o julgo da peste, sendo lembrados, por meio de um oráculo, da antiga prática de rituais de purificação, nos quais uma "mancha" era expiada por um sacrifício. "O rei Apolo", diz Creonte, o mensageiro enviado a Delfos, "ordena-nos em seu esplendor expulsar deste país o culpado que desta terra brotou para que não se torne incurável"[36]. Em tais rituais impera a justiça da vingança: eles criam justiça ao compensar um mal através de nova violação[37]. Mas as perguntas de Édipo a

---

to – que o Direito sempre precisa continuar a produzir e, ao mesmo tempo, reprimir, ou seja, que faz parte do Direito e, simultaneamente, é o outro perante o Direito – foi descrita por Giorgio Agamben numa discussão crítica com o conceito de exceção de Schmitt: cf. Agamben, *Ausnahmezustand*, p. 32 e s. Diante do fora-do-Direito o Direito não pode ser aplicado juridicamente: cf. id., p. 51, 72 e s.

36 Sophokles, *König Ödipus*, 95-98. Para o que se segue, cf. Menke, *Die Gegenwart der Tragödie*, parte I: "O excesso da sentença. Uma leitura de *Édipo Rei*".

37 Vingança e sacrifício (só) se diferenciam pelo fato de que o sacrifício é uma violência que restabelece a justiça, violência à qual não mais segue uma resposta, pois ela não se vê como excesso, por não se ver como ato. O sacrifício é "aquela violência que não traz em si nenhum risco de vingança" (Girard,

Creonte sobre o sentido desse oráculo deixam imediatamente claro que em Tebas já impera o Direito. Em Tebas, mal e excesso não mais são expiados por vingança ou sacrifício, os casos são investigados e julgados. E assim também Édipo cumpre o imperativo da purificação do oráculo ao iniciar um processo de assassinato:"Assim serei eu que voltarei à origem do fato e o esclarecerei" (*Édipo*, 132). Édipo, assim o crê, pode ser juiz porque não está legitimado apenas para solucionar enigmas complicados (e por isso se tornou rei, mais precisamente:"tirano", que governa não por sua origem, mas em função de seus feitos), e sim porque – como estrangeiro, sem parentescos na cidade – conduzirá a investigação de forma imparcial, apenas para o assassinado, a cidade e o deus. Isso requer, como demonstrado a seguir, a estrita observação dos preceitos processuais legais. Também o juiz Édipo precisa, apesar de todo o seu entendimento superior, se ater ao fato de que a verificação dos fatos possa ocorrer legalmente apenas através do reconhecimento das partes (que, no tribunal, possuem o direito de réplica e de responder com perguntas – como imposto por Creonte frente ao autocrático Édipo: *Édipo*, 543 s., 574 s., 626 s.).

Que em Tebas já impera o Direito, isto, porém, se demonstra tanto ou ainda mais pelo fato de que lá, até então, ou seja, por décadas, ninguém se ocupara do assassinato ao qual, na opinião dos tebanos, o oráculo só pode fazer alusão – oráculo que, como o fazem oráculos, fala apenas de forma nebulosa de algum "mal que desta terra brotou". Segundo a débil desculpa com a qual Creonte responde à repreensão de Édipo, estavam ocupados com coisas mais importantes. No lugar do grito de comando da vingança entrou em Tebas um ordenamento jurídico, cuja exterioridade é manifesta: quando a vingança é substituída pelo Direito, pode-se também por vezes não se ocupar de um assassinato, e sim, preferencialmente, da própria "necessidade". A retórica das Erínias de que sangue derramado clama por vindita, surge a partir desta perspectiva meramente como uma retórica, embaraçosamente exagerada.

Das Heilige und die Gewalt, p. 26): com a qual tudo fica resolvido. A tragédia inicia com a experiência de que isto não se acredita de nenhum sacrifício mais: o sacrifício de Ifigênia por Agamemnon deve ser vingado etc.

As Erínias já haviam antevisto que, forçosamente, é o que assim ocorre com a justiça quando o estabelecimento de um tribunal fundado tão somente na igualdade dos cidadãos e entregue ao entendimento e à decisão destes acaba por cortar e separar o nexo entre justiça e temor: elas previram que, então, não mais dominaria a justiça. E assim sucedeu em Tebas, onde, por desinteresse, um assassinato permanece impune. Para que se faça valer a justiça, ela deve ser impingida com meios externos ao Direito: um oráculo a deve requerer e um rei dela se ocupar.

Porém, já a primeira experiência tida por Édipo no processo legal por ele conduzido mostra que isto sozinho de nada adianta. Édipo empresta todo o seu poder de soberano a seus magistrados só para ter a experiência de que a passividade de julgamento dos tebanos se repete em sua indignação em ter que atuar no processo. Destarte, em vez do assassinato, Édipo precisa primeiramente perseguir outro crime: a retenção de conhecimento, a não participação no processo legal torna-se objeto prioritário das medidas de Édipo. Em seu primeiro passo, Édipo vincula sua "ordem" a criminosos, coniventes e testemunhas a revelarem o que sabem, à promessa de liberação ou abrandamento da pena e recompensa. Contudo, como se estivesse convencido de antemão da inutilidade dessas tentativas, Édipo diz, por conseguinte, o que ele fará caso tudo isso resulte em insucesso: ele lhes "ordenará", ele os "condenará" a se excluírem da comunidade religiosa e política da cidade. A fim de impor o Direito, ou mais precisamente, a participação no processo legal, Édipo retrocede ao período anterior ao Direito, ao oráculo do ritual, fala na condição de juiz "como um sacerdote"[38] e *amaldiçoa* aqueles que tentarem se esquivar do processo legal, se defrontar com o Direito desinteressadamente, externamente, em se punir com a exclusão da comunidade dos cidadãos[39].

---

38 Hölderlin, "Anmerkungen zum Oedipus", p. 731 e s.

39 "Mas se vos calardes ou se alguém, por temor, deixar de indicar um amigo ou denunciar a si próprio, eis o que farei: que nenhum habitante deste país, onde detenho o trono e o poder, receba este indivíduo, quem quer que seja, não lhe dirija a palavra, nem se junte a ele para as preces aos deuses e nos

Uma maldição não é uma ameaça: uma ameaça se dirige a alguém detentor de desejos e, sobretudo, de medos e que reflete sobre como poder alcançar o que deseja e afastar o que receia. Uma maldição atua de forma totalmente diferente: sem a mediação de demais reflexões – diretamente; uma maldição é algo que "recai" sobre alguém (*Édipo*, 251), que atinge alguém. A maldição priva quem ela atinge da subjetividade que a ameaça pressupõe. Uma maldição é violência no sentido definido inicialmente: por ela "eliminar ação através de ação" (Luhmann). Apenas dessa maneira – parece dizer o recurso de Édipo à maldição – pode imperar o Direito: ao recair sobre seus sujeitos como uma maldição. O domínio do Direito subjuga ao destituir de subjetividade. Mas, ao mesmo tempo, é precisamente a *autocondenação* segundo a medida do Direito que requer seu domínio com a violência invencível da maldição: o Direito amaldiçoa com a autocondenação. Ele amaldiçoa a ser sujeito do julgamento, a julgar a si próprio segundo a medida do Direito. Destituindo de subjetividade, o Direito condena à subjetivação jurídica.

A experiência de Édipo, que cabalmente se confirma nele mesmo, é a de que somente assim a justiça do Direito é capaz de dominar: se deve vigorar o Direito, ele não pode confiar unicamente no temor a suas ameaças. Esta era a resposta do Direito autoritário em que Atena confiava e que na Tebas de Édipo já não mais funciona. Desde sua instituição, o Direito ameaça incorrer na indiferença dos fora-do-Direito, dos isentos do Direito, cuja possibilidade ele mesmo produziu. O novo entendimento de Édipo é que o domínio do Direito só poderá ser garantido se vier de dentro: se impuser a forma de julgamento do Direito como a própria dos sujeitos submetidos a este; quando, no mesmo lance, o Direito *e* os sujeitos se tornarem

---

sacrifícios, não compartilhe da água sagrada. Que todos o expulsem de sua casa; este é o mal que pesa sobre nós como me acaba de revelar o oráculo de deus. Eis como combato na aliança com o deus e também com aquele homem brutalmente assassinado. Quer tenha cometido este crime sozinho ou com cúmplices, aquele que se nos oculta será punido por mim: deverá levar uma vida na proscrição. E ademais o prometo: caso ele em minha própria casa compartilhe do meu lar e eu o saiba, que recaia sobre mim a maldição que acabo de proferir" (*Édipo*, 233-251).

autônomos. Não basta se os adversários, como as Erínias e Orestes em *Eumênides*, se redefinem como partes e se submetem ao poder de julgamento de outrem a julgar. A subjetivação impingida pelo domínio do Direito precisa ir muito mais além: o Direito domina ao forçar seus sujeitos à autonomia; o Direito domina ao impingir através de sua maldição que seus sujeitos se avaliem a si mesmos, livres, segundo sua lei. Esta é a "maldição da lei" de que fala Platão: a "maldição da lei" é que os indivíduos se tornam o objeto próprio, o "si mesmo" da lei. A "maldição da lei", que, segundo Platão, atinge aquele que "deixou de cumprir" a lei[40], a maldição, enfim, que o Direito dirige contra o fora-do-Direito, não se cumpre através de domínio autoritário, e sim por autoavaliação autônoma. Não é a lógica da soberania (como diz Giorgio Agamben), mas a da *autonomia* que define a forma de domínio do Direito[41].

Édipo condena à autonomia a fim de fazer valer o Direito. Mas a maldição da lei com a condenação à autonomia não é um meio

---

40 "E, da mesma forma, o próximo parente do assassinado dentro do grau entre os irmãos pelo lado paterno e materno, a quem cabe a obrigação legal de perseguir o assassino e proferir contra este aquela exclusão de todo tráfego humano caso ele deixe de cumprir uma coisa ou outra, deve ser considerado, primeiramente, ele próprio, maculado com sangue e em desavença com os deuses perante a voz pública, como produzida pela maldição da lei (*nómon arā*), e, em segundo lugar, deve poder ser chamado a prestar contas perante o tribunal, por qualquer um que se sinta invocado a proporcionar ao assassinado o seu direito" (Platão, *Nomoi*, 871b).

41 Isto diferencia a maldição da lei da "proscrição" que – conforme Agamben segundo Jean-Luc Nancy – o soberano inflige ao fora-do-Direito (a "vida"), em nome e, concomitantemente, em suspensão do Direito; cf. Agamben, *Homo Sacer. Die souveräne Macht und das nackte Leben*, p. 39 s. A maldição consiste em que o Direito condena cada um a infligir *a si mesmo* esta proscrição (ou tornar-se "sujeito" autônomo do Direito). Assim reza a tese central de *Überwachen und Strafen* de Michel Foucault, que a fixação de Agamben no conceito de soberania *não consegue atingir*. Cf. também a observação de Gilles Deleuze de que, com o Cristianismo, mas "prefixado" através de Édipo, "escolher aleatoriamente a si mesmo e punir-se a si mesmo tornam-se as características do novo tribunal ou do trágico moderno" (Deleuze, "Schluss mit dem Gericht", p. 175).

meramente externo para sua imposição: a maldição da lei só descreve o modo no qual domina o Direito porque ela resulta do modo no qual ele se legitima. No passo dado por Édipo com a introdução do Direito autônomo para além do Direito autoritário de Atena, unem-se domínio com disposição à violência e justificação normativa, pois o Direito é justificado, haja vista que sua sentença é dada imparcialmente, em nome da igualdade de todos os cidadãos. Unicamente isso diferencia a violência, vinculada à sentença punitiva do Direito, daquela que exerce a nova violação vingadora. Por isso – esta consequência é tirada pelo Direito autônomo – a sentença do Direito, contrariamente à da vingança, é também aquela sentença que toda parte precisa dar quando se vê como uma de duas partes e, assim, como cidadão igual. A sentença jurídica é a de cada um[42]. Destarte, o Direito exige daquele que ele avalia, mas também daquele que ele condena, sentenciar desta forma sobre si mesmo. Nisso, somente nisso, consiste a legitimidade do Direito que o separa da vingança. O entendimento da tragédia de Édipo reza que também o domínio do Direito que usa de violência consiste nisso, e só nisso. Para dominar não precisa o Direito recorrer a outros meios de coerção além de sua pretensão de justificação. Ao contrário, ele tem que realizar sua pretensão de justificação *como* exercício da violência: em sua pretensão, cuja realização o possibilita justificar sua sentença – pretensão de ser a própria sentença do julgado – ele precisa repetir a violência da maldição de forma modificada, aumentada mesmo, a qual assegurava à justiça pré-jurídica da vingança seu domínio. A teoria crática das Erínias, segundo a qual não existe justiça nem para aquele que se encontra "sem senhor" nem para aquele "servo de senhor", só é rea-

---

42 Esta já é a consciência jurídica de Creonte quando diz a Édipo: "E ainda: se tu provares que estou de conchavo com o adivinho, para condenar-me à morte não terás um voto, e sim dois: o meu e o teu" (*Édipo,* 605-607). E ainda é também a consciência jurídica que o príncipe-eleitor de Brandemburgo exige do príncipe de Homburgo quando coloca a sentença sobre sua desobediência nas próprias mãos deste: "Como poderei contradizer um guerreiro como ele? Tenho o maior respeito, tu bem o sabes, por seus sentimentos: se ele puder considerar tal sentença como injusta, eu anularei o artigo e o colocarei em liberdade!" (Kleist, *Prinz Friedrich von Homburg,* IV.1.).

lizada por completo quando cada um tiver se tornado seu próprio senhor e, com isso, seu próprio servo. Portanto, desde que se tornou autônomo, o Direito declara a autonomia do sujeito como o primeiro dever jurídico. O mandamento: seja autônomo; seja uma pessoa!, se encontra no início do Direito[43]. Todavia, como esse primeiro mandamento do Direito autônomo é endereçado a alguém incapaz de compreendê-lo, por estar este fora do Direito, o mandamento à autonomia não é um mandamento a partir da autonomia: ele é uma coerção – um imperativo do domínio, uma maldição; a pretensão de justificação do Direito como maldição sobre seus sujeitos.

Édipo profere a maldição jurídica da autonomia apenas como substituto, como juiz: ele amaldiçoa não em seu nome, mas em nome do Direito. Portanto, o dever de aplicar a maldição também a si mesmo faz parte, desde o início, de seu sentido: "que recaia sobre mim a maldição que acabo de proferir" (*Édipo*, 251). E assim também o será: ninguém mais que Édipo o condena por assassinato e incesto[44],

---

43 "Logo, o mandamento jurídico é: *seja uma pessoa e respeite os outros como pessoa*" (Hegel, *Grundlinien der Philosophie des Rechts*, art. 36). As *instituições* citam três mandamentos jurídicos fundamentais: "viver com honestidade [*honeste vivere*], não prejudicar ninguém, dar a cada um o que é seu" (*Corpus Iuris Civilis – Die Institutionen*, 1.1.3, p. 2). O primeiro é entendido na teoria do Direito autônomo como mandamento da autonomia e declarado base de todo Direito: "*seja um homem jurídico* (*honeste vive*). A *honestidade jurídica* (*honestas iuridica*) consiste em: afirmar seu valor na relação com outros como o valor de uma pessoa, cujo dever é expressado pela frase: 'não faça de si mero meio para os outros, seja para eles, ao mesmo, tempo, finalidade'. Este dever será explicado a seguir como obrigatoriedade a partir do *Direito* da humanidade em nossa própria pessoa (*lex iusti*)" (Kant, *Metaphysik der Sitten*, "Allgemeine Einteilung der Rechtspflichten", AB 43).

44 É correto: pelos parâmetros jurídicos, Édipo não precisaria ter se condenado, pois naturalmente ele sabe (melhor que qualquer outro: *Édipo*, 124 e s., 224 e s.) que juridicamente ele não é culpado de assassínio e incesto, já que não os cometeu consciente do fato (ou seja, o assassínio sim, mas não como parricídio). Destarte, como se pode continuar a argumentar contra a autocondenação de Édipo, ele tampouco incorre nas condições relacionadas a sua maldição, pois esta se dirige – apenas – contra aqueles que retêm seu conhecimento, o que, porém, só se pode fazer conscientemente. Não obstante, também é certo para Édipo, no momento em que ele surge compro-

e ninguém mais que Édipo o condena à privação da visão e ao exílio. Sob o domínio do Direito havemos de nos autocondenar, e esta autocondenação sob o domínio do Direito é uma maldição. Precisamente por ser uma condenação a que nós mesmos nos propomos, ela é uma condenação na qual não estamos livres, sobretudo: *da* qual não mais nos libertamos. Na autocondenação à qual o Direito amaldiçoa, permanecemos presos infinitamente, pois fomos nós que sozinhos a infligimos sobre nós mesmos. Em sua autocondenação juridicamente imposta, Édipo se encontra preso pela questão de sua culpa e encarcerado na prisão de sua autoconsciência. O sujeito apodera-se da sentença jurídica, tornando-se, com isso, propriedade do Direito. O sujeito se *identifica* pela sentença jurídica.

7. O destino do Direito (Benjamin 1)

Também de acordo com seu próprio conceito, o Direito é violência: violência legítima. Em seu julgamento, e com maior razão em

---

vado como criminoso, que ele está condenado, porque amaldiçoado através de si mesmo. O motivo para tanto (assim sugiro) não reside unicamente na gravidade de seus atos, mas na forma da sentença: o julgamento jurídico se dirige a sujeitos; o que e como estes fizeram a quem. Mas esse julgamento jurídico, assim se demonstra aqui, baseia-se – como antes – em um julgamento pré-jurídico endereçado a acontecimentos ou que julga através de histórias: julgar o fato de que o sucedido foi ruim ou bom. Por que o julgamento jurídico precisa continuar a recorrer, cada vez mais, a esse julgamento pré-jurídico? Porque este representa a forma básica da normatividade, da qual também se alimenta ainda o saber do Direito sobre o justo e o injusto. O Direito adota (na autocondenação de Édipo) forma pré-jurídica, onde não se trata da aplicação desta ou daquela regulamentação legal ou da imposição de uma interpretação da lei contra a outra, mas onde se trata da lei – a normatividade do Direito em geral. Édipo sentencia de forma pré-jurídica porque aí se trata do Direito enquanto tal: porque, em sua autocondenação, ele se submete ao Direito como destituído de direitos. Perante aqueles destituídos de direitos o Direito assume forma pré-jurídica: suas sentenças sobre crimes surgem como comprovações de fatos. Em sua autopunição, Édipo se pune pelo fato de ter sido um ente fora do Direito, o que, logo, se encontra no exato sentido de sua maldição.

sua punição, o Direito lesa o violador. (Uma nova) lesão do violador é a definição comum de justiça na vingança e no Direito. Segundo seu próprio conceito, o Direito é legitimado, e mesmo obrigado a tanto, haja vista que julga e pune em nome de algo geral que é próprio do condenado e punido. Não é a justiça como estado do mundo (contra cuja perturbação por ações de excesso vingança e vítima se dirigem), e sim como igualdade dos cidadãos em cujo nome o Direito julga e pune. O Direito – já também o autoritário – lesa o violador em seu próprio nome[45]: em seu próprio nome como cidadão igual.

Uma dificuldade básica do Direito, desde o início, é manifestar e fazer sentir esta afirmação formal legitimatória. Como notar na violência da lesão exercida pelo Direito que ela é legítima por suceder em nome próprio do violador? Como reza a evidente resposta do Direito autônomo[46], pelo menos pelo fato de ele renunciar a alguns meios de condução do processo (como a tortura) e não mais cominar penas "cruéis e incomuns". Mas discutido permanece não apenas onde se situa o limite destas (e se, por exemplo, a pena de morte aí se inclui): mesmo uma reforma do Direito Penal, por mais liberal e humanitária, não é capaz de nada mudar na dúvida fundamental a respeito da questão – se as novas lesões pelo Direito em nome da igualdade política são legítimas ou se, na verdade, executam o domínio de existentes desigualdades sociais e econômicas. A diferença de forma do Direito, na qual unicamente reside sua legitimidade, sempre pode ser percebida como uma diferença *meramente* formal, o Direito pode sempre surgir como justiça de classe ou do vencedor.

Como nitidamente designado por Walter Benjamin[47], a crítica à violência do Direito, endereçada a sua forma de apresentação, por

---

45 A conhecida afirmação de Hegel de que a punitiva "lesão que acomete o criminoso" seria "também um direito para o criminoso", ou seja, "seu próprio direito" (Hegel, *Grundlinien*, art. 100, p. 190 e s.), não é um exagero excêntrico; ela resulta da pretensão de legitimação do Direito.

46 *Vide* Beccaria, *Über Verbrechen und Strafen*. A transição para esta resposta foi reconstruída por Michel Foucault, cf. *Überwachen und Strafen*, p. 133 e s.

47 Benjamin, "Zur Kritik der Gewalt". Citado a seguir abreviadamente como *Kritik*.

conseguinte, a seus meios, padece, contudo, de uma de duas fraquezas: ou ela precisa "proclamar um anarquismo quase infantil" que "desconhece qualquer coerção da pessoa e declara: 'permitido é o que agrada'" (*Kritik*, p. 187). Semelhante crítica dos meios de violência do Direito é feita "em nome de uma 'liberdade' amorfa" (id.) à qual toda restrição, toda determinação se mostra como privação e lesão violentas; todavia, segundo Benjamin, isso não se aplica nem mesmo à pena de morte. Ou a crítica dos meios de violência do Direito precisa ser feita em nome da justa finalidade do Direito. Para tanto, a finalidade jurídica da justiça precisa ser diferenciada dos meios de violência do Direito – de modo que, a partir daquela finalidade, esses meios possam ser tanto justificados quanto restringidos.

A segunda forma da crítica da violência – a crítica, ou seja, simultaneamente a justificação e a restrição da violência como meio em nome da justiça como sua finalidade – é a forma de pensar na qual, segundo Benjamin, Direito natural e positivismo estão em harmonia. Esses concordam no "dogma fundamental comum: fins justos podem ser alcançados por meios legítimos, meios legítimos ser empregados para fins justos" (*Kritik*, p. 180). Quando Benjamin objeta dizendo que "meios legítimos, por um lado, e fins justos se encontram em um conflito incompatível" (*Kritik*, p. 181), não mais se trata nessa objeção da apresentação violenta do Direito – ou seja, não mais dos meios do Direito, cuja violência suplanta a justiça de seu fim. Benjamin recusa a lógica de fim e meio, na qual concertam a legitimação da forma e a crítica da apresentação do Direito: nessa lógica não pode ser concebida a violência do Direito. A violência do Direito não é um meio, por mais justo que seja o fim desta. Ou: a violência do Direito, que, na verdade, necessita da crítica, não reside nos meios deste – não no fato de também o Direito restringir, ameaçar e lesar. A violência do Direito é, antes, "violência coroada pelo destino" (*Kritik*, p. 188), isto é, a violência do Direito consiste em atuar enquanto destino – *como* o destino. Outra palavra de Benjamin para tanto é: o Direito é violência "mítica" (*Kritik*, p. 198 e s.).

Isso é esclarecido por Benjamin, em uma formulação central de seu texto, da seguinte forma: "A função da violência no estabelecimento do Direito é dupla no sentido de que, embora o estabelecimento do Direito ambicione, como seu fim, o *que* é instituído como Direito, com a violência como meio, no instante da instituição do que é pretendido ele não renuncia à violência, mas a transforma agora, no sentido estrito e imediato, em violência instituinte do Direito, estabelecendo como Direito não um fim livre de violência e independente, mas um fim necessário e intimamente vinculado a ela, sob o nome de poder. O estabelecimento do Direito é o estabelecimento do poder e, nesse sentido, um ato de manifestação direta da violência. A justiça é o princípio de todo estabelecimento divino do fim, poder o princípio de todo estabelecimento mítico do Direito" (*Kritik*, p. 197 e s.).

O problema do Direito e da legitimação de sua violência não é o de que o Direito é instituído e imposto com violência, ou seja, não que o Direito emprega a violência como meio, e sim que a violência no Direito não pode *permanecer*, como *e.g.* na técnica, um simples meio, a que ela "não renuncia", e sim que se transforma no fim secreto do Direito mesmo[48]. Segundo Benjamin, a violência do Direito, chamada, destarte, de "destino", consiste no fato de que seus meios de violência fazem desaparecer seus fins justos, já que sua autoconservação se transforma na única finalidade do Direito. Ao Direito interessa o mero poder; mas não o da classe dominante ou o do vencedor, mas o *seu* poder: o poder do Direito. A violência do Direito como "destino" é a de sua simples autoconservação.

Para esclarecer a relação entre Direito e violência, devemos nos fixar em dois aspectos. *Primeiramente* há de se diferenciar entre dois empregos do conceito de violência. Fala-se comumente de "violência" para designar o modo impeditivo ou violador de ações[49]. É evidente que o Direito se serve de tais modos de ação. Isso resulta de seu caráter de domínio político, pois domínio é dependente da violência como "mecanismo simbiótico" (Luhmann). A violência lesante do Direito é lastimável, pois ela faz sofrer. Mas ela pode ser legítima,

48 A violência que "após o extermínio de todos os adversários não renuncia", se transforma em terror (Arendt, *Macht und Gewalt*, p. 56).

49 Cf. *supra*, Prefácio.

pela convicção de Benjamin até mesmo como violência contra a vida. Em contrapartida, o Direito enquanto violência mítica, como destino, é sempre reprovável. Nesse emprego, o conceito de violência não designa o modo violador de atos jurídicos, que se revela especialmente marcante ao julgar e punir, e sim seu modo de operação: a violência mítica ou fatídica do Direito consiste em que os atos de julgamento e punição jurídicos são transparentes pela finalidade única da mera conservação do poder do Direito em julgar e punir. "Violência" no segundo sentido da palavra – que constitui o verdadeiro objeto da crítica – designa um modo de operação que tem a si mesmo como interesse; portanto, um modo de operação no qual fim e meio coincidem. Aí reside, segundo Benjamin, o caráter reprovável da violência do Direito: não no fato de que o Direito também ameaça, lesa e coage, mas que (ou quando) o Direito é executado de tal modo a agir meramente por sua própria causa, pela conservação de sua ordem, do estabelecimento e imposição de suas categorias, de sua perspectiva e linguagem – por seu simples poder. Tal modo de operar, ao qual interessa apenas seu poder de operar, deve ser continuado, como o poder do destino, infinitamente.

Em segundo lugar, Benjamin esclarece o modo de operação violento, como destino, do Direito como repetição do estabelecimento do Direito na conservação do Direito. Nos atos da conservação do Direito, a perspectiva de justiça do Direito, a igualdade dos cidadãos, é determinada em leis e aplicada em julgamentos. Com a expressão "conservação do Direito", Benjamin designa a realização normativa do Direito. No entanto, segundo Benjamin, não há conservação do Direito na qual as "origens" do Direito não se inscrevam no Direito: na conservação do Direito consuma-se sempre uma "repetição" do estabelecimento do Direito originário; na conservação do Direito nunca se trata unicamente da formulação ou aplicação desta ou daquela lei, mas sim da corroboração do "próprio Direito". Nisso – no fato de que tal corroboração do "próprio Direito" é contínua e repetidamente necessária – anuncia-se, segundo Benjamin, a "deterioração" do Direito (*Kritik*, p. 188): o Direito está "deteriorado" por ser "violência" no segundo sentido esclarecido da palavra – por ter que repetir infinitamente sua instituição em sua realização. O motivo para tanto já reside na lógica que governa a instituição do Direito: a instituição do Direito é sua oposição ao fora-do-Direito ou não Direito (o que Benjamin descreve como "mera vida": vida fora do Direito, *Kritik*, p. 199 e s.). Como o Direito mesmo estabelece esta oposição entre Direito e fora-do-Direito ou não Direito, entre vida legal e "mera" vida, permanece ele aprisionado nesse antagonismo. A imposição do Direito frente ao não Direito jamais poderá ser bem-sucedida porque o próprio Direito produz, em sua imposição, aquilo contra o qual ele se dirige. Logo, o Direito nunca poderá ser meramente mantenedor e proceder de acordo com sua lógica normativa; ele sempre precisará colocar novamente seu poder em oposição ao fora-do-Direito, aquém de toda normatividade. O Direito não pode deixar para trás o ato de sua instituição. Ter que repeti-lo infinitamente é o destino ou a violência do Direito.

*

(1) A violência do Direito consiste na necessidade de repetição infinita de sua imposição violenta contra o fora-do-Direito. A violência do Direito não é violência simples, mas violência potenciada: a violência da violência; a violência da repetição da violência. (2) A violência do Direito se baseia no fato de o Direito precisar se impor frente ao não Direito. Frente ao não Direito, o Direito só é capaz de se impor dominando e lesando, nunca convencendo e justificando. E frente ao não Direito, o Direito precisa se impor continuada e repetidamente, já que ele próprio pressupõe para si o não Direito frente ao qual ele se impõe.

Essas são ambas as teses centrais da crítica do Direito de Benjamin. A experiência da tragédia do Direito, na sequência partindo da vingança até o Direito autônomo, passando pelo Direito autoritário, acrescenta dois reconhecimentos a esta dupla tese. Segundo o primeiro reconhecimento, a produção do fora-do-Direito ou do não Direito pelo Direito resulta diretamente de seu caráter político-procedimental: porque o Direito rompe com a violência da repetição vingadora por meio de seu procedimento da igualdade; e porque esse procedimento jurídico da igualdade é expressão de uma política da igualdade; porque, então, a igualdade procedimental que garante o processo jurídico entre as partes se baseia na igualdade política dos cidadãos, em cujo nome o juiz julga; por conseguinte, porque a justiça do Direito se deve à unidade política que, na qualidade de feita, é diferente do que dela não pertence – por isso o Direito precisa sempre se impor novamente, de forma violenta, frente ao fora-do-Direito ou não Direito. Porém, a seu caráter político-procedimental o Direito deve sua legitimidade perante a violência da vingança. Assim, a violência e a legitimidade do Direito estão diretamente interligadas. É a mesma estrutura na qual se baseiam.

E o segundo reconhecimento que a experiência da tragédia acrescenta à dupla tese benjaminiana sobre a violência do Direito – a tese da violência do Direito como violência ("destino") da violência – diz que a unidade entre legitimidade e violência, que constitui o Direito, obtém sua forma completa na figura da subjetividade, a cuja formação o Direito autônomo condena seus destinatários.

II. A DEPOSIÇÃO DO DIREITO

1. A deposição do Direito (Benjamin 2)

O conceito benjaminiano de violência como destino proporciona uma definição mais exata da experiência da tragédia do Direito, pois ele mostra em que consiste a violência do Direito, além de sua apresentação como restrição e lesão. Porém, isso também se aplica no sentido inverso: a experiência da tragédia do Direito proporciona uma definição mais exata do conceito benjaminiano de violência como destino. Na "violência coroada pelo destino", Benjamin vê o que o Direito *compartilha* com a justiça da vingança (e sua ação como maldição), que precede ao Direito e que este promete substituir. É o que Benjamin objetiva com sua consideração "histórico-filosófica" do Direito ("A crítica da violência é a filosofia de sua história" [*Kritik*, p. 202]): seu objetivo é mostrar que a pretensão do Direito em ser o outro lado da vingança e maldição não passa de aparência. O Direito não é o outro lado do destino; o Direito é apenas mais um período na era de seu domínio. O conceito central crítico na consideração de Benjamin – o conceito de mítico ou destino – tampouco pode e deve abranger a diferença formal entre vingança e Direito. Para Benjamin, Direito e vingança são *igualmente* destino.

A tragédia, em contrapartida, inicia com sua diferenciação: com a produção do Direito *contra* a violência da vingança. Quando a tragédia posteriormente mostra que o Direito em sua essência é violência, tal evidência não visa a sua identidade simples com a antiga ordem da vingança, e sim ao paradoxo que constitui o Direito – processualmente falando: à transformação no oposto que se consuma no Direito[50]. O Direito rompe com a ação-maldição da justiça vingativa, na qual toda violação precisa ser respondida através de uma nova violação, estabelecendo uma nova forma de julgamento: o processo de julgamento imparcial em nome da igualdade dos cidadãos. Mas o próprio novo modo de julgamento impera com a violência da maldição. Assim, o Direito, de acordo com a experiência da tragédia, não *é*, como a vingança, violência como destino; o Direito é, ao mesmo tempo, o rompimento com a violência como destino *e* o regresso da violência como destino (sob outra forma e em outro lugar: sob a forma e no lugar do sujeito)[51].

Com isso, a experiência da tragédia agrava o problema acerca de como é possível existir uma crítica da violência do Direito. "Crítica" é, segundo Benjamin, o nome para a "atitude separadora e decisiva" (*Kritik*, p. 202). O que deve ser "separado" de maneira crítica são

---

50 À vingança e ao Direito correspondem duas formas distintas do destino: o destino mítico e o trágico, a fatalidade e a transformação, a maldição e a ironia.

51 Sobre a dialética do rompimento com o mito e da recaída no mesmo, *vide* Max Horkheimer e Theodor W. Adorno, *Dialektik der Aufklärung*. Essa dialética é relacionada por eles (em uma observação que pode ser lida como crítica a Benjamin) também ao Direito: "Já na perseverança de Odisseu, nitidamente após o assassinato dos pretendentes de Penélope a vingança se transforma no procedimento jurídico: é precisamente o cumprimento final do ímpeto mítico que se torna o instrumento material do domínio. O Direito é a vingança renunciante. Contudo, formando-se em algo situado fora dela mesma, o anseio pela terra natal, semelhante perseverança judiciária ganha contornos do humano, quase que do confiante, que vão além da vingança deslocada. Na sociedade civil desenvolvida, ambos são, então, suspensos: com o pensamento de vingança também o anseio incorre no tabu, e isto mesmo é a entronização da vingança, mediada como vingança de si mesmo em si" (id., p. 74, nota).

a violência como destino, que é infinitamente contínua e se repete, e uma forma de ação (ou "violência") que rompe com o destino porque ela se anula em seu objetivo. Contudo, no Direito, assim demonstra a tragédia, ambos, o rompimento com o destino e a transformação no destino, estão paradoxalmente associados: no Direito, o rompimento com o destino da violência da vingança ocorre através do estabelecimento da nova forma de julgamento político-procedimental que, em si, governa novamente como destino, através da maldição da autocondenação. Destarte, a "atitude separadora e decisiva" da crítica não pode ser adotada perante o Direito: *no Direito*, são indissociáveis o rompimento com o destino e a transformação neste. O rompimento do Direito com a violência como destino e a transformação do Direito em violência como destino baseiam-se em algo comum, na forma de julgamento jurídica. Esse nexo desdobrado pela tragédia torna impossível decidir entre a aprovação do Direito e sua rejeição, entre a edificação do Direito e sua destruição. Ambas as atitudes suplantam um dos dois lados paradoxalmente associados: a aprovação do Direito suplanta a maldição da autocondenação, imposta pela instituição da forma de julgamento político-procedimental do Direito; a rejeição do Direito suplanta o fato de que renunciar à nova forma de julgamento político-procedimental do Direito nada mais significa que uma reincidência na ordem da vingança.

A alternativa de Benjamin para a aprovação ou rejeição, edificação ou destruição é "deposição do Direito": "No rompimento deste movimento circular no curso das formas míticas do Direito, na deposição do Direito juntamente com os poderes dos quais ele não pode prescindir, nem estes daquele, por fim, no poder soberano funda-se uma nova era histórica" (*Kritik*, p. 202).

Benjamin formula este programa da "deposição do Direito" no parágrafo final de seu tratado. Aqui – sob os títulos de violência "divina" ou "pura" ou "revolucionária" –, Benjamin parece também esboçar uma forma de ação ou de efeito que, contrariamente ao Direito, é capaz de romper com a violência do destino de modo a que essa violência não retorne de forma modificada. Com isso Benjamin reformula a ideia da crítica em um patamar mais elevado.

Seria uma crítica do Direito que não separa os dois lados no Direito entre si, mas que nos separa *do* Direito. Porém, o preço dessa crítica mais elevada é o falso conceito identitário de Direito que o equipara à violência da vingança; ou seja, um conceito de Direito que o entende como *mera* repetição ou continuação de uma violência como destino. Contudo, o próprio Direito já contém o rompimento com a violência como destino (em que ele, concomitantemente, reincide). Também a crítica mais elevada, que os títulos de Benjamin de violência "divina" ou "pura" ou "revolucionária" prenunciam ao prometerem uma separação do Direito, precisa, portanto, desfazer o paradoxo em cujo desdobramento consiste a experiência da tragédia do Direito, pois, pela experiência da tragédia do Direito, não só *já* o Direito executa o rompimento com a violência como destino, como também o rompimento com a violência como destino *apenas* pode ocorrer *por meio* do Direito[52].

Mas o programa benjaminiano de uma "deposição" do Direito pode ser lido de outra forma que não no sentido de uma separação crítica – seja separação no ou do Direito. Isso se revela quando se segue o entendimento de Giorgio Agamben de que o verdadeiro adversário da ideia benjaminiana de "deposição" do Direito é o programa ideológico de Carl Schmitt de sua "suspensão", com o qual a ideia de Benjamin é confundida por muitos comentadores (e na maioria das traduções): "deposição" é o programa *contrário* à exigência por uma "suspensão" do Direito[53]. Por "suspensão" do Direito entende Schmitt que "no caso de exceção aniquila-se a norma". A aplicação do Direito (ou, com Benjamin, a "conservação" do Direito)

---

52 Reformulo aqui de forma concentrada a minuciosa crítica de Jacques Derrida ao programa benjaminiano de uma "crítica" do Direito: cf. Derrida, *Gesetzeskraft*, principalmente a parte II. Sobre esta controvérsia *vide* Haverkamp (org.), *Gewalt und Gerechtigkeit. Derrida-Benjamin*. Sobre a possibilidade de ler *com* Derrida as figuras benjaminianas de violência "divina", "pura" ou "revolucionária", *vide* Bettine Menke, "Benjamin vor dem Gesetz. Die *Kritik der Gewalt* in der Lektüre Derridas".

53 Cf. Agamben, *Ausnahmezustand*, cap. 4. (Com isso, deveria ter um fim os murmúrios sobre uma suposta "concordância entre os extremos" Benjamin e Schmitt.)

é interrompida e em seu lugar entra o estabelecimento do Direito, desvinculado de normas, através de uma decisão"absoluta"[54]. O que Schmitt descreve (legitima, e realmente propaga) como"suspensão" do Direito é, assim, exatamente aquele retrocesso da conservação do Direito rumo ao estabelecimento do Direito; é na repetição ininterrupta desse retrocesso que Benjamin vê a"deterioração"do Direito[55]. A"deposição"do Direito, da qual Benjamin fala, é, em contrapartida, o"rompimento desse movimento circular"entre conservação e estabelecimento do Direito, da"lei de oscilação"que os une. Enquanto Schmitt pretende libertar o poder instituinte do Direito de toda norma através da suspensão do Direito, Benjamin vê exatamente aí, na repetição desse poder, a fatídica necessidade que governa o Direito. Essa circulação mítica na qual está inscrita a suspensão do Direito é que a deposição do Direito deve interromper.

*

A expressão "deposição" possui uma história de empregos tanto especialmente técnicos no Direito quanto não específicos ao Direito. Em ambos os campos a expressão une dois diferentes complexos de significado. No primeiro significado cabe:"exoneração (de um cargo), destituição","perda, cassação (da honra)"e, de

---

54 "Nem todo poder extraordinário, nem toda medida de emergência policial ou decreto de emergência já são por si estado de exceção. É necessário um poder ilimitado em princípio, ou seja, a suspensão total do ordenamento jurídico vigente. Quando isso ocorre, é evidente que o Estado subsiste enquanto o Direito recua. Como o estado de exceção é sempre diferente de anarquia e caos, no sentido jurídico sempre subsiste uma ordem, ainda que não seja uma ordem jurídica. A existência do Estado deixa aqui comprovada sua superioridade sobre a validade da norma jurídica. A decisão se liberta de qualquer vinculação normativa e se torna absoluta no sentido próprio. No caso de exceção o Estado suspende o Direito em virtude do direito a sua própria conservação, como se diz. Os dois elementos que integram o conceito de'ordenamento jurídico'se enfrentam aqui e provam sua independência conceitual. Assim como nos casos normais é possível reduzir a um mínimo o momento autônomo da decisão, no caso de exceção é a norma que se aniquila" (Schmitt, *Politische Theologie*, p. 18 e s.)

55 *Vide supra.*

forma mais geral, "deposição do grau de nobre para o de comum". Como segundo significado, o *Dicionário da Língua Alemã* de Grimm denota a suspensão de uma ocupação militar ou a libertação de uma cidade (*liberatio urbis*)[56]. Portanto, a "deposição" do Direito significa, concomitantemente, sua destituição e sua libertação. Enquanto em Schmitt a suspensão do Direito visa libertar o poder do Estado, ao menos temporariamente, das regulamentações e barreiras do Direito, a deposição de Benjamin objetiva uma privação de poder do Direito, a qual nada menos significa que uma *libertação do Direito*. Da mesma forma, Benjamin não fala, como Schmitt, que a norma do Direito deva ser aniquilada, e sim sua "função histórica" (*Kritik*, p. 199). Essa histórica "função da violência no estabelecimento do Direito" é – assim reza a tese central benjaminiana (*vide supra*) – o "estabelecimento do poder", e "poder, o princípio de todo estabelecimento mítico do Direito". Enquanto Schmitt deseja suspender o Direito por causa do poder do Estado, a "deposição" do Direito exige executá-la de tal forma que o Direito seja destituído de seu cargo, que sua função histórica do estabelecimento do poder seja aniquilada e que ele seja, com isso, libertado. – Existe tamanha forma de execução do Direito?

2. Autorreflexão do Direito

A pergunta também pode ser feita do seguinte modo: até que ponto na construção conceitual do Direito deve-se retroceder a fim de explorar a possibilidade de sua outra forma de execução? A resposta só pode ser: até o início do Direito (ou seja, não *antes* do início[57]).

---

56 Cf. as entradas para "Entsetzung" [deposição] no dicionário *Deutsches Rechtswörterbuch* bem como em Jacob und Wilhelm Grimm, *Deutsches Wörterbuch*, col. 623-625: 1) *abrogatio, dejectio de gradu, ademtio muneris*: deposição do grau de nobre para o de comum. MAALER 106a.b; excommunicatio, (...) 2) *liberatio urbis, exercitus*: para que o chefe militar ordene a liberação da cidade quando tomar conhecimento das tropas bem armadas e da coragem da população. FRONSPERG 1, 96".

57 Tal é a reação de Heidegger à violência do Direito, designada por ele de forma clara: cf. Heidegger, *Parmenides*, § 3, p. 59-62 sobre o caráter intima-

Segundo o entendimento da tragédia, o início do Direito consiste em instituir uma forma de julgamento procedimental que vincula o julgamento jurídico a um sujeito político – o juiz que fala em nome da igualdade dos cidadãos. Assim, desde o início o Direito se encontra em oposição ao fora-do-Direito ou não Direito. Para valer, o Direito precisa impor, destarte, não só a interpretação autoritativa frente a outras interpretações divergentes. Pelo contrário, o Direito precisa se impor frente a atitudes e formas comportamentais destituídas de direitos ou não jurídicas: atitudes e formas de comportamento que não se orientam pela noção de Direito. Perante estas o Direito não pode apresentar-se com o poder normativo da convicção e justificação, e sim apenas com a violência de sua imposição por meio de ameaça, restrição e violação. Por meio de sua forma de julgamento político-procedimental – que em nome da igualdade rompe com a violência da vingança – o Direito se encontra, desde o início, diante de uma tarefa insolúvel: o Direito deve assegurar não apenas esta ou aquela lei, ele deve assegurar a lei das leis, não apenas esta ou aquela norma, e sim a normatividade da própria norma frente ao que é destituído de leis e desvinculado de normas. Para solucionar esta tarefa insolúvel, o Direito sempre deverá se "suspender" novamente (Schmitt), pois deverá "primeiro ser criada a situação na qual possam valer os preceitos jurídicos"[58]. A suspensão do Direito é o modo de seu domínio – como domínio violento sobre o fora-do-Direito ou não Direito. A deposição do Direito, em contrapartida, é a deposição *de* sua suspensão: a deposição do Direito consiste em uma forma de execução do julgamento político-proce-

---

tivo, "imperial" do Direito, e id., "Der Spruch des Anaximander" sobre a ideia de uma justiça pré-jurídica – pré-subjetiva, não procedimental e não política. Cf. também (reportando-se a Heidegger) Wolf, *Griechisches Rechtsdenken*, p. 218-234.

58 Schmitt, *Politische Theologie*, p. 19. Schmitt entende a "condição" para a aplicação do Direito como "normalidade" e descreve normalidade como a ausência de caos, como ordem antes da ordem jurídica (cf. id., p. 20). Mas a normalidade precisa ser corretamente compreendida como normatividade: ser compreendida como a disposição e a capacidade à orientação pela norma.

dimental que está livre de seu domínio violento sobre o fora-do--Direito ou não Direito.

Para a pergunta acerca de como isto é possível existe uma resposta regressiva e uma reflexiva. A resposta regressiva é: abolição da diferença entre Direito e não Direito, reconciliação do Direito com o não Direito. Essa resposta possui seu modelo em uma abordagem teleológica (ou "estética") de educação: de acordo com a resposta regressiva, a violência do Direito é superada através da educação, pois como a educação se preocupa com a "alma do vivente", e assim também Benjamin (*Kritik*, p. 200), ela significa a "ausência de todo estabelecimento do Direito". A educação põe termo à violência do Direito porque ela transforma a "mera" vida, externamente em conflito com o Direito e toda normatividade, em vida animada, moldada a estes. E "com a mera vida cessa o domínio do Direito sobre o vivente" (*Kritik*, p. 200)[59]. Porém, com a abolição paideica do domínio violento do Direito também desaparece o Direito, pois com este desaparece o caráter político do julgamento: na abordagem teleológica (ou estética) da educação a pólis se converte em segunda natureza, à qual nenhum externo mais se opõe. Quando a educação ocupa o lugar do Direito, com a violência do Direito também desaparece a diferença política, a diferença do político de seu outro ("natureza") – de fato, desaparece o próprio político a cuja origem estava vinculado o rompimento do Direito com a justiça mítica e destituída de sujeito da vingança.

A resposta regressiva exige libertar o Direito de sua diferença para com o fora-do-Direito ou não Direito. Como esta diferença é a fresta através da qual a violência como destino penetra no Direito, a violência do Direito só é capaz de ser superada – segundo o argumento desta resposta – quando sua diferença para com o não Direito é abolida. Por sua vez, a resposta reflexiva exige libertar não o

59 Nesta utopia estética da educação, Cover concorda com Benjamin: cf. a oposição de Cover de lei "paideica" e lei "imperial" (Cover, "Nomos and Narrative", p. 105 e s.). Sobre um outro conceito de educação em Benjamin (que corresponde ao modelo reflexivo de deposição do Direito esboçado a seguir), *vide* Agamben, *Das Offene*, p. 91.

Direito *de* sua diferença, mas essa própria diferença; ou seja, não abolir a diferença do Direito para com o não Direito por meio da educação, mas, ao contrário, desenvolver esta diferença. Conforme a segunda resposta, a resposta reflexiva, isto quer dizer "deposição do Direito": "deposição" significa libertar do domínio do Direito sobre o não Direito a diferença do Direito para com o não Direito. A possibilidade de outra forma de execução do julgamento jurídico não reside em superar a diferença do Direito para com o não Direito por meio da educação, e sim em realizar esta diferença de forma não crática, não violenta.

Esta segunda resposta à pergunta por uma outra forma de execução do julgamento jurídico é "reflexiva", porque ela é realizada unicamente pela autotransformação do Direito: por meio de um Direito que reflete sobre si mesmo, diferentemente do não Direito; por meio de um Direito que se transformou em autorreflexivo. Se a "deposição" do Direito não deve minar regressivamente a possibilidade do Direito (e, com isso, colocar em jogo seu rompimento com a violência da vingança), ela só pode assumir a forma de uma autorreflexão do Direito na diferença para com o não Direito. Destarte, "autorreflexivo" não significa aqui um Direito que se fundamenta a partir de si mesmo, mas que se diferencia e se limita no não Direito distinto dele. Por conseguinte, o Direito autorreflexivo não é distinto do não Direito, ele não se encontra meramente em diferença, ele *executa* sua diferença para com o não Direito como sua própria operação da diferenciação. A autorreflexão do Direito consiste em repetir no Direito a oposição do Direito ao não Direito por meio da qual o Direito se produz; o Direito autorreflexivo "sabe" – o que o Direito não reflexivo, "em operação normal", habitual constantemente esquece – que foi ele próprio que produziu, por meio de sua diferenciação, o não Direito frente ao qual ele deve se impor. Portanto, o Direito autorreflexivo contém em si o não Direito do qual ele se diferencia. O Direito autorreflexivo é de constituição paradoxal: ele contém *em si* seu *outro*. Mas por meio desse paradoxo o Direito autorreflexivo não se desfaz; ao contrário, ele subsiste na execução ou realização desse paradoxo.

Mas como é possível que o Direito contenha em si seu outro, o não Direito como o "espaço infinito da alteridade"[60]? Não se converte com isso o fora-do-Direito em uma determinação interna ao Direito e, assim, novamente no próprio do Direito? E como se executa na autorreflexão do Direito sua "deposição": a libertação do Direito de seu próprio domínio sobre o não Direito?

3. A liberação do destituído de direitos (*O jarro quebrado*)

É um ato de "deposição", mais exatamente: um ato de dupla deposição, por meio do qual a "comédia" *O jarro quebrado*, de Kleist, sela o rompimento com a tragicidade de seu modelo, o *Édipo Rei* de Sófocles, e ruma ao final feliz de uma comédia[61]. Após a culpa de Adam, o juiz, ter se tornado evidente – mas não como em *Édipo*, por meio dele mesmo e tampouco em um processo jurídico e sim após o fim deste – ele põe imediatamente em prática o que Édipo prenuncia: Adam foge da cidade (que aqui, todavia, não passa de uma vila nas imediações de Utrecht). À alegria perversa com a qual aqueles que foram deixados para trás comentam a fuga de Adam, Walter reage com um gesto que é juridicamente ambíguo – é sentença, medida ou clemência? – e que reverte decisivamente a história:

> WALTER: Ligeiro, senhor escrivão, parti atrás dele!
> Trazei-o de volta!
> Que ele não piore o mal tentando se salvar.
> De fato ele está suspenso de suas funções,
> E eu vos nomeio, até disposição ulterior,
> Substituí-lo;
> Entretanto, se suas contas estão corretas, como espero,
> Não quero obrigá-lo a partir.

---

60 Luhmann, *Das Recht der Gesellschaft*, p. 174. Sobre a autorreflexão do Direito, *vide* Menke, "Subjektive Rechte: Zur Paradoxie der Form".

61 Kleist, *Der Zerbrochne Krug*. Sobre alguns detalhes da interpretação a seguir, *vide* Menke, "Nach dem Gesetz. Zum Schluß des *Zerbrochnen Krugs*".

Rápido! Fazei-me o prazer de trazê-lo de volta!
(*Krug*, XII 1960-1967)

Por um lado, este ato de Walter é uma "deposição" no sentido técnico exato, no qual unicamente o *Allgemeines Preussiches Landrecht* [Cógido Geral Prussiano] ainda emprega esta expressão: a demissão de um servidor do Estado, aqui a demissão do juiz de suas funções[62]. No entanto, é uma "deposição" também no sentido amplo, o qual, como visto, faz parte do uso mais antigo da palavra: uma "libertação" de Adam da maldição mesma do Direito, que Édipo, em sua destruidora autocondenação por meio de seu próprio exílio, executara em si. A ação antitrágica de Walter consiste em uma meia solução – uma sanção jurídica que atinge Adam tão somente pela metade, o divide em duas partes: suspensão das funções de juiz, sem obrigá-lo a partir da coletividade. Nessa divisão da sanção contra Adam reside o rompimento com o significado total que tinha para Édipo a sentença infligida a si próprio – o rompimento com a tragédia. A sanção jurídica atinge Adam em sua pessoa jurídica, mas não em sua existência. "Trazei-o de volta!", ele pode ficar.

Pode parecer tentador compreender a dupla ação de Walter de sanção jurídica e limitação dessa sanção como, novamente ou ainda, um próprio ato jurídico da justiça, pois, afinal, é uma exigência fundamental de justiça jurídica que delito e punição se correspondam entre si. E como o delito de Adam, em comparação com o de Édipo, é menor (embora nem tanto menor assim: abuso do cargo, violência

---

62 Cf. *Allgemeines Landrecht für die Preußischen Staaten von 1794*, Parte II, Título X: "Dos direitos e deveres dos servidores do Estado", artigos 94-103: "Demissão, deposição e despedida" (id., p. 541). No Título XVII, que trata, entre outros, da jurisdição, consta sob o título "Abuso de jurisdição": "Aquele que abusa de sua jurisdição em prejuízo daqueles perante o tribunal, deverá, além da punição geralmente imposta, ser para sempre privado de sua função" (id., art. 85, p. 623). No Título XX, Seção VIII ("Dos crimes dos servidores do Estado"), a deposição do cargo é tratada entre as "punições dos servidores da justiça que violam seus deveres" (id., arts. 366-408). Cf. também Theodore Ziolkowski, "Kleists Werk im Lichte der zeitgenössischen Rechtskontroverse", p. 46 e s.

sexual e chantagem, sem esquecer a quebra do jarro – mas, em todo caso, não é parricídio nem incesto), segundo a exigência da justiça por equivalência jurídica, a punição tampouco pode ser plena. Mas essa interpretação da ação de Walter da dupla "deposição" deixa de ver, sobretudo, um ponto: que Walter não é um juiz que pronuncia sentenças e impõe penas, aplicando leis ou regras legais. Walter é conselheiro de justiça, "em viagem de inspeção pelos tribunais" (*Krug*, I 70); Walter é um inspetor que observa como outros julgam. Da observação de Walter do Direito no Direito e não da aplicação de uma regra do Direito resulta sua dupla ação de "deposição".

A cena central de Eve fornece uma indicação de como pode ser compreendido nessa perspectiva o duplo ato de deposição de Walter perante Adam. Adam e Eve se encontram aqui face a face não apenas na condição de autor e vítima, eles também compartilham a não participação no Direito: unicamente estes dois poderiam prestar alguma informação sobre os fatos; (por razões contrárias) eles não o fazem – e ambos conseguem assim permanecer até o final do processo.

Diante de Walter, Eve fundamenta da seguinte maneira sua recusa em responder às perguntas enérgicas de sua mãe e em revelar no tribunal o que realmente se passou na noite anterior em seu quarto:

> EVE: Senhor Conselheiro,
> Poupai-me de vos contar os fatos.
> Não pensai nada de mal de tal recusa.
> É a estranha vontade dos céus
> Que nesta causa me cerra a boca.
> Se quereis, poderei jurar sobre o altar
> Que Ruprecht não tocou neste vaso.
> Mas de resto, os acontecimentos de ontem
> Só a mim pertencem.
> Minha mãe não pode reclamar toda a peça tecida
> Por um único fio que atravessa a trama lhe pertencer.
> Não posso nomear aqui aquele que o jarro quebrou.

Há segredos que não são de minha propriedade
E que são completamente alheios ao vaso.
Cedo ou tarde o confiarei a minha mãe,
Mas aqui o tribunal não é o local
Onde lhe cabe me perguntar.
(*Krug*, IX 1255-1273)

Com essa explicação modifica-se tudo, pois o motivo de Eve para sua recusa em prestar informação diante do tribunal introduz não menos que uma nova ideia do Direito: Eve explica que o Direito não *pode* lhe perguntar e que ela *pode* se recusar a responder[63]. Sua fala proclama uma limitação do Direito: o Direito não pode perguntar tudo. E sua fala afirma um novo direito: um direito contra o Direito.

Eve recorre a seu direito ao silêncio[64]. Seu significado jurídico--processual reside em proteger o acusado de se incriminar a si mesmo. No entanto, na fala de Eve esse direito ganha um significado que vai muito além: como um direito ao que lhe "pertence", mas que não é de sua "propriedade"; o que para ela é "toda a peça tecida", na qual cada um só pode ter uma parcela limitada; um direito a ter "segredos" diante da publicidade do Direito. Porém, o que Eve afirma ser subtraído à comunicação no tribunal, ou, mais precisamente, *poder* subtrair à comunicação no tribunal, é, ao mesmo tempo, o que ela está disposta a comunicar em outra comunicação; nesta podem ser "confiados" os segredos ocultos ao Direito. Essa outra comunicação não jurídica tem lugar diretamente após o processo judicial; após o tribunal pode-se falar e dizer sem rodeios o que era absolutamente preci-

63 Isso lembra Shylock, que, igualmente perante o tribunal, declara: "You'll ask me why I rather choose to have / A weight of carrion flesh, than to receive / Three Thousand ducats: *I'll not answer that!* / But say it is my humour, – is it answer'd?" (Shakespeare, *The Merchant of Venice*, IV.1, 40-44; grifo do autor). Assim esclarece Shylock o que ele entende por "your charter and your city's freedom" (id., 39), ou seja, aqueles de Veneza.

64 O direito ao silêncio remonta a inovações jurídico-processuais nos séculos XVI e XVII. Sobre a origem e o sentido deste instituto jurídico, cf. Constable, *Just Silences. The Limits and Possibilities of Modern Law*.

so ocultar no tribunal:"O juiz Adam quebrou o jarro!"(*Krug*, XI 1893). Assim, o sentido do direito ao silêncio, proclamado por Eve contra o Direito, reside no fato de possibilitar uma comunicação não jurídica, a qual segue outras leis: confiança (entre Eve e Ruprecht), ajuda (que Walter promete a Ruprecht), perdão (que mesmo Adam pede em uma fórmula convencional). O direito ao silêncio é o direito a outra comunicação. Mas se existe outra forma de comunicação legítima frente ao Direito, na qual pode ser dito o que pode ser calado naquela, o Direito, por sua vez, define esta como *meramente outra* forma de comunicação: como uma forma de comunicação junto a outras. Através do direito de se calar perante o Direito, o Direito é relativizado: ele é considerado como diferente e em diferença. Mais ainda: reconhecendo o direito ao silêncio perante o Direito, o Direito *se* relativiza; ele se reflete diferentemente do Direito de outras formas de comunicação e limita seu Direito perante estas.

À luz dessa cena central, também a sanção meada de Adam surge de forma diferente: não como aplicação de uma regra jurídica de equivalência entre delito e pena, e sim como"deposição"libertadora do Direito que vai poupar Adam do destino de Édipo. Walter quer romper com a obrigação da qual emana a fuga de Adam. Contudo, essa obrigação é, como sabemos de Édipo (e do juiz de Holla, colega de Adam, que após sua destituição do cargo tentou se matar: *Krug*, I 101 ss.), uma obrigação interna imposta pelo Direito. É a obrigação de se julgar a si mesmo. A "deposição" do Direito, que significa a divisão por Walter da sanção a Adam, consiste, como no caso anterior de Eve, em libertá-la da obrigação de ter que falar diante do tribunal, em dispensar agora Adam da necessidade de ser seu próprio juiz. Como Eve, também Adam não mais precisa participar do Direito. Destarte, a divisão feita por Walter da sanção a Adam é tudo menos uma decisão tomada sem grandes convicções – não é um ato de benignidade, de clemência perante o Direito, não é desviar o olhar, fazer vista grossa. A divisão feita por Walter da sanção jurídica a Adam significa na verdade sua *total* destituição das funções de juiz. Adam deverá perder não apenas seu cargo que o legitima a exercer suas funções de juiz sobre os outros; Adam não deverá mais precisar julgar, nem mesmo, sobretudo, a si próprio. A revisão de Walter do Direito põe fim ao pesadelo de Adam de julgar a si próprio:

ADAM: Sonhei que um demandante
Me agarrara,
E me arrastara perante o tribunal, e eu,
Eu ao mesmo tempo sentava na cadeira do juiz,
E lá do alto eu me censurava, me insultava e me tratava de patife,
E por fim me condenei ao jugo no pescoço.
LUZ: Como? Vós mesmos?
ADAM: É a pura verdade.
Nós dois nos tornamos um só, e batemos em fuga,
E fomos obrigados a passar a noite na floresta.
(*Krug*, III 269-275)[65]

A deposição do juiz Adam, levada a cabo por Walter, não é nem aplicação do Direito, nem sua suspensão em prol da ordem, mas sim um ato de libertação – libertação de Adam do Direito tanto quanto libertação do Direito de seu poder: por meio de sua deposição, Walter livra Adam, assim como Édipo infligira a si próprio sua maldição, de ter que viver seu pesadelo.

*

Adam e Eve ficam livres da obrigação de participarem no Direito. Mas não o ficam apenas em diversa medida e em diverso aspecto – Eve do dever de contar toda a verdade no tribunal, Adam da maldição de Édipo de se autocondenar – e sim também por motivos

---

65 O Adam de Kleist é citado aqui por Kant, que fala de um "duplo si mesmo", cuja determinação é "por um lado, ter que estar trêmulo diante dos entraves do tribunal, confiado a si próprio, mas, por outro lado, ter em suas próprias mãos a função de juiz por uma autoridade inata". "Eu, o demandante, porém também o demandado, sou a mesma *pessoa* (*numero idem*)" (Kant, *Metaphysik der Sitten*, A 100 nota; em agradecimento a Marina Martínez Mateo). Entretanto: o dever de uma pessoa em ser "juiz sobre si mesmo" é um dever oriundo da virtude, não um dever legal. Isto é, ele não pode ser apresentado como conteúdo de uma lei do Direito. Mas não porque o Direito desse dever não necessita, e sim, ao contrário, porque sem ele não existe lei; portanto, esse dever não é uma lei (do Direito), pois ele é a lei das leis.

diversos. No caso de Eve, o Direito se limita a si próprio ao reconhecer a Eve seu (contra) direito em se calar aqui no tribunal e em falar em outro lugar e de outro modo. Esse (contra) direito da comunicação não jurídica pode ser exigido e se tornar novamente, em si, componente de um Direito transformado de forma reflexiva (*vide* mais à frente em II.4). Adam, ao contrário, nada exige; ele sai correndo. Sua penúltima palavra é "perdão", sua última uma pergunta: "o quê?"[66]. É a esta pergunta, e não a uma pretensão do Direito, que a divisão da sanção jurídica por Walter é uma resposta. Mas o que Adam pergunta aqui? Ele não pergunta por nada, nada de concreto, pois ele não sabe o que está perguntando, nem mesmo que ele está perguntando. A última pergunta de Adam é mais uma vez, como anteriormente em meio ao processo já[67], a pergunta do distraído, que repentinamente volta a si sobressaltado de sua ausência na qual imergira em meio ao rebuliço.

O motivo, ou pelo menos a ocasião, para o inspetor Walter liberar Adam da obrigação à autocondenação é a distração deste. Essa deve ser aqui tomada literalmente: como uma dissolução da unidade que transforma um indivíduo em si mesmo, sons em palavras e frases, movimentos em ações; distração é a força da desintegração que dissolve a unidade do sujeito, do significado, da ação. Walter liberta Adam do dever da autocondenação por Adam ser *incapaz*. Ou libertando Adam da obrigação de julgar e sentenciar, Walter o libera para a incapacidade. O ato da "deposição", para o qual aflui o drama

---

66 ADAM: Perdão, senhores. (sai correndo). / EVE: Aqui! Pega-o! / RUPRECHT: Segura-o! / EVE: Depressa! / ADAM: O quê? (*Krug*, XII 1900 s.)

67 Diz-se de Adam que ele estaria "estranhamente distraído" (*Krug*, VII 557). Mas isso não se aplica somente a ele: as indagações sempre acabam se perdendo, haja vista que o questionado fala de tudo que "não faz parte da questão" (VII 676) e fala de "coisas" que são "alheias à causa" (VII 712 s.); porque o questionador esquece o que ele queria saber e não prestara, de início, corretamente atenção (VII 545-552). Os partícipes frequentemente se perdem em desavenças secundárias e sempre outras, em seus pensamentos, sonhos e relatos, dos quais despertam sobressaltados, ainda lentos a compreenderem – O quê? Como?

de Kleist em sua totalidade, consiste na autolimitação reflexiva do Direito – no reconhecimento (paradoxal) do incapacitado no Direito.

*

Mas onde e como se encontra o incapacitado no Direito quando o Direito o liberta da obrigação da autocondenação e, com isso, ao mesmo tempo, a si mesmo, o Direito, da obrigação de dever se impor contra ele? A comédia de Kleist, se tem a intenção de permanecer nessa qualidade[68], deverá se abster de qualquer informação a respeito. Uma formulação de Walter, que se encontra no manuscrito da peça e que foi riscada para a impressão, deixa entrever o que está iminente para Adam:

WALTER: Se suas contas estiverem corretas, como espero, ele possivelmente ainda poderá ser mantido em um lugar qualquer[69].

É evidente que o incapacitado no Direito não pode ser parte e participante do Direito – no sentido exposto por Rousseau (*vide supra*) – pois do fato de que a ordem do Direito converte todo indivíduo em parte de um todo social, em um cidadão igual, resultam a maldição ou o pesadelo da autoavaliação, dos quais a deposição do Direito pelo inspetor pretende libertar Adam. Mas isso não leva a que o Direito defronte o incapacitado libertado como um poder meramente externo e fatídico, ao qual ele se submete, "como nos submetemos a uma doença, a um infortúnio ou à morte"[70]? E que tipo de existência levará agora o incapacitado libertado quando, doravante, será meramente "mantido em um lugar qualquer"? Assim, também Adam será apenas trazido de volta "à vida", como o juiz de Holla que é retirado no último momento da corda na qual queria se enforcar (*Krug*, I 114)? Quase parece ser preferível a existência de

---

68 Que ela pode não permanecer nessa qualidade insinua a curta e última cena, na qual a senhora Marthe ameaça ir a Utrecht e se dirigir ao "governo" para que "justiça seja feita a seu jarro" (*Krug*, XIII 1971). Assim poderia se iniciar uma nova história (que não se prestaria a uma comédia): a história de Marthe Kohlhaas.

69 Kleist, *Sämtliche Werke*, vol. I.3, p. 414 (em vez das linhas XII 1965 s. da versão impressa).

70 Nietzsche, *Zur Genealogie der Moral*, II.15, p. 321.

Édipo como amaldiçoado com a autocondenação infinitamente contínua fora da coletividade àquela que espera Adam como um libertado do Direito, porque incapacitado para o Direito dentro da coletividade. Ou como se deveria imaginar a vida daquele reconhecido como incapacitado para o Direito, como uma vida sem autonomia jurídica, mas em liberdade?

4. Excurso: o dilema dos direitos

Também o príncipe de Homburgo, conclamado pelo príncipe-eleitor a julgar-se a si próprio, se pergunta que tipo de vida levaria caso se recusasse a tal exortação. Ele responde dizendo que uma vida livre do domínio do Direito seria uma vida de trabalho, trabalho como um fim em si mesmo:

> Retirar-me-ei a minhas terras às margens do Reno,
> Lá quero construir, quero demolir,
> Com fadiga e suor, quero semear, colher,
> Como se fosse para mulher e filho, mas desfrutarei só,
> E após a colheita semearei novamente,
> Percorrendo o ciclo da vida
> Até se fazer noite e perecer.
> (Kleist, *Prinz Friedrich von Homburg*, III.5)

A vida daquele que não mais se vê como partícipe do Direito é uma vida no ciclo inutilmente acelerado do trabalho, tendo o trabalho como um fim em si mesmo. Quem não mais é parte do Direito e, com isso, cidadão igual, é uma pessoa do antinatural estado de natureza da economia desencadeada.

Na resposta que o príncipe de Homburgo se dá, Kleist reconstrói como a sociedade civil agora em formação institucionaliza a limitação autorreflexiva do Direito, a liberação do não Direito: na forma do "direito subjetivo". Por esta imagem já Adam interpreta Eve; ao comentar a fala de Eve na qual ela afirma seu direito ao silêncio, Adam profere a seguinte frase: "A menina sabe onde nossas rédeas alcançam" (*Krug*, IX 1275). O Direito Romano designa de rédea, brida ou vínculo, *vinculum iuris*, a relação de culpa"através da qual nos é imposta a obrigação de fornecer algum tipo de prestação em conformidade com o Direito de nossa coletividade"[71]. A esta obrigação de um lado corresponde o direito legítimo que o outro lado pode reivindicar sobre essa prestação. Isso se torna "direito subjetivo" no sentido moderno quando este, assim como Adam interpreta Eve, se torna um direito perante o Estado: não um direito a uma prestação pelo Estado – este só passa e existir quando são criados"direitos públicos subjetivos" (Georg Jellinek) – mas um direito a existir uma esfera de relações"privadas", ou seja, sociais, livre de regulações estatais. Essas relações são definidas através de âmbitos de livre disposição que um cidadão privado tem perante o outro e que todo cidadão privado tem, ao mesmo tempo, perante a coletividade política de que é parte. Com isso, a figura moderna do direito subjetivo introduz um rompimento fundamental na definição clássica, segundo a qual o Direito é a ordem normativa que estabelece a igualdade dos cidadãos. Segundo a definição clássica, a instituição de uma ordem jurídica transforma"todo indivíduo (*individu*) em uma parte (*partie*) de um todo maior"(Rousseau). A figura do direito subjetivo, ao contrário, é a figura de um direito perante – ser parte em, a participação em – um direito: um direito a poder agir dentro de determinados limites como lhe"convier", sem ter que prestar contas a respeito nem assumir a responsabilidade pelas consequências; um direito a não ser totalmente uma"parte"igual e em todos os aspectos, e sim um"indivíduo"livre dessa concepção. De acordo com o resumo de Marx deste rompimento da moderna doutrina do Direito Privado com o conceito clássico de Direito, a figura do direito subjetivo significa a"divisão do homem no homem público e no homem privado", um"dualismo entre a vida individual e a vida genérica"[72].

Não interessam aqui os detalhes desta figura, de sua descrição e de suas fundamentações. Aqui só interessa que o liberalismo ou a sociedade civil – ambos são a mesma coisa: eles são a teoria e a prática do direito subjetivo ou privado – é definido por meio de uma

---

71 *Corpus Iuris Civilis – Die Institutionen*, 3.13, p. 171.

72 Marx,"Zur Judenfrage", p. 356, 360.

dupla característica: primeiramente pela isenção da participação no Direito; em segundo lugar pelo dualismo entre Estado e sociedade, público e privado, cidadão e burguês, sujeito e indivíduo etc.

(1) No questionamento e na restrição da participação no Direito reside o impulso libertador do liberalismo: ser parte, ser um cidadão igual, que pertence ao Direito e ratifica esta pertinência – na forma suprema e autônoma do Direito – por meio da livre submissão à obrigação da autoavaliação, não é, para o liberalismo, a definição de liberdade, conduzindo, em última análise, ao terror. No terror da revolução, o qual, para Robespierre, "nada mais é que a justiça imediata, rigorosa e inflexível"[73], realiza-se, segundo a interpretação liberal apenas da forma mais pura e excessiva, a pretensão ilimitada que o Direito, pela definição de Rousseau, reclama daqueles que constituem suas "partes". Conforme o liberalismo, a igualdade dos cidadãos como partícipes no Direito na realização total e ilimitada – que era praticada nas cidades antigas e que a Revolução Francesa tentou repetir sob condições modernas – leva a que "o indivíduo, embora quase sempre soberano em praticamente todas as questões públicas, seja escravo em todas as relações privadas"[74].

(2) O liberalismo ou a sociedade civil realiza esse programa de libertação como uma parcialização da parcialidade, como uma divisão do que é ser parte: o liberalismo ou a sociedade civil liberta parcialmente. Isso ocorre por meio da garantia de um espaço de livre disposição, protegido contra a intervenção de regulamentações jurídicas. Na ordem jurídica liberal e autolimitadora da sociedade civil, ordem de direitos subjetivos, "preceitos jurídicos autorizadores concedem ao indivíduo a livre escolha em regulamentar autonomamente por atos jurídicos suas relações entre si, dentro de

73 Robespierre, "Über die Grundsätze der politischen Moral, die den Nationalkonvent bei der inneren Verwaltung der Republik leiten sollen [05 de fevereiro de 1794]", p. 594.

74 Constant, "Über die Freiheit der Alten im Vergleich zu der der Heutigen", p. 369. A "liberdade política dos antigos" nada mais é que a igualdade do cidadão na participação no Direito, descrita por Rousseau.

determinados limites"[75]. No liberalismo, a libertação do vínculo do Direito se converte na proteção jurídica da "liberdade contratual" perante o Direito. "Mas esta autonomia amorfa" – segundo o diagnóstico sem ilusões de Max Weber – só merece este nome no sentido figurado"[76]. Como ordem jurídica dos "interessados no poder de mercado", ou seja, como licença jurídica para a livre negociação dos contratos e, com isso, para o abuso e a exploração daqueles destituídos de "poder de mercado", a libertação jurídica do vínculo da regulamentação jurídica conduz ao surgimento de um nexo compulsório social que, porém, só intervém na vida de todo indivíduo com muito mais eficácia exatamente por este nexo "se abster de todas as formas autoritárias". O programa liberal e civil da libertação – o programa: "diminuição do vínculo e aumento de liberdade individual"[77] – se transforma em dependência aumentada: "Uma ordem jurídica garantidora e oferecedora formalmente de tantos 'direitos de liberdade' e 'autorizações' e que contém tão poucas normas de obrigação e interdição pode servir (...) em seu efeito fático a um aumento muito significativo não somente da obrigação em geral, como também a um aumento do caráter autoritário dos poderes coercitivos"[78].

Isso descreve o dilema do liberalismo: na forma dos direitos subjetivos, a libertação do indivíduo da obrigação em se tornar totalmente parte da ordem jurídica significa nada mais que a liberação para a perseguição de seus interesses privados; contudo, essa liberação restabelece um nexo compulsório como que do destino, no qual não apenas cada indivíduo em particular se torna dependente do arbítrio do outro, mas todos juntos se tornam dependentes da ação de leis de mercado incontroláveis. A libertação liberal da "servidão" jurídica (Constant) termina em um "aumento muito significativo" (Weber) da obrigação econômico-social.

---

75 Weber, *Wirtschaft und Gesellschaft*, p. 398.

76 Id., p. 419.

77 Id., p. 439.

78 Id., p. 440.

O liberalismo pretende romper com o poder do destino, que o Direito autônomo exerce no sujeito, ao limitar a autonomia jurídica do cidadão por meio do livre arbítrio do burguês – através da liberdade em perseguir seus interesses, mesmo que pelo abuso e exploração de outros. A isenção da obrigação de participação no Direito na forma de direitos subjetivos procede de modo dualístico: ela contrapõe ao direito o interesse, à igualdade o egoísmo, ao dever o arbítrio. Todo indivíduo deve poder estar em ambos os lados, operar em ambos os registros. Porém, ambos os lados são extrínsecos entre si. A hipótese dualística fundamental do liberalismo, que se expressa na forma de direitos subjetivos, estabelece que *de um lado* existe a orientação autônoma pela regulamentação jurídica, a participação igual do cidadão no Direito, e, *do outro lado*, a perseguição privada dos interesses, que é isenta de considerar igualmente os outros. O liberalismo realiza o programa de limitar o Direito de tal modo que ele diferencia e contrapõe esses dois lados. Mas a "arte da separação" liberal (Michael Walzer) mantém inalterado o separado. E é aí que reside a intenção da "arte da separação" liberal: em evitar ou repelir uma modificação fundamental. A "arte" liberal de separar o Direito do não Direito acredita poder romper com a violência do Direito ao limitar unicamente o alcance deste – ou seja, sem ter que *modificar* a *forma de julgamento* do Direito.

5. Após o liberalismo: o paradoxo do Direito

O dualismo do liberalismo civil consiste em contrapor extrinsecamente a participação autônoma no Direito ao direito da liberdade de não participação. Isso leva a que o ato de estar isento do Direito no liberalismo seja facilmente equiparado ao direito em perseguir seus interesses "ao livre arbítrio". No entanto, o motivo para tanto reside no fato de que o dualismo liberal não se dá conta da assimetria constitutiva dos dois âmbitos, pois, na verdade, Direito e não Direito não se defrontam extrinsecamente na forma de direitos subjetivos. Como direito ao não Direito, ao estar isento da participação no Direito, o próprio direito subjetivo é um elemento do Direito. Isso parece trivial, mas não o é, pois o fato de o direito subjetivo ser um direito à não participação lembra que a forma do direito subjetivo foi produzida por um processo de autorreflexão do Direito. A forma do direito subjetivo é o *efeito* de um *ato* – um ato jurídico de forma nova, paradoxal: um ato através do qual o Direito se refere *em* si *a* si, *diferentemente do* não Direito[79]. O dualismo civil-liberal não vê que ele, sem pensá-la, pressupõe uma nova forma de operação do Direito: a contraposição extrínseca entre Direito e não Direito pressupõe que o Direito não mais tenta se impor apenas contra o não Direito, mas que se refere, ele próprio, ao não Direito, do qual se diferencia – e, assim, contém em si o não Direito como o diferente. Nisso reside a crítica ao dualismo civil-liberal: na exposição da operação autorreflexiva do Direito, que subjaz a esse dualismo tanto quanto é encoberta e reprimida por ele. Esta exposição da

---

79 Cf. Menke, "Subjektive Rechte: Zur Paradoxie der Form", p. 95 e s. Sobre a crítica do dualismo liberal, *vide* Habermas, "Naturrecht und Revolution". Evidentemente não é *nenhuma* solução querer superar o "dualismo" que, segundo a compreensão civil-liberal, está integrado na figura dos direitos subjetivos, pelo fato de que "a concessão de um direito subjetivo" seja interpretada, em vez disso, como "concessão da participação na produção do Direito" (Kelsen, *Reine Rechtslehre*, p. 61). Tal interpretação é duplamente falsa: ela desconhece o funcionamento de direitos subjetivos; e abre mão do impulso originalmente liberal para a libertação do Direito. Cf. a respeito também Menke, "Das Nichtanerkennbare. Oder warum das moderne Recht keine 'Sphäre der Anerkennung' ist". Uma discussão detalhada deste problema exigiria um tratamento crítico da reformulação de Habermas da diferenciação de Kant entre moralidade e legalidade (cf. Kant, *Metaphysik der Sitten*, Introdução, III, AB 13 ss.), pois, diferentemente do liberalismo clássico, Habermas deixa claro que o reconhecimento da "autonomia privada" liberada normativamente como conteúdo do Direito requer uma redefinição também da "autonomia política" como *fundamento* do Direito. Também essa deve ser dividida em si: em autonomia jurídico-política e autonomia moral (cf. Habermas, *Faktizität und Geltung*, p. 135-151). Habermas a descreve como a "divisão moral do trabalho" (id., p. 149) entre Direito e moral que deve garantir que os partícipes no Direito estejam isentos das "exigências" (Habermas) da autoavaliação autônoma, que Édipo sofre como maldição. Essa garantia me parece colocar em dúvida, em última análise, a normatividade do próprio Direito. Veja a respeito também a nota 64.

autorreflexão do Direito mostrará que a "deposição" do Direito pode ser entendida e executada para além do liberalismo.

*

"Autorreflexão do Direito" significa: reflexão do Direito – subjetiva e objetivamente: através do direito ao Direito – em sua diferença para com o não Direito. A diferença para com o não Direito, como mostrado[80], é constitutiva para o Direito: o Direito sempre está em diferença, destarte também em referência ao não Direito; não só o Direito autorreflexivo, mas já o Direito "em operação normal", comumente praticado, se refere ao não Direito. A prestação da autorreflexão consiste (apenas) em destacar que e como o Direito em operação normal faz isto, e (apenas) destacando isto, a autorreflexão modifica – "depõe": priva do poder e liberta – o Direito.

O Direito está em oposição ao injusto: em oposição ao que ou àquele que lesa a igualdade do Direito em favor de seu próprio. Todavia, o Direito também está em oposição ao não Direito: em oposição ao que ou àquele que se esquiva da avaliação por Direito e injusto; àquele que esquece o Direito, o recusa ou não é capaz de nele participar. Por conseguinte, todo ato de julgamento jurídico não se encontra apenas sob a pretensão de ter validade intrajurídica e, assim, combater o injusto, e sim de se impor contra o não Direito, o esquecimento ou a recusa ou a incapacidade do Direito. Esta pretensão de imposição do Direito frente ao não Direito leva ao ciclo da violência no qual incorre o Direito como destino, pois, já que o Direito, como algo instituído politicamente, produz e pressupõe ele próprio o não Direito, ele nunca poderá se impor frente ao não Direito. Mas o Direito não pode desistir de sua pretensão de imposição frente ao não Direito, isto é, de seu domínio sobre o não Direito, pois esta pretensão resulta de nada mais que da pretensão de validade do Direito. É o *direito do Direito* se impor contra o não Direito; é nada mais que o direito do Direito onde se fundamenta sua violência à guisa de destino.

---

80 Cf. a respeito os capítulos I.3 e I.5.

Porém, para o direito do Direito perante o não Direito deve valer o mesmo que no Direito: que não existe direito contra alguma coisa ou alguém, que não seja um direito *para* essa coisa ou esse alguém. A justiça do Direito é definida pelo fato de que o julgamento do Direito só é válido porque, por fim, ele é sempre a própria sentença daquilo ou daquele sobre o qual é dada. Destarte, a forma autônoma do Direito, que vincula sua validade obrigatória à liberdade da autoavaliação, incorpora a mais pura forma de normatividade jurídica. Portanto, se o Direito se impõe frente ao não Direito e para tanto proclama seu direito – o direito à imposição do Direito contra o não Direito; mais precisamente: se o Direito se impõe contra o não Direito porque esta é a pretensão, o direito do Direito, então o Direito precisa afirmar estar legitimado para tanto, de acordo com a própria medida do não Direito – pois este é o "próprio direito" (Hegel) do não Direito. O *direito do Direito* em se impor contra o não Direito é ao mesmo tempo – em conformidade com o conceito do Direito – o *direito do não Direito*: o direito do não Direito em participar do Direito que se impõe contra ele, em ser considerado no Direito e em ter validade.

Em seu funcionamento habitual, o Direito supõe a identidade de ambas as pretensões: o direito do Direito consiste em que ele não só deve, como também pode se impor contra o não Direito; simultaneamente, a imposição do Direito contra o não Direito vale como realização do próprio direito do não Direito. Esta suposição de identidade constitui a ideologia do Direito em seu funcionamento habitual: o direito do Direito e o direito do não Direito são a mesma coisa; na realização de um, se realiza ao mesmo tempo também o outro. Em contrapartida, a autorreflexão do Direito mostra que ambas as pretensões, precisamente por se envolverem, se contradizem. Mais ainda: ambas as pretensões se contradizem a si mesmas. Ao impor seu direito contra o não Direito, o Direito proclama, ao mesmo tempo, o direito do não Direito. Mas o Direito só *é capaz* de realizar o direito do não Direito lesando esse direito.

O motivo para tanto reside no fato de *como* o Direito é capaz de realizar sozinho o direito do não Direito que ele precisa afirmar:

só podem ser"operações próprias (sempre: próprias!)"[81], por meio das quais o Direito tenta fazer valer o direito do não Direito. O Direito só pode se referir ao não Direito na forma do Direito. Como toda pretensão, o Direito faz da pretensão do não Direito um direito legítimo, do não Direito uma parte no processo jurídico. O processo jurídico consiste em fazer valer, na consideração imparcial das partes em conflito, sua igualdade como cidadãos. Para que o Direito possa realizar seu processo de audição, investigação e avaliação imparciais, ele sempre precisará já ter realizado um pré-processo, um procedimento anterior ao procedimento, no qual o não Direito foi transformado em Direito, o não cidadão em cidadão, o desigual em igual – no qual o Direito produziu os elementos que poderá usar em seu processo. Em todo processo do Direito consuma-se um pré-processo de juridicização. Assim, se o Direito tenta realizar o direito do não Direito, o qual ele afirma, será preciso colocar o não Direito na forma do Direito ou juridicizar o não Direito. Ele precisará privar o não Direito exatamente daquilo – de sua diferença para com o Direito – que o constitui e ao qual afirma ter um direito. Realizar o direito do não Direito no Direito e lesá-lo é o mesmo.

A autorreflexão do Direito demonstra a contradição de ambas as pretensões – o direito do Direito em se impor contra o não Direito, e o direito do não Direito em ser considerado no Direito que se impõe contra ele – cuja identidade o Direito afirma em seu funcionamento habitual. Essa contradição, como a autorreflexão do Direito, continua a mostrar, não se deixa desfazer: nenhum de ambos os direitos pode ser pensado sem o outro que o contradiz. A contradição do Direito que irrompe em sua autorreflexão não é, portanto, uma crise capaz e carente da decisão – da atitude crítica como "atitude

81 Luhmann, *Das Recht der Gesellschaft*, p. 92. (A formulação se refere a como o "sistema", não apenas do Direito, através da internalização da diferenciação entre sistema e meio ambiente, obtém"como diferença entre autorreferência e heterorreferência a liberdade de uma 'mudança na condução' das referências, de um deslocamento do foco de autorreferência para heterorreferência e vice-versa".)

separadora e decisiva" (Benjamin). A contradição do Direito forma um paradoxo que é mister desdobrar.

Isso se dá em um cumprimento do Direito que se subordina simultaneamente a duas exigências excludentes entre si[82]. É necessário ser um cumprimento que realize o Direito *e* interrompa o Direito; um cumprimento que execute a igualdade dos cidadãos *e* que realize a diferença entre cidadão e não cidadão, entre partícipe do Direito e esquecido ou recusador ou incapaz do Direito; um cumprimento que realize um processo imparcial *e* retroceda ao pré-processo de juridicização do qual resulta o processo jurídico. O cumprimento autorreflexivo do Direito realiza o direito do Direito *e* o direito do não Direito não ao transformar este em um elemento – uma parte, um caso – em um processo jurídico, mas ao fazê-lo valer contra sua juridicização. Cumprir o Direito de forma autorreflexiva significa realizar o mais precisamente possível o processo de investigação, consideração e avaliação imparcial-igualitárias *e* liberar as forças não jurídicas da "distração" – do esquecimento, da recusa e da incapacidade. Nessa reação das forças da distração rompe-se a identidade entre o si mesmo e o Direito, com a qual nos amaldiçoa o Direito autônomo: a identidade entre si mesmo e o Direito que é necessário que cada um se imponha contra si na qualidade de não cidadão, a fim de se submeter sempre ao cidadão, ao partícipe igual do Direito. O cumprimento autorreflexivo do Direito rompe com a identidade autônoma entre o si mesmo e o Direito e desdobra a contradição: a unidade de unidade e oposição entre cidadão e não cidadão, entre partícipe do Direito e esquecido, recusador e incapaz do Direito.

Existe tal libertação da maldição do Direito da autoavaliação autônoma por meio do desdobramento autorreflexivo do paradoxo entre Direito e não Direito?

---

82 Cf. a análise das "aporias" da decisão jurídica em Derrida, *Gesetzeskraft*, p. 46-59. A diferença da descrição seguinte para com Derrida reside (unicamente) em que a aporia do julgamento jurídico é compreendida aqui como desdobramento autorreflexivo da diferença entre Direito e não Direito no Direito.

6. A utopia da possibilidade igual (*Wolokolamsker Chaussee I*)

Na curta peça *Wolokolamsker Chaussee I: Russische Eröffnung* [*Estrada de Wolokolamsk I: Abertura russa*], Heiner Müller apresenta a seguinte história[83]: um batalhão soviético encontra-se pouco antes de Moscou para protegê-la, à espera das tropas alemãs, superiores em força e avançando rapidamente; os soldados impelidos pelo medo, prontos à deserção em número cada vez maior. O comandante, acreditando que "só um susto é capaz de expulsar o medo", finge um ataque dos alemães ("Gritei alarme e às armas"), mas o único efeito produzido foi aumentar o medo até o pânico; ocorre uma fuga em massa dos soldados para dentro da floresta. Um deles é líder do grupo e dá um tiro em sua própria mão a fim de se tornar incapacitado para o combate. O homem é preso e levado pelo tenente até o comandante. O comandante pergunta ao tenente: "Por que não o fuzilaste"–"Não sei"–"E eu devo saber como / Traze-o para dentro". O líder do grupo se escusa e usa como desculpa ter sido um acidente e que tudo não passou de um exercício. O comandante o chama de covarde e de "traidor da pátria", condenando-o a ser fuzilado por seu próprio grupo, dentro de uma hora, diante do batalhão.

> O tenente perguntou: Temos nós o direito?
> Eu disse: Minha ordem será executada
> E se foi um injusto devo ser fuzilado
> Vós escreveis o relatório, camarada tenente

O líder do grupo que se transformou em traidor de seu batalhão e da pátria, e que não podia liderar seu grupo "porque não podia dar ordens a si mesmo", *tem que* ser condenado. "De que forma outra eu deveria ter ordenado"?

A condenação do traidor é uma "ordem" do comandante e não fica claro se ele possuía o direito para tal; o tenente pergunta e o

83 Müller, *Wolokolamsker Chaussee I: Russische Eröffnung*. Devo a Hans-Thies Lehmann a indicação deste texto e de seu significado e a Robin Celikates, Thomas Khurana, Daniel Loick e Katrin Trüstedt comentários críticos a uma primeira versão de minha interpretação.

comandante não responde afirmativamente a esta pergunta. O comandante não *afirma* estar no direito. Ele deixa aberta a questão acerca de seu direito, transmitindo-a a um leitor ulterior do relatório. Da mesma forma que o tenente não sabia por que não fuzilou logo o líder do grupo, o comandante também não sabe por que ele manda fuzilá-lo agora. A ordem não se fundamenta em um conhecimento sobre Direito e injusto. Entre o conhecimento do Direito e do fato que o executa, existe uma distância, um espaço, uma relação pouco clara – assim como o comandante dirá mais tarde, em retrospectiva: "eu mandei fuzilá-lo e de acordo com as leis da guerra". A ordem do comandante é dada *e de acordo com* as leis da guerra. O fato de a ordem ser dada de acordo com as leis da guerra não significa que ela *resulta das* leis da guerra. O comandante ordena a execução –"De que forma outra eu deveria ter ordenado"? – sem afirmar saber que isto lhe é ordenado pelo Direito. É uma ordem sem o conhecimento do Direito. É uma ordem isenta do Direito (não: destituída de direitos): uma ordem que se desprende do conhecimento do Direito e, destarte, por ela não pressupor como fundamento o Direito e o conhecimento do Direito, por ela não resultar do Direito e do conhecimento do Direito, ela é uma ordem contra o Direito, não contra este ou aquele direito, mas contra o Direito como tal – contra o direito do Direito em estabelecer de modo vinculativo o que se aplica entre nós.

A distância da ordem do comandante perante o saber jurídico, o "e" que os separa ao uni-los, pode ser compreendida de duas formas antagônicas. A ordem do comandante surge primeiramente com um ato de "suspensão" do Direito, no sentido exato do conceito de Schmitt (*vide supra*). O comandante manda fuzilar o líder do grupo sem ter realizado um processo jurídico de investigação até o ponto no qual dele resulta uma sentença. O objetivo é claro: para que "este amontoado de homens se torne um batalhão antes da primeira batalha". O comandante priva alguém de seu direito – de seu direito ao Direito: do direito em ser parte em um processo e, por conseguinte, do direito a ser um cidadão igual – a fim de criar a condição para que a pergunta pelo Direito e pelo injusto, e também a da própria forma de agir do comandante, possa ainda e novamente ser feita; a condição para que ainda *existam* cidadãos soviéticos iguais. Esta condição do Direito é a resistência bem-sucedida contra os alemães, a vitória[84]. Na ordem do comandante contra o conhecimento do Direito trata-se da garantia desta condição do Direito. O comandante pretende através do fuzilamento de um produzir a unidade dos outros que são os executores e espectadores de seu fuzilamento:

Faz-se necessário um morto
Ou o olhar sobre semelhante morte
Para que um batalhão um batalhão se torne?

Mas também esta pergunta do comandante pelo efeito, assim como a do tenente pelo direito da execução, queda em aberto sem resposta: Faz-se necessário um morto ou o olhar sobre semelhante morte para que a unidade, isto é, a ordem que é a condição do Direito seja estabelecida? "As costas dos soldados e o balanço de seus fuzis me perguntavam por quê".

Como ele tampouco sabe e nenhuma resposta tem para esta questão, o comandante, repentinamente, de uma só vez, revoga sua ordem, deixando com vida o líder do grupo, que anteriormente lhe pedira perdão:

Com lábios cerrados disse eu
Veste teu casaco! Eu, perguntou ele
O casaco! Não serei fuzilado?
E eu, ocupa teu lugar, deverás combater!
E, sim, irei combater, disse ele
E quis vestir seu casaco
Não conseguindo com a mão enfaixada se meter na manga
Riu conosco, da carga liberado

---

84 Na peça *Wolokolamsker Chaussee II: Wald bei Moskau* [*Estrada de Wolokolamsk II: Floresta perto de Moscou*] de Müller, consta a respeito dessa relação condicional: "A ordem soviética, pensei eu, onde estará se a União Soviética desaparecer" (id., p. 204). Esta relação justifica, faz até mesmo necessário aqui, segundo o ponto de vista do comandante, "que alguém pegue a lei em suas mãos e tome precipitadamente a decisão" (id., p. 202) para assegurar a subsistência da União Soviética, somente *na* qual poderá existir a lei da União Soviética.

Que por uma hora já lhe pesava
Com o peso da terra que o cobre
Dez mãos puxavam agora lá e cá no seu casaco
Para se enfiar na manga
E os risos não tinham fim.

Até que, em uma segunda repentina virada, esse "filme" é rasgado pela ordem de fogo do comandante, a imagem da libertação apagada; "e a salva estrondou de doze fuzis como um único tiro". A ordem se impõe contra a "ilusão do indulto" (assim Müller em um comentário sobre a peça)[85]. Porém, ela, após o filme do indulto e do riso libertado ter passado, não mais é a mesma ordem: ela continua a ser a ordem de fuzilar o líder do grupo "e de acordo com as leis da guerra"; uma ordem que corresponde ao Direito sem dele resultar. Mas ela não mais é uma ordem que "suspende" o ordenamento jurídico no sentido de Carl Schmitt.

O comando que suspende o Direito é, ao mesmo tempo, legitimado pelo Direito: ele garante a ordem que o Direito pressupõe. Ao ato do indulto, aquela outra forma tradicional de soberania[86], não interessa, em contrapartida, a ordem da normalidade como pressuposto do Direito, e sim uma justiça além do domínio do Direito. Essa possibilidade, a "ilusão do indulto", surge no "filme", o qual se passa – onde? – não apenas na imaginação do comandante, mas sobre o palco, na realidade da peça, e é bruscamente interrompido pelo comando de execução. Em um apontamento "Sobre a encenação", Müller insiste em que indulto e execução sejam encenados de modo a terem o mesmo "grau de realidade"[87].

---

85 Müller, "Zur Inszenierung", *in*: *Werke*, vol. 5, p. 97.

86 A clemência é a outra forma de soberania que, na teoria de Carl Schmitt, está sistematicamente ausente. Cf. Menke, "Gnade und Recht. Carl Schmitts Begriff der Souveränität".

87 "A ilusão do indulto do desertor necessita do grau de realismo da execução a fim de que possa ser pensada uma guerra na qual o indulto é a solução realista. À sombra da guerra atômica, a alternativa para o comunismo, ela parece utópica" (Müller, "Zur Inszenierung", *in*: *Werke*, vol. 5, p. 97).

Nisto reside, segundo Müller, o utópico deste momento. A utopia *não* é o indulto *em vez* da execução, mas que o indulto é a "solução realista". "Realista" significa: possível, provável – mas não: unicamente necessário. Segundo Müller, utópico é que o indulto tenha "o grau de realismo da execução": que ele seja *tão* realista, ou seja, possível ou provável, *quanto* a execução.

Assim, também o comando de execução é tão possível quanto o indulto. Tampouco o comando de execução "e de acordo com as leis da guerra" é uma necessidade; ela é uma de duas possibilidades. Essa é a nova qualidade que o comando – mais precisamente: esta é a nova interpretação que a dúvida e o desconhecimento que o envolvem obtêm através da confrontação com a possibilidade do indulto. Verifica-se que o comando é apenas uma possibilidade que porta em si a outra possibilidade como, doravante, em todo o percurso de Moscou a Berlim, o comandante porta o líder executado como seu "outro eu". Essa outra possibilidade que nega sua própria possibilidade, está neles inscrita: no comando a possibilidade do indulto, no comandante a possibilidade de que ele próprio é o executado ("E sempre o morto dá meu passo"). Entre essas duas possibilidades impera uma "guerra", uma guerra na cabeça do comandante, o qual agiu "e de acordo" com o Direito. E "em minha cabeça não cessa a guerra".

No fato de o comando de execução se dar de acordo com as leis da guerra, mas não resultar do conhecimento do Direito; de a pergunta do tenente "Temos nós o direito?" permanecer sem resposta;

Aqui Müller rompe com seu modelo de romance, para cujo comandante isto deve permanecer *meramente* um "sonho", um "desejo" nascido da "compaixão" – compreensível, mas errado, refutado pelo conhecimento do necessário na guerra e, portanto, correto segundo as leis da guerra: "Desejaria que todo soldado soubesse: Se fores covarde, se traíres – não serás perdoado, por mais forte que for o desejo do perdão. Escrevei tudo isto; oxalá possam lê-lo todos que vestirem o uniforme de soldado ou que se dispuserem a vesti-lo. Que saibam: Talvez foste bom, talvez foste outrora amado e louvado; mas, o que tenhas sido, por um delito enquanto soldado, por covardia e traição serás punido com a morte" (Beck, *Die Wolokolamsker Chaussee*, p. 33).

de o comando no Direito não possuir nenhum fundamento bastante – não se anuncia a dura necessidade de preservar a ordem jurídica por meio da suspensão do esclarecimento concludente da questão de direito, mas, ao contrário, a possibilidade da utopia. Contudo, a utopia não é o reino da graça além do Direito. A promessa de um além do Direito conduz apenas (Shylock o sabe[88]) à inversão do Direito em injusto, pois o domínio do Direito é o da igualdade dos cidadãos; além do Direito domina a desigualdade. A utopia que se anuncia na dúvida se a execução está fundamentada no Direito, se é necessária pelo Direito, e que se opõe a sua suspensão, não consiste na transcendência do Direito, e sim em sua despotencialização: no que o Direito e sua aplicação se convertem em uma possibilidade. A utopia é a igualdade da possibilidade entre a igualdade jurídica dos cidadãos *e* a desigualdade não jurídica como não cidadãos. Essa igualdade utópica de duas possibilidades não é nenhum critério ou fundamento. Ela não determina nenhuma medida de decisão, mas exige de toda decisão – tanto daquela consoante o Direito quanto daquela contra o Direito – que ela decorra de sua autorreflexão: da autorreflexão em sua relação, na relação que a constitui.

Por fazer exatamente isto, a ordem de execução do comandante – o comando para a execução "e de acordo com as leis da guerra" – ganha um momento utópico, apesar de toda sua evidente violência. Ela sucede *de acordo com* as leis da guerra *e* em relação com o não Direito. Na ordem de execução do comandante, ambos os aspectos se tornaram a mesma possibilidade, obtiveram o mesmo "grau de realidade". Mesmo se, por fim, o Direito se impõe contra o não Direito, o comandante ordena não o indulto, mas a execução, ele afirma e executa não mais o direito do Direito contra o não Direito. O caráter utópico de seu comando reside em seu "como": no fato de ele depor o Direito, na referência com o próprio não Direito, à categoria de algo não jurídico. Destarte, o comandante não se descarrega da responsabilidade por sua decisão ao atribuí-la ao Direito. E, portanto, o comandante tampouco requer para seu comando, como

88 Cf. Derrida, "What Is a 'Relevant' Translation?", p. 183 e s.

para uma sentença jurídica, a aprovação do condenado. Seu comando faz com que a execução se pareça com o que exatamente ela é: violência aberta – enquanto o Direito eterniza toda violência aberta como violência trazida pelo destino. Em vista disso, não mais cessa a guerra na cabeça do comandante, a guerra entre o Direito e o não Direito, entre o direito do Direito e o não direito do Direito.

*

A deposição do Direito não é nem o fim do Direito nem o início da não violência. Ela é o rompimento da violência como destino, a qual o Direito exerce por acreditar estar no direito contra o não Direito. A deposição do Direito termina a guerra do Direito contra o não Direito ao iniciar esta guerra no Direito. O Direito "deposto", simultaneamente privado de seu poder e libertado, está em guerra consigo mesmo.

7. O Direito contra sua vontade

O Direito deposto por meio de sua autorreflexão está em conflito consigo mesmo. A deposição do Direito nem põe "termo ao tribunal"[89] – pois a possibilidade da sentença ("e de acordo com" o Direito) fica mantida no cumprimento autorreflexivo do Direito; o cumprimento autorreflexivo do Direito põe termo ao ato de pôr termo, seja do tribunal ou do tribunal sobre o tribunal. Nem pode a deposição transformar o Direito "em brinquedo" e, assim, abrir o "portão para uma nova sorte"[90] – pois a autorreflexão do Direito conduz a um paradoxo que não promete uma vida além do conflito, da violência e do sofrimento, um paradoxo contra o qual concorre o Direito, mas que o repete novamente em si. O cumprimento autorreflexivo apenas promete um Direito que isto sabe de si.

Destarte, o cumprimento autorreflexivo do Direito consiste em que o Direito – como disse Adorno a respeito do gosto estético[91] –

---

89 Assim, Deleuze, "Schluß mit dem Gericht", p. 175.

90 Agamben, *Profanierungen*, p. 73 e s.

91 "O gosto é o mais fiel sismógrafo da experiência histórica. Como quase nenhum outro poder ele é capaz de registrar até mesmo o próprio com-

"reage contra si mesmo" e se reconhece como destituído de direitos. O Direito autorreflexivo e deposto é um Direito *relutante* contra si próprio: cujos cabelos se arrepiam contra si mesmo; um Direito contra sua vontade – o Direito dos relutantes.

---

portamento. Ele reage contra si mesmo e se reconhece como sem gosto. Artistas que repugnam, chocam, representantes da crueldade não temperada deixam-se, em sua idiossincrasia, conduzir pelo gosto: o gênero calmo e fino contudo, o domínio dos nervosos e sensíveis do neorromantismo, mostra-se, mesmo em seus protagonistas, tão grosseiro e inconsciente quanto o verso de Rilke: 'Pois pobreza é um grande brilho oriundo de dentro'. O leve arrepio, o *pathos* da diferença são apenas máscaras padronizadas no culto da opressão. O estético presunçoso tornou-se insuportável para os nervos esteticamente avançados. O indivíduo é tão completamente histórico que ele é capaz de se rebelar com a fina trama de sua organização burguesa tardia. Na relutância contra todo subjetivismo artístico, contra expressão e animação arrepiam-se os cabelos contra a falta de tato histórico, da mesma forma que o próprio subjetivismo se contraiu diante das conveniências burguesas" (Adorno, *Minima Moralia*, p. 191).

2

Direitos subjetivos: sobre o paradoxo da forma[1]

O direito na diferença

Abordagem jurídico-filosófica

Em dada altura na segunda metade do século XVIII começa na filosofia uma nova maneira de abordar o direito: uma abordagem do direito na relação com o seu outro, uma maneira de abordar o direito "na diferença" ("*im Unterschied*"). O que é novo nessa maneira de ver não é o fato de o direito ser relacionado com outra coisa, mas o fato de essa relação e, com ela, o outro do direito já não serem entendidos de um ponto de vista histórico-legitimador. O outro do direito já não é o antes do direito, do qual ele provém, como nas concepções teórico-contratuais da transição do estado de natureza para a sociedade civil ou o estado jurídico. O outro do direito é agora o outro ao lado e perante, portanto em simultâneo com o direito. "Abordagem do direito na diferença" significa abordagem do direito na reflexão duradoura com o seu outro, com aquilo que não é direito.

O surgimento dessa maneira filosófica de abordar o direito na diferença na segunda metade do século XVIII explica-se a partir da consequente autonomização do direito. É que "autonomização do

1 Agradeço a Gunter Teubner pelo comentário detalhado e a Lutz Ellrich, Alexander García Düttmann, Thomas Khurana e Frank Ruda pelas observações relativas a uma versão anterior deste texto.

direito" significa não apenas que o direito não tem fontes transcendentais e que só surgiu a partir de outro ou contra outro ("natureza") por meio de atos do seu emprego – e que, portanto, poderia também não ter surgido, sendo nesse aspecto contingente. Mas "autonomização do direito" significa também que o direito é diferente do seu outro, que, portanto, a distinção, em cuja execução o direito consiste, não tem um *status* absoluto, mas que é apenas um dos diferentes tipos possíveis da distinção e que também é contingente no sentido lato: porque é contingente, quer seja efetuada a distinção jurídica *ou uma outra*. Além do direito e do seu modo de distinguir, há outros modos de distinguir, sem que um se possa derivar do outro ou se possa produzir a partir do outro por um processo de criação. Entender o direito enquanto autônomo significa ver o direito e o seu outro como tendo a mesma origem. É esse modo de ver que agora se chama "reflexivo". Apesar disso, "reflexão" já não quer dizer redução de alguma coisa ao seu fundamento escondido nessa alguma coisa. "Reflexão" quer dizer, antes, abordagem de alguma coisa na sua diferença com relação a outra coisa – não fundamentação, mas limitação do direito.

Essa reflexão do direito na diferença é feita pela filosofia desde o século XVIII como esclarecimento (*Aufklärung*) sobre o direito e por conseguinte, dado que o direito autônomo é um empreendimento do esclarecimento, como esclarecimento sobre o esclarecimento. No entanto, na abordagem filosófica do direito fica em aberto saber qual a relação entre a reflexão sobre o direito na diferença e a execução do direito (ou no direito). Muitas vezes, a filosofia se atribui, como privilégio seu, a perspectiva reflexiva sobre o direito; reflexão sobre o direito só se realiza então fora do direito. A teoria de sistemas e a desconstrução são, pelo contrário, duas maneiras diferentes de pensar a autorreflexão do direito. As duas fazem-no com um distanciamento crítico da "crítica": i.e., distanciando-se de um entendimento da reflexão do direito na diferença como uma crítica do direito.

Totalidade, crise, paradoxo

A questão de uma autorreflexão do direito que corresponda à reflexão filosófica sobre o direito, porque ela, como esta, é sua reflexão na diferença, pode ser compreendida com maior precisão a partir de Niklas Luhmann. Segundo Luhmann (1993: 132), o direito permite "poder saber com que expectativas encontramos apoio social". Nisso reside a função do direito: trata-se de "segurança de expectativa". Para isso, o direito tem de fazer a distinção entre uma conduta que corresponde às "expectativas normativas" e aquela conduta que as defrauda. Para isso serve o código jurídico: no começo do direito está a distinção entre valores assimétricos, entre o valor positivo "direito" e o valor negativo "não direito"[2]. A partir daqui forma-se um *sistema* jurídico, todavia só por meio de "estruturas lógicas complexas", que Luhmann descreve como dupla reentrada da distinção no distinto:

(1) A distinção do código jurídico entre $direito_1$ e não $direito_1$ é feita no $direito_2$ (*re-entry* 1). Com isso distingue-se o sistema do direito ($direito_2$), que faz a distinção entre $direito_1$ e não $direito_1$, do seu ambiente, que não faz a distinção entre $direito_1$ e não $direito_1$, e que nesse aspecto é não $direito_2$.

(2) O não $direito_2$ constitui, porém, um "espaço infinito da alteridade" (Luhmann 1993: 174), com o qual o sistema nada consegue fazer; o outro do direito (não $direito_2$) é tudo o que não faz a distinção entre $direito_1$ e não $direito_1$. Por isso, o $direito_2$ tem de cruzar a fronteira de direito e não direito uma segunda vez, agora na direção oposta (*re-entry* 2) e proceder a distinções dentro do outro do direito. No âmbito do não $direito_2$, o não $direito_1$ tem de ser distinguido do $direito_1$, de tal modo que possa ser considerado como "sinal desencadeador de operações legítimas" (Luhmann 1993: 175).

---

2 *Nota dos revisores*: o código binário do sistema jurídico de Luhmann "*Recht/Unrecht*" é comumente traduzido por "lícito/ilícito". Neste texto, para evitar formulações incompatíveis com a arquitetura da teoria de sistemas, mantivemos a opção do tradutor, que verteu "*Recht/Unrecht*" em "*direito/não direito*". Como se vê na sequência do texto, Menke aplica o código sobre ele mesmo – o que, para Luhmann, é um paradoxo. Ao aplicar o código direito/não direito sobre ele mesmo, o fechamento operacional ocorre com o *direito*, enquanto o lado do *não direito* abrangeria também o ambiente. Para Luhmann, isso equivaleria a perguntar se o código binário do sistema jurídico lícito/ilícito é lícito ou ilícito – o que não faz sentido [REF.].

Só por via da segunda reentrada da distinção no distinto, do lado externo, é que se forma, do lado interno, o sistema jurídico. Isso significa, do ponto de vista negativo, que o sistema jurídico não pode estar espontaneamente, no seu operar, relacionado com aquele "espaço infinito da outridade", que pode ser considerado não $direito_2$, na medida em que ele não está determinado pela distinção entre $direito_1$ e não $direito_1$. Mas é precisamente isso que a reflexão filosófica do direito na diferença faz: ela se orienta para aquele "espaço da alteridade", descobre aí perante o direito outras distinções possíveis e é com essas outras distinções que a filosofia[3] relaciona o direito. Na história dessa maneira filosófica de encarar o direito é possível distinguir três fases.

A abordagem filosófica do direito na diferença começa com a crítica à hierarquização, na qual o direito racional dos tempos modernos (Kant) julgava poder insistir, mesmo após a decadência das fundamentações jurídicas transcendentes. Em termos jurídico-racionais, a relação do direito com o seu outro é construída segundo o modelo da hierarquia de razão e sensoriedade (*Sinnlichkeit*), sendo essa relação pensada não do ponto de vista ético (como bem superior *versus* bem inferior), mas do ponto de vista estrutural, como relação entre forma racional e substância empírica, sensorial. O direito é a esfera mais elevada, não no sentido de que possamos nos deter unicamente nela (ou de que isso fosse o melhor), mas porque o direito estabelece os limites dentro dos quais o "sensorial" é legítimo. Essa hierarquização é recusada pela abordagem filosófica do direito na diferença como sendo "domínio" ou "poder" (Schiller, Hegel; cf. Menke 1996: cap. 5 e 6). Ela substitui o conceito "formal" subjacente de razão por um conceito "dialético" de razão e define a razão como a capacidade de compreender a respectiva legitimação de maneiras irredutivelmente diferentes de diferenciar. A abordagem dialética da legitimação do diferente conduz à, ou baseia-se na, intelecção do todo, da "totalidade" que elas constituem. Essa totalidade é a da moderna "moralidade", que se divide em diferentes maneiras normativas de diferenciação (e que transforma estas em "esferas" sociais).

---

3 E a doutrina.

A segunda fase da abordagem do direito na diferença inicia-se com os discípulos de Hegel: Kierkegaard e Marx, os quais recusam o modelo da totalidade integradora (e da dialética que a instaura) por ser ilusório. Pois no modelo da totalidade moral reproduz-se exatamente o poder que esse modelo da hierarquização jurídico-racional tinha rejeitado; daí os paralelos evidentes dos argumentos de Schiller e do jovem Hegel com os dos hegelianos de esquerda. O argumento contra o modelo da totalidade vai, no entanto, para além de uma mera repetição da sua objeção original à violência da hierarquização jurídico-racional: ele visa as contradições insanáveis que reinam entre os momentos só pretensamente reconciliados da totalidade moral. Não é o domínio ou o poder, a unidade ou a totalidade, que agora se tornam problema. Isso define a segunda fase da reflexão filosófica do direito como a época da "crítica". Com isso, a operação da "crítica" visa a demonstração de que as esferas que a totalidade moral prometia integrar, na verdade, se opõem de maneira irreconciliável; a crítica lê os momentos aparentemente integrados como "a revolta serena" (Marx 1977: 295). Mas isso aplica-se não apenas à totalidade moral, em que o direito deve ser integrado com o seu outro. Isso aplica-se já ao próprio direito: a "crítica" do direito descobre *dentro* dele o seu outro, *com* o qual entra em contradição irreconciliável. Essa é a estrutura da crise, com cujo pensamento a crítica se entende: a crise é aquele momento em que o "ser qualitativo das 'coisas' (...), que julgamos poder calmamente descurar durante o funcionamento normal, (...) se torna de repente (de repente para o pensamento racional reificado) no fator determinante" (Lukács 1970: 201 e s.). A diferença que a crítica apresenta já não é, portanto, a diferença externa do direito em relação ao seu outro. O modelo da crise afirma, pelo contrário, que a diferença do direito (que na crise se agudiza, tornando-se em contradição irreconciliável) está contida no próprio direito; o outro do direito é imanente ao direito. É nisso que consiste o passo decisivo que conduz a crítica, como pensamento da crise, para além do pensamento da totalidade: a crítica entende o direito de modo que ele não tem o seu outro meramente perante si, mas *dentro de si*. Com o pensamento crítico da crise começa, por isso, a emergir um novo e mais complexo conceito de direito: o direito já não é meramente o objeto de uma reflexão na diferença, mas ele contém a diferença em si mesmo. Para a crítica, já não se trata meramente do direito na diferença, mas da diferença no direito.

A crítica pode, contudo, pensar a imanência do outro no direito apenas no horizonte da sua transgressão: o outro do direito é imanente ao direito, mas isso significa, na leitura da crítica, que o direito se dilui. Essa diluição anuncia-se na crise, é impulsionada pela crítica e executada na decisão; a atitude crítica é a "atitude diferenciadora e decisiva" (Benjamin 1977: 202). Na decisão crítica, o direito e o seu outro afastam-se e opõem-se, autonomamente, um ao outro. Mas, porque o direito só existe na medida em que lhe é imanente a diferença para com o seu outro, o direito é ao mesmo tempo diluído na decisão crítica. Essa é a fronteira do pensamento crítico da crise: a crítica pensa (1) a diferença do direito como uma relação de alteridade fundamental, que não pode ser integrada em nenhum modelo de totalidade moral. A crítica pensa (2) o outro do direito como sendo imanente ao direito; o direito tem o seu outro como sua condição. Mas, dessas duas tendências, a crítica conclui (3) que o direito está em vias de desagregação, porque o seu outro lhe é imanente; que ele traz dentro de si uma crise que exige decisão.

A reflexão do direito na diferença atinge a sua terceira fase quando se desenvolvem modelos que permitem pensar a imanência do outro no direito fora do horizonte da decisão crítica. Esses são, depois do modelo da totalidade e do modelo da crise, modelos do paradoxo do direito.

O paradoxo consiste, nesse caso, na combinação de dois momentos de sentido contrário: o direito contém *em si* o seu *outro*. O modelo da crise admite que ambos os momentos só externamente podem existir juntos, não podendo ser integrados um com o outro, tendo, por isso, de se separar um do outro; o direito dilui-se contraditoriamente como em si. O modelo do paradoxo, pelo contrário, descreve, por meio da combinação dos dois momentos contrários – o direito contém *em si* o seu *outro* –, a maneira como o direito *existe*, maneira à qual ele deve a sua continuidade, para não dizer a sua estabilidade. Isso pressupõe que o direito se relaciona, ele próprio, com o seu outro. O modelo da totalidade pensou a relação do direito com o seu outro como uma operação reflexiva de um observador filosófico a partir de fora. O modelo da crise vê o próprio direito relacionando-se com o seu outro – mas apenas de modo que ele "ignore" (Lukács) essa relação ou mesmo a reprima; é que o direito, segundo a tese crítica, não consegue reconhecer o seu outro. O modelo do paradoxo, pelo contrário, entende o direito de modo que ele se refere *ele próprio* ao seu outro. A sua condição paradoxal – segundo a qual ele contém em si o seu outro – corresponde ao caráter reflexivo do direito.

O modelo do paradoxo entende, portanto, não só a estrutura e os efeitos da reflexão do direito na diferença de maneira diferente dos modelos da totalidade e da crise; o modelo do paradoxo entende, precisamente por isso, também o direito de outra maneira: como sendo ele mesmo já reflexivo. Nisso, o modelo do paradoxo é um modelo do direito moderno[4]. O direito moderno não pode ser en-

---

4 O paradoxo do direito moderno também pode ser descrito como expressão de uma terceira *re-entry*: não só a distinção entre direito e não direito é entendida como coisa do direito (*re-entry* 1) e efetuada em tudo o que é não direito (*re-entry* 2), mas a distinção entre direito e não direito (*Nicht-Recht*) é agora também refletida (*re-entry* 3) na maneira como é efetuada a distinção entre direito e não direito (*Unrecht*) no direito. Não afetada por isso fica a questão de saber se todo o direito tem uma estrutura paradoxal em virtude da *re-entry* 1 e 2. Luhmann exprime-se assim: "*Re-entry* [...] é uma operação paradoxal" (Luhmann 1995: 23). Mas também escreve: "Se tentarmos ver em simultâneo os dois lados da distinção que usamos, então vê-se um paradoxo [...]. O diferente é igual, o igual é diferente" (p. 19). Mas poderão a *re-entry* 1 e 2 ser de fato definidas de tal maneira que aqui se tenta "*ver* em simultâneo os dois lados da distinção"? Isso parece aplicar-se só à *re-entry* 3, portanto à autorreflexão do direito. A *re-entry* 3 produz, portanto, um paradoxo, exatamente – e apenas – porque (diferentemente da *re-entry* 1 e 2?) tem a estrutura da autorreflexão. Em termos gerais, isso significa que a reflexão do direito não é uma reflexão *sobre* o seu paradoxo, mas que o paradoxo do direito é – origina-se por – a reflexão da diferença do direito no direito. Um teorema fundamental da teoria de sistemas diz que a (auto) reflexão não resolve paradoxos, mas que os gera: "Pois toda a observação (o reconhecer e o agir) está alicerçada de maneira paradoxal, visto que está dependente de distinções, que a empregam operacionalmente, mas não pode refletir como unidade. Se se tenta uma tal reflexão, ela é punida com um paradoxo: o diferente é o mesmo" (Luhmann 1997: 1134).

tendido como uma esfera da totalidade moralmente integrada, nem como um processo de autodiluição crítica, porque o seu outro não só lhe é imanente, mas porque – isso é aqui "paradoxal" – ele considera em si o seu outro.

A teoria de sistemas e a desconstrução são duas versões do modelo do paradoxo do direito – duas tentativas para pensar o direito na sua condição reflexiva e, portanto, a partir do seu paradoxo. No entanto, elas fazem isso de maneira claramente diferente (cf. Ellrich 1995): a teoria de sistemas analisa o paradoxo do direito autorreflexivo como uma força criadora de formas. Isso revela-se na interpretação de Luhmann da figura-base do direito moderno, a figura do direito subjetivo: ela é o paradoxo do direito autorreflexivo tornado forma. A desconstrução, pelo contrário, produz a ambiguidade indeterminável na relação entre paradoxo e forma: a autorreflexão do direito geradora de paradoxo é tanto criadora de forma como desintegradora de forma. Não podemos pensar o paradoxo do direito autorreflexivo, sem pensar o paradoxo do paradoxo: que o paradoxo do direito tanto cria a forma de direitos subjetivos como a põe em dúvida. Nisso reside simultaneamente – como se pode dizer, seguindo Jacques Derrida – o caráter essencialmente político do direito autorreflexivo.

Direitos subjetivos e o paradoxo da inclusão

Pensar como paradoxo a diferença – filosoficamente considerada – do direito (para com o seu outro) significa pensar a crise fora da teleologia da decisão. A crise do direito – que desta maneira se torna em paradoxo – não se encontra em oposição à sua subsistência, mas é a forma em que o direito existe. Na sua crítica da crítica, na sua crítica da decisão, o modelo do paradoxo retém, contudo, os dois primeiros elementos do conceito de crise: o outro, do qual o direito se distingue, é heterogêneo em relação ao direito (1) e interno a ele (2). Nisso se exprime uma alteração do direito, que Luhmann decifrou como o programa secreto na inovação semântica do modelo de direitos subjetivos: A "reconstrução da consciência jurídica" (Luhmann 1981) pela introdução do conceito de direitos subjetivos exprime a relação paradoxal do direito com o seu outro no próprio direito. "Subjetivação do direito" significa paradoxização do direito. Por isso, Luhmann diz também que na introdução do conceito de direitos subjetivos se trata de uma "reconstrução da consciência jurídica *para a sociedade moderna*".

Nessa reconstrução, o direito transita da noção de justiça para a noção de direitos: a "semântica do *ius*" (Luhmann) do direito, o direito como "norma para a conduta moralmente boa", é substituída pelo conceito de direitos subjetivos, pelo "direito normativo a uma coisa"[5]. Essa reconstrução é reflexiva ou programada no direito natural dos tempos modernos, de tal modo que isso constitui uma substituição do fundamento do direito. A pessoa, tal como Luhmann (aludindo a Heidegger) reformula essa figura de pensamento jusnatural, ocupa a posição do fundamento e afirma-se assim como "sujeito": "com a virada cartesiana da filosofia, a designação de "sujeito" toma um novo sentido e significa então que o indivíduo está ele mesmo na base da fundamentação dos seus direitos" (Luhmann 1981: 81). Essa interpretação jusnaturalista da nova forma dos direitos subjetivos foi abandonada segundo Luhmann: "A ideia da fundamentação de todo o direito na subjetividade já não é compreendida. O conceito de sujeito está de igual modo desgastado pela ênfase e pelo uso rotineiro" (Luhmann 1981: 97). Mas, embora ameaçada de outra maneira pela política do Estado-providência, a forma "direito subjetivo" não está, devido a isso, de igual modo desgastada. Tal como a história conceitual dos direitos subjetivos começa ou então é preparada, em tratados dos finais da Escolástica, já antes do direito natural dos tempos modernos (Luhmann 1981: 48-57), assim também ela não se dissolve na ideia obsoleta de uma fundamentação do(s) direito(s) no sujeito. O conceito de direito subjetivo remete, antes,

---

5 Essas duas formulações em Francisco Suárez, *Abhandlung über die Gesetze und Gott als Gesetzgeber*, 2.º livro, cap. 17. 2, citado de acordo com os excertos *in*: Francisco Suárez, *Ausgewählte Texte zum Völkerrecht*, ed. de Josef de Vries, Tübingen: Mohr (Siebeck) 1965, p. 28-79, aqui p. 30-1 (tradução ligeiramente alterada. Em Suárez diz-se: "*Ius enim interdum significat **moralem** facultatem ad rem aliquam*".).

para uma mudança fundamental na "participação do indivíduo na sociedade", graças à qual a estrutura da inclusão social se torna paradoxal: a "figura 'sujeito'", de que fala o direito subjetivo, não é a base dos direitos, mas "um correlato da diferenciação funcional da sociedade. O sujeito surge então como o oposto necessário dos sistemas funcionais [...]. Ele não assenta num controle dos fatos; é uma suposição que é reproduzida estruturalmente; que simboliza a pessoa humana fora dos sistemas com o seu direito a inclusão, mas que precisamente por isso não consegue fundamentar para o sistema jurídico o que o direito é no sentido de *ius sive justum*" (Luhmann 1981: 98). Precisamente para poder pôr a descoberto, em face das figuras jusnaturais de fundamentação, esse significado socioestrutural do conceito de direitos subjetivos, é necessária, contudo, em primeiro lugar, uma determinação da mudança de forma que ocorre com a reconversão para direito subjetivo.

A assimetria dos direitos subjetivos

Essa mudança no conceito do direito pode descrever-se mais exatamente como uma mudança fundamental na compreensão daquilo que afinal é *um* direito. Um direito é uma prerrogativa de uma pessoa a qualquer coisa, à qual corresponde uma obrigação de outra pessoa. Tais prerrogativas que obrigam, ou precisamente tais direitos, são entendidos na "*ius* semântica" do direito no sentido de que são as prerrogativas de uma determinada pessoa que se podem fundar apenas no fato de uma outra pessoa lhe dever alguma coisa. Por isso esses direitos se chamam também "especiais" ou direitos "*in personam*" (Hart 1985: 77-90; Feinberg 1980: 130-142): eles têm o seu lugar nas relações de reciprocidade entre pessoas, relações em que essas pessoas têm direitos mutuamente, umas em face das outras (que em regra são diferentes uns dos outros). Ao direito de uma pessoa corresponde nesse caso a obrigação de uma outra, da qual advêm para essa pessoa novamente direitos em face da primeira. Essa relação de correspondência ganha ela própria a sua força a partir de um entendimento geral, e pressuposto como partilhado, de justiça. Mesmo que a "dívida"" geradora de direito só tenha sido causada por um ato voluntário do "devedor" – por exemplo por uma promessa ou pela celebração de um contrato –, a correspondência entre direito e obrigação é suportada por uma ideia de relações justas entre pessoas em determinadas posições, em regra diferentes, que podem estar previamente estabelecidas (como, por exemplo, "a do tutor e a do tutelado, a do príncipe e a do seu conselheiro" (Luhmann 1981: 73) ou que podem ser voluntariamente adquiridas (como a daquele que faz e a daquele que aceita uma promessa). Pois "justiça é [...] concretamente aquilo que, numa posição, é devido em relação a *outros*; ela é, em sentido social e no que diz respeito a essa posição relacional, *relatio, mensura, commensuratio, aequalitas, adaequatio*" (Luhmann 1981: 51). No entendimento tradicional, direitos definem, portanto, relações entre pessoas *especiais*, de acordo com uma determinação geral de justiça: direitos são prerrogativas que determinadas pessoas têm em relação àquilo que outras pessoas estão obrigadas a cumprir de acordo com a justiça.

Quando Luhmann descreve a moderna "subjetivação" do direito de modo que agora ele é "convertido num poder de ter e exigir direitos" (Luhmann 1981: 59), isto não pode (e não deve), por conseguinte, significar obviamente que só agora surgem prerrogativas de pessoas concretas que obrigam outras pessoas. A inovação consiste, pelo contrário, em que o poder-ter-e-exigir-direitos passa a ser a definição primária do direito, com isso, torna-se ao mesmo tempo ilimitado; o direito é *transformado* em direitos. Enquanto os direitos forem entendidos como especiais ou *in personam*, eles são um fenômeno tanto parcial como secundário: eles definem uma relação entre pessoas ou posições específicas, uma relação que se deriva de uma ideia objetivamente válida de relações justas. A isso corresponde o fato de obrigações morais fundamentais, como, por exemplo, a proibição de matar contida no Decálogo, não serem entendidas no sentido de que do outro lado se lhe oponham direitos: não há aqui um "direito" geral de não ser morto (Hart 1985: 83). É precisamente nisso que consiste a moderna reconstrução do direito: que os direitos agora são entendidos como gerais e a coisas (*in rem*), não em face das pessoas especiais. Ter um direito significa agora ter a pretensão a alguma coisa, pretensão que obriga todos indeterminadamente, "todo mundo", "*the world at large*" (Feinberg). O conceito de um direito já não é agora reduzido à reciprocidade justa, mas adquire a sua essencial"importância como *facultas*, como capacidade, como força criadora" (Luhmann 1981: 54). O fato de essa importância ser agora essencial significa que a capacidade que constitui o ter direitos, portanto o poder ter e exigir direitos, liberta-se do duplo condicionamento causado por ideias divergentes de justiça e por posicionamento social. Os direitos de uma pessoa já não são entendidos como gerados pelas obrigações que uma outra pessoa tem ou que assumiu perante ela, mas, ao invés, pelas obrigações de uma pessoa, de maneira que eles *correspondem* aos direitos de uma outra: "*claim-rights are somehow prior to, or more basic than, the duties with which they are necessarily correlated*". (Feinberg 1980: 149). O fato de o direito ser convertido em direitos (subjetivos) significa que os direitos precedem as obrigações e que, por isso, as criam. A relação de reciprocidade em que estão inscritos os direitos especiais entre determinadas pessoas ou posições torna-se assimétrica. Pode então, por conseguinte, haver direitos subjetivos, através dos quais uma pessoa dispõe *simplesmente* do poder de fazer valer tais direitos em face de outros indeterminados – "a todos" os outros, sem ter anteriormente entrado em relação com eles. Esse poder, essa capacidade (*facultas*), faz parte do novo conceito de direitos subjetivos: uma capacidade de obrigar que cabe à pessoa não como pessoa específica e em situações específicas, mas à pessoa em geral e em face de outros indeterminados; portanto, um poder ou uma capacidade que cabe à pessoa como "sujeito".

O sujeito no direito: liberdade individual

Em vista desta formulação, percebe-se por que razão é natural ler no sujeito a figura do direito subjetivo como uma figura de fundamentação do direito. É que o fato de caberem à pessoa como "sujeito", e, por isso, fora de relações específicas, direitos que são capazes de obrigar aos outros de maneira indeterminada, parece poder entender-se apenas no sentido de que ao sujeito está associada uma qualidade que determinados direitos reclamados por tais sujeitos tornam-se obrigatórios ou exatamente jurídicos: o "sujeito" do direito, enquanto titular de direitos, deve ser ao mesmo tempo o seu *fundamento*. A objeção de Luhmann a esse entendimento do sujeito jurídico é deste teor: o sujeito no direito, o suporte de direitos subjetivos, não pode ser o sujeito como fundamento do direito, pois o sujeito no direito é o"indivíduo":"a atribuição de direitos a pessoas refere-se [...] a *liberdade*. O conceito pode então ser considerado 'individualista' (sem criar muitos precedentes do ponto de vista antropológico)"; o direito subjetivo protege a"força criadora individual" (Luhmann 1981: 56). Em vez de uma"subjetivação, fala-se então de preferência em 'individualização' do direito e entende-se a individualização, que ocorre por via do 'direito subjetivo', não apenas negativamente – portanto não só de maneira que as pessoas autorizadas, como as obrigadas, já não são definidas pelas posições recíprocas que ocupam numa prática comum e orientada por ideias substanciais de justiça (como práticas da promessa, do contrato, da economia doméstica, do governo, etc. indicam diferentes posições, distribuindo assim, de maneira justa, direitos e deveres).'Individualização'pelo direito subjetivo significa, pelo contrário, positivamente, que as pessoas autorizadas são agora caracterizadas pela faculdade da liberdade negativa, da liberdade de escolha arbitrária. O direito torna-se forma para a liberdade e tem agora nisso a sua função" (Luhmann 1981: 60 e s.).

Ora, na evolução do direito natural moderno para o direito racional, foi precisamente o conceito de liberdade – que o direito proporciona aos indivíduos – que passou a fundamentar o direito dos indivíduos. Enquanto para Hobbes era absolutamente claro que a liberdade, entendida como disposição "natural" e, por isso, como disposição de qualquer um, também só podia instituir direito"natural", portanto direito que não obriga ninguém (cf. Zarka 2000: 13), Kant tenta conseguir no conceito de autonomia um entendimento de liberdade que valha como fundamento do direito, porque com isso a liberdade é entendida precisamente como o patrimônio (racional) de uma legislação, através da qual se estabelecem deveres e direitos (cf. Schneewind 1998). A liberdade transforma-se, de uma implicação da forma do direito subjetivo, primeiro, em"fim"e, depois, em"fundamento"do direito. A objeção de Luhmann, segundo a qual o sujeito no direito não serve para sujeito de direito (porque o sujeito no direito é o"indivíduo"), diz, pelo contrário, que a liberdade, que consegue instituir o direito como lei vinculativa, portanto a liberdade da autonomia, não é a liberdade que implica ou pressupõe o direito como direito subjetivo. Pois a liberdade que têm (de ter) os titulares de direitos subjetivos não é a liberdade da autonomia, mas livre-arbítrio individual ou privado. De fato, isto é válido apenas em virtude da *forma* dos direitos subjetivos. Independentemente do fim para que existem e daquilo em que se fundam, os direitos subjetivos concebem (ou"dirigem-se"a) os seus titulares como indivíduos com livre-arbítrio privado.

Isso é válido para os direitos subjetivos já no sentido fundamental de que eles emitem títulos jurídicos cujo exercício é deixado ao arbítrio do indivíduo. O que é fundamentalmente novo nisso é que assim, ao mesmo tempo, a decisão de saber se os outros têm de realizar aquilo a que estão obrigados pelos direitos de outra pessoa depende de saber se essa pessoa faz uso do seu poder jurídico; já que ela também pode deixar de fazê-lo (cf. Feinberg 1980: 156 e s.). Faz parte de ter direitos subjetivos que isso signifique apenas a *possibilidade* do seu exercício, que portanto a obrigação dos outros é deixada nesse aspecto ao arbítrio do titular do direito. O direito perde por isso, com a sua conversão em direitos subjetivos, a finalidade de ser instrumento para a imposição de ideias substanciais de justiça. Sempre que o direito consiste em garantir direitos subjetivos, ele liga-se antes à vontade do titular concreto de direito:"Ele [i. é, o direito] só quer querer quando, e na medida em que, o indivíduo quiser, e não querer quando o indivíduo não quer; ele retira a sua vontade conforme o querer privado"(Luhmann 1981: 66; cf. Luhmann 1993: 489). Saber se o direito prossegue de fato o seu"objetivo", e se impõe ou não o respeito dos direitos do indivíduo, isso depende (não em todas, mas em vastas áreas do direito) do querer privado do indivíduo.

Esse querer do indivíduo é"privado"no aspecto em que a sua qualidade normativa escapa à apreciação pelo direito (cf. Wellmer 1993). Mas isso diz respeito não apenas a saber se o indivíduo reclama os seus direitos. Também diz ainda respeito – e isso leva ao segundo e mais lato sentido em que o direito subjetivo e a liberdade individual estão ligados – à questão de saber para quê o indivíduo reclama os seus direitos e, por conseguinte, o que é que esses direitos devem proteger ou possibilitar; também isso está fora da apreciação normativa pelo direito. Por isso, ter o direito a um determinado querer e agir não significa ter razão nesse querer e agir. Porque os direitos especiais ou direitos *in personam* de uma pessoa que conhece a *ius* semântica tradicional do direito se fundam na obrigação de outra pessoa de acordo com a justiça, são sempre direitos de uma pessoa a alguma coisa boa por parte de outra pessoa: o cumprimento de uma promessa ou de um contrato, a prestação de proteção ou de obediência. Não pode haver um direito especial de uma pessoa a uma má ação de outra pessoa. Pelo contrário, os direitos subjetivos são, pela sua forma, direitos a uma margem de liberdade ou de possibilidade que a pessoa que tem direitos pode utilizar de uma maneira ou de outra, para o bem ou para o mal (ou não utilizar). Os direitos subjetivos conferem ao indivíduo o poder de, à sua livre vontade, obrigar *ou não* outros ao bem, ao respeito dos seus direitos, e os direitos subjetivos conferem ao indivíduo o poder de, à sua livre vontade, dispor de"coisas"e de, com isso, fazer *ou não*, ele próprio, alguma coisa de bom.

As duas faces do sujeito de direito

Na forma de direitos subjetivos, o direito"retira a sua vontade conforme o querer privado". Isso é descrito por Luhmann no sentido de que o direito é aqui"construído autorreferencialmente"(Luhmann 1981: 66). Nesse caso,"autorreferência"do sistema jurídico significa heterorreferência: quebra e limitação no seu outro, a"vontade privada". Ao mesmo tempo, na figura da autorreferência do sistema jurídico, Luhmann não pensa essa limitação no"querer privado"como o fazem as teorias liberais: como fundamentação do direito em direitos anteriores,"naturais"ou"morais"da pessoa humana (como"sujeito"). A quebra do direito na vontade privada, que ocorre na forma do direito subjetivo, não exprime uma relação de fundamentação, mas reflete a profunda mudança a que a"participação do indivíduo na sociedade"está sujeita graças à sua diferenciação funcional:"Trata-se, em última análise, de uma nova forma de diferenciação do sistema social que, enquanto tal, exige uma mais forte diferenciação do sistema social e dos sistemas pessoais e que tem de encontrar formas correspondentemente mais abstratas e móveis de interpenetração. A *inclusão* da população no sistema social tem de ser reduzida a novas formas, sendo este *desiderato* expresso na forma de direitos subjetivos, porque ainda não está realizado" (Luhmann 1981: 84). A conversão do direito para a forma de direitos subjetivos significa o estabelecimento de uma limitação autorreferencial do direito no seu outro, no livre-arbítrio privado, exprimindo assim a estrutura essencialmente fragmentada da inclusão em sociedades modernas.

Se a paradoxal inclusão das sociedades modernas realiza-se na forma dos direitos subjetivos, então essa forma pode ser entendida não apenas – como no liberalismo clássico – como uma libertação do privado e limitação do legislador. A forma do direito subjetivo é, antes, determinada por uma ambiguidade constitutiva, a que Luhmann alude nestes termos:"o controle social [é] reduzido à aceitação de possibilidades de atuação [...]. Em vez de simbioses pré-fixadas e analisadas de direitos e deveres surge a autorização social para atuar" (Luhmann 1981: 74). Nessa formulação, o direito subjetivo afigura-se ambíguo, porque ora é definido como"aceitação", isto é, como consideração da liberdade já existente, ora como"autorização", portanto como geração de liberdade que primeiro se tem de criar. Essa ambiguidade define o conceito de sujeito de direito como titular de direitos subjetivos. É que, por um lado, a personalidade jurídica é instância de livre-arbítrio privado. O conceito de pessoa – isso é válido no sistema jurídico como em qualquer sistema social – designa, contudo,"não a singularidade individual da natureza concreta da pessoa concreta" (Luhmann 2005b: 141), mas os participantes das comunicações sociais; dirigir-se a alguém como pessoa é uma restrição"individualmente atribuída de possibilidades de conduta" (Luhmann 2005b: 142). Isso aplica-se também ao sistema jurídico: precisamente no ato da sua autolimitação em face da vontade privada na forma de direitos subjetivos, ele só pode referir-se a pessoas, portanto a uma"ideia coletiva"para a"regulação da interação social" (Luhmann 2005b: 142). Ter direitos subjetivos e, por isso, ser sujeito de direito não significa ser um"sujeito"indeterminado, mas proprietário, contratante, cliente, utente da via pública, beneficiário de prestações do Estado, participante de públicos ligados pelos *media* e pela política, etc. Mas significa ao mesmo tempo ser isso de tal maneira que o *se* e o *como* do exercício desses papéis é confiado ao livre-

-arbítrio privado. Essa é a ambiguidade constitutiva da forma do direito subjetivo, na qual se encontram indissoluvelmente ligadas a libertação do livre-arbítrio privado e a autorização, e, por meio da autorização, ao mesmo tempo a limitação da pessoa social.

A lógica subjacente a essa ambiguidade dos direitos subjetivos compreende-se, mais exatamente, se interpretarmos o sujeito de direito como um caso específico da estrutura geral que constitui a "forma 'pessoa'". Ao mesmo tempo que na comunicação social os indivíduos agem como pessoas, a "ênfase" [...] está "na *restrição* de possibilidades de conduta e a forma está portanto em que, graças a esta limitação, alguma coisa é declarada como o outro lado, como não pertencente à pessoa" (Luhmann 2005b: 142). É precisamente isso, ou é primeiro isso, que significa entender a "pessoa" como "forma": "uma pessoa não é então simplesmente outro objeto senão um ser humano ou um indivíduo, mas uma outra forma, com a qual observamos objetos como indivíduos humanos" (Luhmann 2005b: 142). Como toda observação, também a da pessoa (ou como pessoa) tem uma "outra face" e "tudo o que então importa é descobrir o que é a outra face desta forma, em que aspecto específico uma pessoa pode portanto ser não pessoa, sem por isso não ser pessoa humana, não ser indivíduo" (Luhmann 2005b: 142). Compreender o conceito de pessoa como forma de dois lados permite, por um lado, responder à questão do "motivo" para "afinal observar no esquema formal pessoa/não pessoa e não de qualquer outra maneira" (Luhmann 2005b: 142). A resposta a essa questão encontra-se na função desempenhada pelo conceito de pessoa na comunicação social duplamente contingente: na "limitação da margem de possibilidades" (Luhmann 2005b: 143). Mas sobretudo a definição da pessoa como forma bifa-ce permite perguntar pela relação entre "uma" e a "outra face". Nesse caso, a definição decisiva é esta: "as pessoas servem para a ligação estrutural de sistemas psíquicos e sociais" (Luhmann 2005b: 146). Isso descreve a "forma 'pessoa'" em primeiro lugar quanto ao conteúdo, mediante uma definição de ambas as faces e, em segundo lugar, quanto à estrutura, por meio de uma definição da sua relação.

A definição quanto ao conteúdo diz que a "outra face" de cada observação de "pessoas" num sistema social é o "ser humano individual" como "sistema psíquico". Entre essas duas faces da "forma 'pessoa'" reina uma estranheza ou alteridade fundamental e irrecuperável: "o ser humano (individual) é sempre parte do ambiente do sistema [social]. Ninguém pode ser integrado em sistemas sociais de tal maneira que a sua reprodução (em qualquer nível, orgânico ou psíquico, do sistema) se torne uma operação social e se efetue por meio da sociedade ou de um dos seus subsistemas" (Luhmann 2005c: 158). A autorreprodução do "ser humano individual" é estruturalmente diferente da das pessoas enquanto papéis ou posições em sistemas sociais comunicativos. Essa diferença entre sociedade e ser humano é sempre válida; Luhmann explica-a como diferença de duas maneiras pelas quais o sentido é processado: mediante a comunicação em sistemas sociais e por meio da consciência em sistemas psíquicos. Independentemente de ser convincente essa explicação da diferença entre pessoa social e ser humano individual, o diagnóstico de Luhmann é, no entanto, que ela se sobresssai enquanto tal nas sociedades modernas em virtude da sua diferenciação funcional. Aqui, ela gera a moderna semântica da "individualidade", que visa a "uma gestão única dos papéis, tanto objetiva como temporalmente" (Luhmann 2005a: 125; cf. Luhmann 1965: cap. 4). Referido à pessoa sujeito de direito como titular de direitos subjetivos, isso significa que a "outra face" do sujeito de direito é o "indivíduo".

A definição *estrutural* da "forma pessoa" como "acoplamento de sistemas psíquicos e sociais" diz que, mesmo que a "pessoa" com diferença insuperável em relação ao "ser humano individual" enquanto sistema psíquico designe o participante em comunicações sociais, ela designa-o exatamente com isso sempre numa relação igualmente indissolúvel com "o ser humano individual". É exatamente isso que antes de tudo torna a "pessoa" uma *forma* (de duas faces). Ou: só quando se fala de "pessoa" nessa duplicação com o "ser humano individual" é que a pessoa é entendida como forma. Só há a forma "pessoa" no sentido em que ela "forme em excesso" o sistema psíquico por meio de uma outra distinção (Luhmann 2005b: 146). A pessoa não é apenas uma face; ela é uma face de uma outra face. Por isso, ambas as faces estão já sempre associadas. A sua diferença insuperável não pode ser entendida no sentido de "que não existem correlações reais, de que não sejam possíveis interações causais, de que não possa decorrer uma coevolução" (Luhmann 2005b: 145).

Reflexão

Há sempre correlações reais e interações entre as duas faces da forma "pessoa" e, com isso, também sua coevolução. Essas correlações reais não constituem nem relações de sentido – porque "sentido" significa em ambas as faces algo de radicalmente diferente –, nem relações causais – porque um sistema só pode atuar sobre um outro em conformidade com este. As duas faces da forma "pessoa" estão assim ligadas por "irritação" recíproca. É assim que Luhmann descreve a influência do sistema psíquico sobre o social: "Por 'irritação' deve-se entender que um sistema autopoiético percebe, em seu próprio painel de comando, perturbações, ambiguidades, decepções, desvios e inconsistências por meio de formas com as quais pode continuar a trabalhar" (Luhmann 2005b: 141; cf. Menke 2004: cap. 5). O sistema social dá-se conta de perturbações em seu ambiente psíquico, no ser humano individual, e por vezes altera, em consequência disso, os seus conceitos de pessoa.

Em relação à influência inversa do sistema social sobre o psíquico, Luhmann fornece aqui ainda outra descrição mais extensa: "A consciência de ser uma pessoa dá ao sistema psíquico o 'o.k.' social para os casos normais; e dá, para os casos divergentes, a forma de uma irritação utilizável no sistema. A consciência nota de certo modo se entra em dificuldades consigo como pessoa e tem por isso uma oportunidade de procurar saídas" (Luhmann 2005b: 146). As saídas que o sistema psíquico do ser humano individual experimenta em virtude dos efeitos que o seu ser-pessoa tem sobre ele podem, porém, existir sempre apenas em diferentes maneiras de lidar com o próprio ser-pessoa: não é possível uma fuga: "psiquicamente podem-se ver as duas faces desta distinção e apreciar a permanência, fiel à pessoa, numa face, assim como o atravessar da fronteira" (Luhmann 2005b: 146).

O ponto essencial dessa descrição da interação entre ambas as faces da forma "pessoa" é que essa interação se pode tornar reflexiva: o sistema psíquico tem a "consciência" de ser uma pessoa [social] e é, portanto, capaz de ver "ambas as faces dessa distinção" (ver atrás).

Mas seria evidentemente uma reincidência na semântica "desgastada" do sujeito confiar a autorreflexão exclusivamente ao sistema psíquico – isto é, a capacidade de ver, a partir de uma face, ambas as faces da distinção. Uma tese central de Luhmann é que a forma do direito subjetivo só se pode compreender se "des-subjetivarmos [por assim dizer] o problema da autorreferência" (Luhmann 1981: 99) e o relacionarmos com o próprio direito. A forma do direito subjetivo é notoriamente uma das maneiras em que se exprime a reflexividade do sistema jurídico. Tal como o sistema psíquico consegue refletir sobre saídas das dificuldades que ele tem com o seu próprio ser-pessoa nas comunicações sociais, assim também o sistema social é capaz de interpretar as perturbações que atuam sobre ele, sistema social, como repercussões dos seus próprios efeitos sobre o sistema psíquico. Portanto, tal como o sistema psíquico se pode ver como uma forma de dois lados, assim também o sistema social pode refletir em ter ao seu outro lado o sistema psíquico do ser humano individual.

Desse modo, o conceito de Luhmann de "pessoa" como forma de dois lados permite uma determinação mais precisa de autorreferencialidade que tem lugar no direito, quando o direito constitui direitos subjetivos como formas: a autorreferencialidade do direito na forma do direito subjetivo consiste precisamente em que o próprio sujeito de direito é refletido sobre si mesmo como uma forma de dois lados e, desse modo, como uma face em relação à sua outra face, o ser humano individual. A forma do direito subjetivo está individualmente ligada à reflexão do sujeito de direito.

Isso se aplica tanto à gênese como à existência da forma do direito subjetivo. Na perspectiva genética, isso significa que a mudança para a forma do direito subjetivo ocorre quando o direito (e por isso a definição de sujeito de direito) já não for irritado apenas por acontecimentos em seu ambiente psíquico, mas quando o direito se atribui, primeiro, esses acontecimentos como sendo o seu próprio efeito e, em segundo lugar, retira daí conclusões que dizem respeito não simplesmente a acontecimentos (decisões) jurídicos concretos, mas à forma do próprio direito. A forma do direito subjetivo é o resultado de uma autorreflexão do direito, mais precisamente de uma autorreflexão do direito cujo objeto não são simplesmente as relações entre o direito e outros sistemas sociais, mas entre o direito e o sistema não social ou associal do ser humano individual[6]. Mas, precisamente por isso, a autorreflexão do direito não chega ao fim com o estabelecimento da forma do direito subjetivo. A forma do direito subjetivo consiste, pelo contrário, no processo permanente de autorreflexão do direito: na sua reflexão sobre o sujeito de direito como forma de dois lados, portanto sobre a diferença entre sujeito de direito e o ser humano individual como um campo de irritações em constante interação – uma diferença essencialmente instável, para não dizer"agonal".

A definição da forma dos direitos subjetivos pode-se resumir de modo que introduz no direito um paradoxo que se pode descrever de duas maneiras:

(1) *O sujeito de direito:* todo o sistema jurídico opera, enquanto sistema social fundado na comunicação, com um conceito de pessoa. Todo o conceito de pessoa, portanto também todo o conceito de pessoa como sujeito de direito, é um conceito de forma, tem dois lados e serve para o acoplamento do sistema social e psíquico. O conceito de sujeito de direito como titular de direitos subjetivos ressalta expressamente esse aspecto bifacetado. Ele assume aqui a forma de um duplo endereçamento irredutível do sujeito de direito: como participante de práticas sociais (que desse modo é sempre entendido no sentido de que se encontra orientado pelo lado bom, socialmente determinado, dessas práticas) e como instância de livre-arbítrio privado (por isso, socialmente considerado como *black box* e normativamente considerado como aquém do bem e do mal). Essa duplicação da maneira de se dirigir ao sujeito jurídico é irredutível, ela define a forma dos direitos subjetivos. Isso é o paradoxo do sujeito de direito.

---

6 Aqui reside a diferença da minha interpretação da construção de Luhmann da figura do direito subjetivo, em relação ao conceito de"direito reflexivo", que Gunther Teubner desenvolveu na sua construção crítica da teoria jurídica de Luhmann; cf. Teubner 1989: cap. 5. A isso corresponde o modo como Luhmann discutiu mais tarde, no capítulo"Acoplamentos estruturais" da obra *Das Recht der Gesellschaft* (*O direito da sociedade*), a figura jurídica do direito subjetivo: ela serve para o sistema jurídico "reformular a sua relação com os sistemas de consciência" (Luhmann 1993: 482).

(2) *Autorreflexão do direito*: a mudança do direito para direitos subjetivos é uma forma em que se exprime a autorreferência do moderno sistema jurídico. A essa autorreferência corresponde uma reflexividade radical. Essa é uma reflexividade que não se limita simplesmente à dependência de qualquer operação jurídica de outras operações jurídicas. A reflexividade do direito não é meramente imanente ao direito. A reflexividade do direito, que está garantida com a forma dos direitos subjetivos, considera e limita, antes, o direito no seu outro, no seu ambiente psíquico. Isso não significa que o direito se junte normativamente a qualquer outra coisa; a unidade normativa do direito continua a existir na sua autorreflexão na diferença, mais ainda: só é alcançada nela. A autorreflexão do direito na diferença reside em que, por meio da forma dos direitos subjetivos, contém em si a relação com o seu outro[7].

---

7 Assim, continua a ser válido que a função do direito consiste em garantir segurança normativa de expectativa; consiste, pois, em estabelecer em todas as áreas sociais o que se pode normativamente esperar (Luhmann 1993: cap. 1). Corresponde à forma do direito subjetivo que ele assegure uma determinada estrutura de inclusão social. A forma do direito subjetivo exprime no direito a bifacialidade da forma da pessoa (jurídica), estando a forma do direito subjetivo concentrada em conservar a bifacialidade da forma da pessoa em qualquer outra área social. Por isso, a mera forma do direito subjetivo está já ligada à ideia de direitos fundamentais e de direitos humanos que visam precisamente uma determinada estrutura de inclusão social. – Pelo lado da inclusão social, Luhmann descreve isso assim: "Uma outra consequência da diferenciação funcional é que os indivíduos já não se podem definir através de posições sociais no seio das quais nasceram. Eles já não pertencem a um dos subsistemas da sociedade, eles são obrigados a conseguir acesso a todos os sistemas funcionais para poderem viver com exigência de qualidade. A inclusão social tem, por isso, de ser reorganizada. Isto realiza-se com normas sociais como liberdade e igualdade, que já não definem a pessoa, mas que precisamente mostram simbolicamente que isso fica ao cuidado do próprio indivíduo" (Luhmann 2005a: 131 e s.). – "Para esta ordem de inclusão, a sociedade moderna desenvolveu correlatos semânticos. Assim, desde o séc. XVIII existem os direitos cívicos, se não mesmo os direitos humanos da liberdade e da igualdade, com os quais se registram as imprevisibilidades das inclusões e das suas consequências" (Luhmann 2005d: 232).

Se estiver correta essa interpretação da conversão do direito para direitos subjetivos, isso significa duas coisas para o programa de uma abordagem filosófica do direito na diferença. Significa não apenas que a diferença é imanente ao direito; que o direito contém em si o seu outro e que desse modo está em si confrontado com ele. Significa também que o direito sabe ou reflete isso. O programa de uma abordagem filosófica do direito na diferença para com o seu outro entendeu-se como o programa de uma abordagem a partir de fora. Precisamente isso significou pensar como crise a diferença constitutiva do direito, porque imanente ao direito: ela só pode ser vista de fora, mas tem de ser reduzida, eliminada no direito. É exatamente nisso que deve consistir a crise do direito: o direito não é capaz de se compreender a si mesmo. A abordagem da conversão para a forma do direito subjetivo mostra que o caso é diferente: o saber acerca do, a reflexão sobre o, direito na diferença, está instalado no próprio direito. A abordagem filosófica, que acreditou ocupar um lugar fora ou acima do direito e que por isso julgou poder ver alguma coisa que no direito fica necessariamente invisível e que, por isso, se for tornado filosoficamente visível, precipita o direito na crise, torna na verdade explícita apenas uma reflexão que é constitutiva para o direito dos direitos subjetivos. É que sem essa reflexão não haveria nenhum direito subjetivo.

Só dessa maneira está dado o passo do modelo da crise para o modelo do paradoxo. Ambos afirmam que o outro do direito é imanente ao direito. O conceito de crise entende essa estrutura da imanência do outro como estrutura a resolver. Quer dizer, como uma estrutura que não só pode ser dissolvida, mas que tem de ser dissolvida. E tem de ser dissolvida, porque o direito não consegue suportar a imanência do outro: ele é o excluído no direito. O modelo do paradoxo, pelo contrário, afirma: ele é o refletido no direito. Essa reflexão do outro do direito no direito constitui a forma do direito subjetivo.

Uma política do paradoxo

Crítica, teoria de sistemas, desconstrução

A objeção levantada pela tese da teoria de sistemas do paradoxo do direito contra o diagnóstico crítico de uma crise do direito afirma que esse diagnóstico entende mal a imanência do outro no direito: ele não entende que a reflexão do direito sobre a sua diferença em face do direito não é crítica, mas é constitutiva para o direito, o direito dos direitos subjetivos, pois que ele não entende que o direito é não apenas objeto de uma reflexão, mas execução e expressão da sua autorreflexão na diferença. Na perspectiva da teoria de sistemas, a crítica, apesar da imanência do outro, é um *raciocínio do exterior*[8]. O diagnóstico crítico diz: o outro do direito é-lhe imanente *e* exterior. Essa exterioridade do outro do direito imanente ao direito efetua-se na decisão – na crise (que a crítica tanto prediz como suscita) em que o outro do direito se separa do direito. Contra isso, a teoria de sistemas aplica, apesar de toda a"heterorreferência", um *raciocínio do próprio*: o outro do direito é-lhe imanente e, por isso, ou nesse aspecto, nada senão direito – tem forma jurídica. Uma decisão entre o direito e o seu outro, por meio da crítica ou numa crise, é conceitualmente impossível.

O argumento que a teoria de sistemas dirige contra o raciocínio crítico do exterior deve ser uma consequência da"observação completamente trivial"(Luhmann 1993: 178), segundo a qual"a referência [do sistema ao seu outro, à sua envolvência] fica sempre sendo uma operação própria do sistema"(Luhmann 1993: 77). Tudo o que sucede no direito realiza-se mediante o direito. Isso é naturalmente válido, por maioria de razão, para as"formas de 'interiorização' da distinção entre sistema e envolvência através do sistema"(Luhmann 1993: 76), das quais faz parte a forma do direito subjetivo: a distinção no conceito de sujeito de direito entre pessoa e indivíduo é uma "operação própria do sistema"(Luhmann 1993: 77). Isso é subesti-

---

8 As observações que se seguem não são uma exposição, mas uma construção: a crítica da crítica do próprio Luhmann, segundo a qual"a perspectiva dela"é unicamente"a de um observador de primeira ordem"(Luhmann 1997: 1115 e s.), porque só lhe interessa, como se pode ver, a título de exemplo, a partir das"diretivas da 'Escola de Frankfurt'", a"recusa do 'capitalismo', do 'sistema', do 'domínio de classes'" (1119), não acerta no sentido da"grande tradição burguesa da crítica e da crise"(1116) e, desse modo, não acerta, ao mesmo tempo, na verdadeira objeção da teoria de sistemas contra essa tradição.

mado pelo raciocínio crítico da decisão. É que o raciocínio crítico da decisão parte de que o outro do direito imanente ao direito tem a sua determinação também independentemente do direito, sem qualquer relação com o direito – mais ainda: que só ganha a sua verdadeira determinação ao libertar-se da sua relação com o direito. O outro, que é imanente ao direito, tem porém a sua determinação apenas através do direito. O indivíduo do livre-arbítrio privado não existe sem a sua distinção em relação à pessoa social do direito. Ele não é ou não se torna "ele mesmo" ao separar-se do direito – nesse caso ele já não *é* de modo nenhum, já não é de modo nenhum "ele mesmo" –, mas apenas na sua relação com o direito, cujo outro ele é.

O raciocínio da teoria de sistemas extrai daí, no entanto, a consequência errada: que tudo o que o direito faz, também a sua distinção de si, são "operações do direito próprias (sempre e só: próprias)" (Luhmann 1993: 92), não torna próprio do direito aquilo a que essas operações se dirigem, nem mesmo sequer o que elas causam ou produzem. Tal como todo construtivismo, a teoria de sistemas, apoiando-se no conhecimento das condições – sistêmicas – da possibilidade, contesta o conteúdo – objetivo – do tornado possível e, ao mesmo tempo, do que ultrapassa todas as condições de possibilitação. Isso significa em geral que a teoria de sistemas não pode pensar a autotranscendência que constitui a sua realização em todos os atos intencionais. E para o raciocínio do outro do direito no direito, isso significa que a teoria de sistemas entende a sua perspectiva de que a distinção do direito em face do seu outro é uma operação imanente ao direito ou exatamente "própria" do direito – que mais havia de ser? – de modo que, *por isso* ou *nisso*, o outro do direito se torna no próprio do direito: em algo ele mesmo jurídico. Mas o fato de o outro do direito receber a sua determinação apenas por meio do direito e não ter uma determinação independentemente dessa relação com o direito não significa que ele seja dessa maneira determinado como direito. Só existe a individualidade, simbolizada como arbitrariedade, liberta de toda a moralidade, como a outra face na forma reflexiva da pessoa do direito subjetivo. Por isso, a dissolução crítica dessa relação não retém a individualidade só assim verdadeiramente libertada, mas leva ao desaparecimento daquilo que a queria libertar. Mas ao mesmo tempo a individualidade, simbolizada como arbitrariedade, liberta de toda a moralidade, permanece no direito uma coisa estranha incompreensível ao direito, uma coisa constitucionalmente subtraída a qualquer regulação jurídica: a distinção de sujeito de direito e indivíduo, que é feita no sistema jurídico, é não apenas uma distinção assimétrica, mas uma distinção transgressiva – uma distinção em que o direito se excede. A alternativa entre o raciocínio crítico do exterior e o raciocínio da teoria de sistemas deve ser, por isso, ela própria posta em causa: é o *próprio* direito que se distingue de si. Mas o que o próprio direito faz é justamente distinguir-se *de* si.

Com isso, começam a vislumbrar-se dois motivos do diagnóstico crítico da crise do direito, que permanecem válidos, mesmo que a crítica fundamental da crítica por parte do modelo do paradoxo da teoria de sistemas seja pertinente: a instabilidade insolúvel do direito (1) e o poder suspensivo da reflexão (2).

(1) O conceito de crise tem em mira, antes de toda a elaboração teórica, uma instabilidade essencial do direito. A perspectiva crítica de que o outro do direito é imanente ao direito diz que o direito só pode subsistir enquanto se referir a alguma coisa que na forma do direito não pode ser adequadamente expressa; que permanece incompreensível à linguagem do direito. O erro do diagnóstico crítico consiste em positivar o outro incompreensível ao direito como alguma coisa que, fora do direito, pode ser adequadamente expresso e compreendido. O diagnóstico crítico é um "raciocínio do exterior", porque é o raciocínio de um estado em que o outro do direito ficará depurado das suas dissimulações e distorções no direito. A perspectiva essencial do modelo do paradoxo, pelo contrário, consiste em que o outro do direito só *existe* na sua diferença em relação ao direito; em que o outro só é gerado pela sua distinção em relação ao direito tal como o direito o é pela sua distinção em relação a ele. Uma vez que o direito e o seu outro são gerados pela distinção entre eles, eles não podem ser separados por nenhuma decisão. É que nisso desapareceria não só – como a crítica o espera – o direito, mas também o seu outro. Em virtude da dependência mútua do diferente da sua distinção e, por isso, um do outro, eles não perdem, porém, a sua estranheza recíproca. A teoria de sistemas trabalha aqui com uma

distinção simples: ou "ruído" incompreensível, produzindo efeito apenas causal, do"ambiente", *ou* sentido operante no sistema e, por isso, de acordo com o seu código. Mas, com a reflexivação do direito, o ruído chega *ao interior do* sistema. Desse modo, é eludida a distinção simples entre ruído e sentido, entre exterior e próprio: o fato de haver ruído, o fato de o sentido ser o outro do ruído, torna-se na determinação íntima do sentido. Ao mesmo tempo que a autoconstituição do sistema jurídico se torna na sua autorreflexão, altera-se – como Luhmann mostrou com base na figura do direito subjetivo – não só o conteúdo, mas a forma do direito; faz agora parte do sentido jurídico dar lugar ao"ruído"do indivíduo. Por isso, o diagnóstico da crise tem razão: em virtude da sua conversão para direitos subjetivos, o direito torna-se instável de uma nova maneira. Não apenas porque ele, como tudo o que é feito, está condicionado por coisas exteriores, mas porque o fazer-se do direito consiste numa relação inconciliável, negociada sempre apenas de maneira provisória, com o seu outro: como ruído, a que a comunicação jurídica não dá um sentido, mas que tem de refletir como condição do seu sentido.

(2) O conceito da crítica tem o seu ponto de partida no entendimento de que a reflexão sobre a diferença do direito interrompe a execução do direito. É que a reflexão sobre a diferença do direito no direito não verifica meramente essa diferença: a diferença do direito não é uma realidade que possa notar e tomar em consideração. Pelo contrário, é só a reflexão sobre a diferença do direito no direito que produz essa última. Por isso, a reflexão sobre a diferença do direito no direito dirige-se também sempre *contra* o direito: contra o direito tal como ele existe antes de ter lugar a reflexão. Mas tal como o diagnóstico crítico da crise do direito entende mal a diferença no direito como sendo externa, assim também o conceito da crítica compreende erradamente esse antagonismo da reflexão para com o direito. Ele entende-o de modo que também o direito e a sua reflexão são exteriores um ao outro. A reflexão, diz a crítica, traz à discussão uma verdade sobre o direito que o próprio direito não pode entender e, sobretudo, não pode aceitar, tendo portanto de a excluir ou de a reprimir. Por isso, a reflexão crítica antecipa a dissolução do direito que a crise, a decisão que separa o direito do seu outro, efetuará. Pelo contrário, o modelo do paradoxo da teoria de sistemas mostra que a

"reconstrução" do direito moderno mediante a forma dos próprios direitos subjetivos é já expressão e execução de uma autorreflexão do direito. Sobre isso, a teoria de sistemas funda uma equação simples: se a reflexão do direito na diferença ocorre no e por via do próprio direito e se for legítima, ela gera direito; a autorreflexão do direito é autoconstituição do direito. Ser executada no e por via do direito não quer, porém, dizer ser ou gerar direito. A autorreflexão do direito na diferença só pode, pelo contrário, gerar a forma do direito subjetivo, porque ela dissolve essa forma; a reflexão sobre o outro do direito só é geradora de forma, porque ela própria é essencialmente informe, amorfa. A autorreflexão do direito na diferença conduz a uma "reconstrução" do direito (Luhmann), que tanto é construção como desconstrução; é que não pode haver uma forma do direito que exprime adequadamente a autorreflexão do direito. Nisso o conceito de crítica tem razão: a execução da reflexão do direito na diferença vai para além da forma do direito. Justamente a autorreflexão do direito que o gera interrompe-o também.

A crítica da crítica da teoria de sistemas dirige-se contra a identificação do outro no direito como exterior em face do direito – contra a obsessão crítica da "decisão". A isso ela opõe a insolubilidade da distinção que liga o direito com o seu outro. É nessa ligação que consiste o paradoxo do direito. Mas a teoria de sistemas pensa apenas o lado da indeterminabilidade (e por isso não *como* indeterminabilidade, como paradoxo): que o outro do direito é imanente ao direito e constitui a forma do direito subjetivo. No entanto, a teoria de sistemas não vê que a relação autorreflexiva do direito com o outro do direito no direito é tanto destrutiva como construtiva: porque a relação autorreflexiva do direito com o outro do direito ocorre *no próprio direito* como a sua própria, porque ela gera uma nova forma do direito, a forma do direito subjetivo. Mas como a relação autorreflexiva do direito diz respeito *ao outro do direito*, ela volta ao mesmo tempo a dissolver a forma do direito subjetivo que ela mesma gera.

É no raciocínio dessa indeterminação que consiste o passo da teoria de sistemas para a desconstrução do direito. A desconstrução partilha com a teoria de sistemas a crítica a um conceito da crítica que pensa a diferença no direito no horizonte da decisão (cf. Derrida

1991: Parte II; García Düttmann 1992); a desconstrução partilha a crítica da teoria de sistemas da crítica como um "raciocínio do exterior"[9]. Mas ao mesmo tempo a desconstrução mostra que dessa maneira a fragilidade crítica do direito não é superada, mas que, pelo contrário, se torna infinita, que a ruptura crítica do direito não se torna impossível, mas, pelo contrário, se torna generalizada. É que a crítica desconstrutiva do raciocínio crítico do exterior não deixa o direito apresentar-se como um sistema que transforma o seu ambiente em distinções próprias. Com o raciocínio do exterior também o raciocínio do próprio se torna frágil. É o mesmíssimo argumento que a desconstrução dirige contra a crítica e contra a teoria de sistemas: o argumento de que o direito é constituído justamente por aquilo que o desagrega; de que ele é desagregado justamente por aquilo que o constitui.

Esse argumento desconstrutivo, que se encontra (mais ou menos profundamente) latente na tese da teoria de sistemas do paradoxo do direito, vai agora ser desenvolvido num aspecto que – contra a maneira como a teoria de sistemas se vê a si própria – permite que sobressaia o caráter *político* da autorreflexão do direito.

O conflito no direito

A reflexão do direito na diferença rompe com o conceito teórico-moral do direito e gera a nova forma dos direitos subjetivos: uma forma do direito, em que ele se refere ao indivíduo privado e à sua isenção das normas morais. A forma do direito subjetivo é gerada pela reflexão sobre o direito na diferença – na diferença em relação ao não jurídico, e até não social, ao "indivíduo" ou ao "ser humano": na forma do direito subjetivo é representada a reflexão do direito na diferença. Essa determinação ("da natureza") da forma do direito subjetivo contrasta, todavia, com a forma como ela se manifesta na realidade social. Na sua concretização social, a forma do direito sub-

---

9 Este é um motivo central dos artigos da primeira Parte de Jacques Derrida (1976): eles mostram, com base em autores como Artaud e Bataille, como o raciocínio do exterior subestima a relação indissolúvel do outro com o próprio.

jetivo é transformada no seu contrário: ela apresenta-se como uma forma que não representa, mas dissimula, a diferença do direito. Aquilo que pela sua natureza é a forma do direito subjetivo não pode ela impor na sua manifestação. Por isso, podemos falar de uma incapacidade, de uma impotência da forma do direito subjetivo: da incapacidade de ser aquilo que ela é; da impotência para manifestar a sua natureza. Isso é tornado evidente por dois fenômenos descritos por Luhmann.

A forma do direito subjetivo é, em primeiro lugar, impotente em face da sua *instrumentalização* política. Isso revela-se, segundo Luhmann, no moderno Estado-providência. O Estado-providência, que segue um programa de justiça pós-moral, só pode fazer isso mediante o instrumento dos direitos subjetivos: "É precisamente o Estado-providência que realiza os seus objetivos por meio de um enorme número de direitos subjetivos criados *ex novo*. [...] A intenção social serve-se, como se sabe, precisamente da legitimação individual" (Luhmann 1981: 88). O Estado-providência não é um regresso ao direito moral. Mas simultaneamente o direito subjetivo não continua a ser, no Estado-providência, "direito do livre-arbítrio subjetivo, que se justifica a si próprio e pressupõe apenas vivência complementar de outros. Ele conserva a sua forma, mas é limitado por uma multiplicidade de regulações [...]. Deste modo, é dissolvida a sincronização entre titularidade de direito e soberania, a função modelar da figura 'propriedade'. O controle passa para o destinatário dos direitos; para aquele que tem de o realizar; é que este destinatário é o Estado-providência, que formula simultaneamente as condições da garantia jurídica e as diversifica no quadro dos seus programas destinados a um fim" (Luhmann 1981: 89). O direito subjetivo é agora "instrumento do próprio direito positivo. Ao empregar este instrumento já não pensamos em sujeitos, mas em seres humanos, já não em espontaneidade, mas em interesses" (Luhmann 1981: 90). A forma do direito subjetivo surge da reflexão sobre a diferença irrecuperável do indivíduo; isso é expresso sob o título indeterminado de "livre-arbítrio". Mas, simultaneamente, a forma do direito subjetivo pode transformar-se em instrumento para a imposição de programas políticos, que colocam em vez do livre-arbítrio privado "interesses humanos", assumindo-os por conseguinte como verificados e cujo cumprimento não só prometem, mas "asseguram". Programas políticos como o Estado-providência contornam, por meio de direitos subjetivos, justamente a diferença que veio a gerar a forma do direito subjetivo.

Em segundo lugar, a forma do direito subjetivo é impotente em face da sua própria tendência para a *normalização*. É que não é apenas a instrumentalização dessa forma para programas da política de interesses que entra em conflito com a origem da forma dos direitos subjetivos na reflexão do direito na diferença. A forma do direito subjetivo pode, pelo contrário, representar essa diferença apenas de maneira que a disfarce. Isso resulta do fato de o "sujeito" do direito – o sujeito que "tem" direitos – poder ser não apenas um indivíduo como instância de livre-arbítrio privado. É que só como tal é que ele não pode ser interpelado no direito, não pode participar na comunicação social no direito. O indivíduo enquanto instância de livre-arbítrio privado é, antes, uma face de uma forma, da forma "sujeito de direito", cuja outra face é necessariamente a interpelação dos indivíduos como participantes da comunicação social. Só enquanto tais, e por isso enquanto indivíduos socialmente determinados, é que eles podem ter direitos. Por isso, a intervenção normalizadora, isto é, a definição do titular do direito mediante o seu papel nas comunicações sociais, está inscrita na forma do direito subjetivo. Toda a formulação e com ela toda a determinação dos direitos subjetivos atua contra aquilo que constitui a sua forma. Toda a formulação e com ela toda a determinação dos direitos subjetivos, que está inscrita no conceito reflexivo de sujeito de direito, nivela a diferença entre pessoa e indivíduo. A incapacidade da forma do direito subjetivo de exprimir e de fazer respeitar a diferença da qual essa forma resulta tem a sua causa nessa própria forma. É a própria forma do direito subjetivo que oculta, para não dizer reprime, aquilo de que ela resulta.

Entendemos mal essa ambiguidade se a descrevermos meramente como um conflito de dois diferentes modos de atuar dos direitos subjetivos: entre normalização e individualização. Também não se trata simplesmente do fato de o direito se encontrar sempre em conflito entre fins externos e a própria lógica de sistema. Ambas as tendências, a da normalização pelo direito e a da instrumentalização do direito, mostram, pelo contrário, um conflito interno do direito (cf. Derrida 1991: 27-31): entre a forma dos direitos subjetivos e a sua causa, a reflexão sobre a diferença do direito. Mais precisamente: elas exprimem um conflito entre duas situações inconciliáveis entre aquela forma e esta causa. Elas exprimem a circunstância de a forma do direito subjetivo, em simultâneo, concretizar e reprimir, representar e dissimular a reflexão do direito na diferença. É que o fato de a forma dos direitos subjetivos ser instrumentalizável e o fato de ela ser normalizadora – estes dois aspetos significam que ela se volta exatamente contra a presentificação da diferença do direito, da qual ela resultou; como instrumento de programas políticos e como meio de interpelação normalizadora, a forma dos direitos subjetivos dissimula a diferença do direito. E isso, por sua vez, quer dizer que a reflexão do direito também tem de continuar a ser sempre empregada *contra* a forma dos direitos subjetivos que ela gera. Ao conflito de dois modos de ação dos direitos subjetivos corresponde, portanto, um conflito no"modo de ser"da reflexão do direito na diferença: ela gera a forma dos direitos subjetivos e volta-se contra a forma dos direitos subjetivos; ela é simultaneamente causa e adversário da forma dos direitos subjetivos.

Esse passo desconstrutivo para além da teoria de sistemas pode ser também formulado assim. A teoria de sistemas reconstrói a estrutura paradoxal do direito autorreflexivo: o paradoxo do direito reflexivo consiste em que ele se refere em si ao seu outro, em que ele se reflete a si próprio na sua diferença. Mas a teoria de sistemas subestima (ou não leva suficientemente a sério) que o paradoxo aqui não consiste apenas na estrutura lógica: de que o direito se refere ele próprio ao seu outro. A autorreferência do direito ao outro tem não apenas uma estrutura paradoxal, mas também, em virtude disso, um estatuto paradoxal, uma existência paradoxal no direito. A autorreflexão do direito geradora de paradoxo está no direito tão presente, isto é, expressa na forma do direito subjetivo, como ausente, quer dizer dissimulada pela forma do direito subjetivo. A realidade, o modo de ser do paradoxo, é ela mesma paradoxal: ausente e presente, presente e ausente. O passo desconstrutivo para além da teoria de sistemas consiste em pensar o paradoxo do paradoxo.

Uma primeira maneira em que o estatuto paradoxal da estrutura paradoxal do direito se mostra é a temporalidade ambígua da autorreflexão do direito: toda a tentativa para localizar no tempo a reflexão do direito na diferença, para determinar a cronologia do decurso entre a reflexão do direito na diferença e a sua nova forma dos direitos subjetivos está afetada por uma ambiguidade irrecuperável.

De um lado está o fato de a forma dos direitos subjetivos ser uma forma básica do direito existente. O direito moderno já não está destinado a ditar conteúdos morais à conduta. Está, pelo contrário, destinado pela forma a impor as suas decisões ao livre-arbítrio privado e, dessa maneira, a admitir esta independentemente de apreciações morais. É nessa "reconstrução" do direito que se exprime a reflexão do direito sobre a sua diferença. O direito *refletiu* sobre a sua diferença e aceitou, por isso, a forma do direito subjetivo. A reflexão do direito na diferença já ocorreu, está por isso concluída e passada. Assim, enquanto reflexão já ocorrida, ela foi produtiva: conduziu à "reconstrução" moderna do direito, gerou a sua conversão para a forma dos direitos subjetivos.

Mas, *por outro lado,* a diferença do direito, de cuja reflexão no direito resulta a forma dos direitos subjetivos é novamente ocultada, precisamente por essa forma em que a diferença se exprime. Se do conceito de direito subjetivo faz parte que essa forma pode ser instrumentalizada para fins externos e que para dentro procede de maneira normalizadora, a reflexão sobre a diferença do direito no direito não se exprime. Enquanto a forma do direito subjetivo for instrumentalizável e normalizadora, a reflexão do direito na diferença ainda não ocorreu. Ela tem ainda de se efetuar[10]: a diferença do direito não se exprimiu na forma do direito subjetivo, ela ainda tem

10 No que se segue, eu redijo evidentemente seguindo a terceira aporia da justiça de Derrida ("a urgência que obstrui o horizonte do saber"); cf. Derrida 1991: 53-59. Sobre a lógica desconstrutiva da temporalidade, cf. fundamentalmente Khurana 2007.

primeiro de ser articulada, portanto refletida contra a forma do direito subjetivo. Tal como a forma do direito subjetivo é irresoluvelmente ambígua – expressão e ao mesmo tempo ocultação da diferença do direito no direito –, também a reflexão da diferença do direito no direito tem um estatuto irresoluvelmente ambíguo: ela já sempre ocorreu e ainda se pode sempre efetuar, é já sempre passada e continua a ser futura. Uma vez que há a forma do direito subjetivo, a reflexão do direito na diferença sempre se efetuou, ela encontrou no estabelecimento dessa forma a sua expressão e com ela o seu fim. Mas porque a forma do direito subjetivo volta sempre a ser instrumentalizada e tem um efeito normalizador, a reflexão do direito na diferença ainda não começou realmente, tendo a diferença do direito no e contra o direito de ser ainda posto a vigorar.

É nessa ambiguidade temporal da reflexão que a desconstrução vê o seu caráter essencialmente político: para pensar a autorreflexão do direito, é necessário um conceito do que é político, que esteja em contraste com a afirmação da teoria de sistemas, segundo a qual o direito e a política são "dois sistemas diferentes, cada um por si operativamente fechados, cada um com funções diferentes, com diferentes codificações e com diferentes programas dependentes do código" (Luhmann 1993: 417). É que é "já", e nada mais do que, "a questão do estatuto ou da forma pouco clara" de tais processos que se pode chamar "política". A resposta a essa questão "pode hesitar sem fim entre duas possibilidades e, sem ser capaz de se decidir, oscilar eternamente"[11]. Essa hesitação, essa

11 Aqui procedo a uma variação da observação de Derrida sobre o sintagma "a democracia a chegar" ou "democracia vindoura". "Agora ouso afirmar que a questão do estatuto ou da forma pouco clara deste enunciado sem verbo *já* é política e que é precisamente isto que é também *a* questão *da* democracia. É que 'democracia vindoura' pode hesitar sem fim entre duas possibilidades e, sem ser capaz de se decidir, oscilar eternamente" (Derrida 2003: 129 e s.). Essas duas possibilidades são classificadas por Derrida logo a seguir no texto (p. 130) como, por um lado, o conteúdo de um enunciado constativo e, por outro lado, o efeito de um enunciado performativo. A isso junta-se a descrição a seguir.

oscilação no modo de ser, na modalidade do processo constitui a dimensão política da reflexão do direito na diferença.

A incapacidade modal de decisão da reflexão do direito revela-se já na sua ambiguidade temporal: enquanto passada, a reflexão é um evento, que não só está concluído, mas que desse modo se tornou também numa determinação formal do direito. O direito – já – *é* reflexivo ao ter tomado a forma do direito subjetivo e ao ter-se, nela, vinculado ao que é não direito. Enquanto ainda por fazer, a reflexão é, pelo contrário, uma execução que não só se deve começar ainda, mas é, por isso, também uma ação, uma transformação do direito. O direito tem – ainda – *de ser* refletido, porque a forma do direito subjetivo é tanto instrumentalizável como normalizadora. A reflexão do direito na diferença é indeterminavelmente ambígua: forma e ação. Apesar disso é o mesmo sujeito (gramatical), ao qual a reflexão do direito na diferença é atribuída como predicado em ambos os significados, sendo por isso classificado de duas maneiras inconciliáveis. Se no direito já se realizou a reflexão sobre o direito na diferença, ele é entendido de maneira quase concreta, como um objeto que tem uma forma. Se, pelo contrário, o direito ainda tem de efetuar a reflexão sobre o direito na diferença, ele é entendido como ativo, como um quase sujeito que tem de executar uma ação. A reflexão do direito é indeterminável entre forma e ação, entre estrutura e sujeito. E isso é válido também para a diferença que a reflexão do direito produz, o paradoxo que a reflexão gera. Tal como a reflexão da diferença do direito no direito já sempre ocorreu e continua a ter de se efetuar, o paradoxo do direito é ambas as coisas simultaneamente: já existe e tornou-se estrutura e ainda continua por gerar por meio de ações. A autorreflexão do direito, por isso o paradoxo do direito, é simultaneamente fato e exigência, ser e dever ser.

Mostrou-se, em primeiro lugar, que a reflexão do direito na diferença é a base da forma do direito subjetivo – uma base, todavia, que é dissimulada na forma que ela gera. Daí resulta que o emergir dessa base, portanto a execução expressa da reflexão do direito na diferença, se volta contra a forma cuja base ela é. Essa é a "ironia" da reflexão do direito na diferença (cf. Derrida 2003: 131). É nesse antagonismo – irônico, portanto indeterminável – da reflexão do direito para com a forma do direito (que ela gera) que reside o seu elemento político. É que é condição desse antagonismo para com a forma do direito que a reflexão do próprio direito seja amorfa – tanto geradora como desagregadora de forma, e até apenas destrutiva de forma, porque geradora de forma. Só porque a reflexão do próprio direito não pode ser abrangida pela categoria ontológica da forma é que ela tem tanto de gerar formas como tem de as desagregar. Derrida chama a esta outra categoria ontológica "poder" ou "força": *force*: "interessa-me a relação entre o poder (*Gewalt*) e a forma" (Derrida 1991: 15). Só um poder ou força pode gerar uma forma. E ao mesmo tempo, um poder ou força tem de (e também só pode) voltar-se contra a forma que o gera. Isso acontece de fato, e nisso revela-se o caráter político que é próprio da reflexão do direito na diferença. Ela gera a forma do direito só de modo a que nisso esteja já estabelecido o ato de dissolução ou, melhor, o ato de ruptura da forma do direito. A reflexão do direito é política, porque do seu conceito faz parte o antagonismo à forma do direito. Esse antagonismo descarrega-se no ato de ruptura.

O poder do normativo

A tentativa para virar as abordagens desconstrutivas ao caráter "político" da reflexão do direito contra a determinação da teoria de sistemas da forma dos direitos subjetivos está exposta a uma objeção evidente: a de que também a própria teoria de sistemas sabe e diz tudo isso. Não corresponderá a determinação de que a reflexão do direito na diferença se encontra "indecididamente entre forma e ato, entre estrutura e sujeito", precisamente à maneira como a teoria de sistemas descreve a "produção" de sistemas no conceito de *autopoiese*?[12]. Luhmann escreve: "A *autopoiese* [...] não se pode entender como produção de uma determinada 'forma'. O que é deci-

---

12 N.T.: O termo *autopoiese* foi cunhado nos anos setenta do séc. XX por biólogos e filósofos chilenos para designar a capacidade de seres vivos se produzirem a si próprios. Segundo essa teoria, cada ser vivo é um sistema autopoiético, cujas moléculas geram, com as suas interações, a mesma rede de moléculas que as produziu.

sivo é, antes, a geração de uma diferença entre sistema e ambiente. Devido ao desacoplamento do sistema daquilo que depois resta como ambiente, originam-se internamente margens de liberdade, dado que a determinação do sistema é suprimida pelo ambiente. *Autopoiese* é, portanto, corretamente entendida, em primeiro lugar, geração de uma indeterminação interna ao sistema, que pode ser reduzida por formas estruturais próprias do sistema" (Luhmann 1997: 66 e s.). A "produção" por *autopoiese* não está sujeita a uma teleologia da forma, em que ela se neutraliza, antes ela produz com a forma uma "indeterminação" que, enquanto informe, torna contingente toda a forma produzida, expondo-a a variações. Produção de forma é produção de, e a partir de, indeterminação, por isso, produção de forma sempre apenas como produção de (ainda) não forma. Segundo Luhmann, não consiste senão nisso o entendimento da desconstrução e do seu conceito de "*différance*". Desconstrução significa: "problematização da possibilidade de uma relação dos sinais com o mundo exterior" (Luhmann 1997: 1126; cf. Luhmann 1995). Daí resulta que "em todo o tipo de experiência têm de se usar sinais e de os deslocar para outras situações" (Luhmann 1997: 75). "Desconstrução" significa, na perspectiva da teoria de sistemas, conhecimento da falta de fundamento de toda a imposição, de toda a produção de forma e, por isso, conhecimento de que com toda a produção de forma se gera ao mesmo tempo aquilo que contorna e desloca essa forma. E é precisamente isso – como diz Luhmann – que é também a perspectiva da teoria de sistemas.

A aproximação de desconstrução e teoria de sistemas feita por Luhmann subestima a sua diferença decisiva. Essa diferença diz respeito ao entendimento daquilo *em que* a produção da forma é simultaneamente a sua transgressão. Toda a forma, como diz Luhmann (1997: 67), é uma forma de dois lados que se pode entender como "especificação" da distinção fundamental entre sistema e ambiente. Essa diferença tem de ser "gerada". Mais precisamente: ela teve de ter sido gerada, porque, quando quer que se verifiquem execuções da produção ou reprodução de formas, isso são "operações" internas ao sistema, que pressupõem as duas faces da forma, que não as geram elas mesmas: "a unidade da forma fica pressuposta como diferença; mas a própria diferença não é responsável pelas operações. Ela não é nem substância, nem sujeito, mas substitui, em termos da história da teoria, essas figuras clássicas. As operações só são possíveis como operações de um sistema, portanto apenas do lado interno da forma" (Luhmann 1997: 63). Isso também não se altera quando são operações reflexivas: operações que "observam como forma a forma de duas faces". "Assim, também, sistemas, se forem suficientemente complexos, podem aplicar a si próprios a distinção entre sistema e ambiente; mas só se efetuarem para isso uma operação própria que o faça. Eles podem, por outras palavras, distinguirem-se eles próprios do seu ambiente, mas isso apenas como operação no próprio sistema" (Luhmann 1997: 63 e s.). A reflexividade das operações não altera nada: toda a operação ocorre na imanência do sistema. Com certeza: também do lado interno da forma, em que apenas o sistema pode operar, se faz notar que há um outro lado, um lado externo. No entanto, apenas da maneira negativa da "indeterminação", da "margem de liberdade": as operações do lado interno não estão estabelecidas pelo lado externo, mas também podem proceder de outra maneira. Também a teoria de sistemas pensa, portanto, a diferença na produção da forma em face da forma. Mas isso é por ela entendido como a diferença na forma *em relação ao* seu outro – a forma é o outro do ambiente e por isso também sempre possível de outro modo – não como o outro da forma *na* forma. A diferença é, do ponto de vista da teoria de sistemas, o ser-diferente do sistema em relação ao ambiente, portanto: a autoexistência do sistema. É precisamente para isso que aponta chamar à teoria de sistemas, em nome da desconstrução, um "raciocínio do próprio".

Essa objeção da desconstrução chama a atenção para o modo como ela determina a diferença na produção da forma em face da forma (cf. Menke 2004: cap. 3): como a diferença da *unidade* da forma e do seu outro em face da diferença da forma e do seu outro. A produção da forma excede todo o produto que lhe é possível, toda a forma possível, porque produzível, graças à ideia impossível, mas necessária, de uma forma que encontre o seu outro; a ideia impossível, mas necessária, de uma forma que não é a forma em face do, mas *do*, seu outro. Mas como isso já não é uma forma – pois que toda a forma é a outra face de um outro –, toda a produção da forma contém uma não forma, uma coisa informe: o excesso da diferença da forma em relação ao seu outro e, por isso, justamente à própria forma. O nome desconstrutivo dessa não forma é força: a produção da forma é impulsionada por uma força, cujo conteúdo é a unidade da forma e do seu outro. Se a teoria de sistemas entende a reflexividade do operar de tal modo que este se entende como produção *meramente* de uma forma, de uma face perante a outra, então a reflexividade da produção da forma consiste, de acordo com o entendimento desconstrutivo, em realizar-se na consciência da diferença entre força e forma. A produção autorreflexiva de forma não é, como, no entanto, diz Luhmann, uma "operação" sob condição da diferença da forma. Ela é, pelo contrário, produção de uma forma e produção da forma da forma num todo. Só a desconstrução consegue entender verdadeiramente como "gerada" (Luhmann) a diferença entre sistema e ambiente, as duas faces da forma, e por isso a forma da forma: ela é gerada em cada ato da produção de forma. É que cada ato da produção de forma consiste no desenvolvimento e manifestação de uma força que, precisamente porque é uma força antes de toda, e para além de toda, a forma, produz – primeiro – a forma que a limita.

O que significa essa contradição conceptual fundamental entre desconstrução e teoria de sistemas para a reflexão do direito na diferença e para a forma do direito subjetivo?

Uma consequência da diferença entre teoria de sistemas e desconstrução é que a desconstrução é um raciocínio do normativo. Raciocínio normativo significa para Luhmann: recusa do existente em nome de desejos ou pretensões (assim entende Luhmann [1997: 847 e segs.] "crítica" e "protesto"), avaliação e rejeição da realidade de acordo com normas que lhe foram externamente fixadas. A desconstrução, pelo contrário, entende a normatividade como um aspecto da diferença entre força e forma. A manifestação da força vira-se contra si própria, cinde-se em ser e dever, em forma e norma. A força de cuja manifestação resulta a forma é simultaneamente uma exigência que se volta contra a forma resultante. Essa exigência pede que a forma corresponda ao seu outro, que ela lhe faça jus. A exigência que a força levanta na sua manifestação é a exigência da justiça (Derrida 1991: 29 e s.; Teubner 2008). O paradoxo do direito *resulta*, pois, de acordo com o entendimento desconstrutivo, antes de tudo, da força do normativo. O paradoxo do direito consiste em que o direito contém em si o seu outro. A teoria de sistemas entende isto, o conter-em-si o outro, como uma operação cognitiva: como uma operação de introspecção. A desconstrução, pelo contrário, entende isso como força normativa, como a exigência de conter em si o outro, exigência que estimula o direito e o impele para além de si. Como a teoria de sistemas não pensa como força o outro na produção da forma, ela também não pode pensar a irredutibilidade do normativo, nem, por conseguinte, a normatividade do paradoxo do direito. O paradoxo do direito só *existe* no sentido em que ele dirige no direito a sua força normativa contra o direito, que, no e contra o direito, ele é produzido por uma ação interruptiva. Desse modo, a desconstrução volta-se contra a crítica e contra a teoria de sistemas em simultâneo. A objeção desconstrutiva à teoria de sistemas reza assim: o paradoxo do direito tem de ser sempre invocado contra o direito mediante o ato de reflexão; nele, a força normativa da justiça dirige-se contra a forma do direito. A objeção desconstrutiva à crítica do direito é deste teor: o paradoxo só pode ser invocado pelo ato de reflexão contra o direito, porque ele já existe graças à autorreflexão do direito no direito; porque (e na medida em que) a força normativa da justiça já produziu a forma do direito. A desconstrução é uma crítica da teoria de sistemas *e* uma teoria de sistemas da crítica.

Se a desconstrução tiver razão com essa dupla objeção, a forma do direito subjetivo, em que o paradoxo do direito se faz notar, tem de ser entendido no sentido de que ela é produzida e dissolvida de uma só vez pela força da justiça. À luz dessa contradição conceitual fundamental com a teoria de sistemas, as determinações do estado paradoxal da forma do direito subjetivo e do sujeito de direito, às quais Luhmann chega, têm de ser interpretadas *ex novo*. A nova interpretação não diz respeito à sua estrutura paradoxal, mas ao seu fundamento e ao seu estatuto. Refiro, para concluir, dois aspetos de uma tal reinterpretação.

1. Em relação à forma do direito subjetivo e ao seu conceito de sujeito de direito é válido o fato de ela pôr em relevo a forma "pessoa" como forma de duas faces; é nisso que consiste a reflexividade da forma do direito subjetivo. As duas faces da forma "pessoa" são o

sistema social e o sistema psíquico. Quando Luhmann esclarece essa diferença pelo modo como em cada um deles se processa o sentido – por meio de comunicação ou por meio de consciência –, então a sua diferença parece existente. Mas ela é, como toda a diferença do sistema e ambiente, "gerada" (Luhmann). Enquanto, porém, segundo Luhmann, ela é gerada e ao mesmo tempo "pressuposta" indisponível, a desconstrução exige que se pense a diferença entre sistema social e psíquico como um efeito que é produzido justamente pela força – pela força ou pelo impulso da justiça –, efeito que exige a sua unidade. Não há a diferença entre sistema social e psíquico – ela não existe. Ela é uma exigência da justiça: ela é gerada na tentativa de encontrar uma forma social que satisfaça as exigências do sistema psíquico, "a natureza concreta do ser humano concreto" (Luhmann). A diferença do sistema social e do psíquico é, paradoxalmente, um efeito da exigência da unidade do sistema social e do psíquico. Exprimindo de outra maneira, isso quer dizer: não basta entender a diferença do indivíduo "concreto" perante si na qualidade de pessoa social como o resultado correspondente e transitório de um processo da individualização. Pelo contrário, o processo da individualização tem, para além disso, de ser entendido não meramente como um processo ético, o trabalho ético em si mesmo, mas como um processo político. A diferença entre pessoa social e indivíduo "concreto" não pode ser garantida pelo indivíduo, mas apenas pela produção e pela manutenção daquelas formas sociais que se refletem *como* formas de duas faces. Por conseguinte, entre outras coisas, por uma política do direito: a individualização precisa de uma juridificação – de uma juridificação que seja ao mesmo tempo uma individualização. Ela necessita da produção da forma do direito subjetivo como processo político: da instituição de uma forma que seja simultaneamente um testemunho da sua diferença; de uma produção da forma do direito subjetivo pela força da justiça, que se volta contra a forma que a gera.

2. Quando a geração da diferença sistema/ambiente, de que Luhmann fala, é pensada em termos políticos, a produção e a manutenção da forma do direito subjetivo como forma paradoxal ou forma de dois lados torna-se uma exigência da justiça. Não é simplesmente este ou aquele direito subjetivo, mas é a forma do próprio

direito subjetivo que deve, para não dizer que tem de, ser produzida ou mantida. A essa necessidade ou a esse dever corresponde a ideia de um direito – ele próprio apenas paradoxalmente determinável – à forma paradoxal do direito subjetivo. A propósito, pode-se seguir a crítica de Luhmann à fundamentação dos direitos subjetivos no sujeito: a forma do direito subjetivo, e deste modo o direito a direitos subjetivos, não se funda no sujeito, pois o "sujeito", isto é, como indivíduo, é gerado primeiro por essa forma. O direito a direitos subjetivos não precede os direitos subjetivos como seu fundamento, mas surge apenas com eles; ele é uma implicação, mas uma implicação estruturalmente necessária da forma dos direitos subjetivos: se existem direitos subjetivos, então também há um direito a direitos subjetivos. É que só quando entendemos a forma dos direitos subjetivos no sentido de que há direito a essa forma de direito, é que a entendemos corretamente: não como um meio técnico-jurídico, mas como uma estrutura paradoxal da inclusão de pessoa e indivíduo, que é produzida pela força da justiça. O conceito "político" dos direitos subjetivos conduz à ideia de um direito a direitos: à ideia – corretamente entendida – dos direitos humanos (cf. Luhmann 1993: 574 e s.; Teubner 2006).

3

Crítica dos direitos[1]

No seu escrito *Sobre a questão judaica,* Marx descreveu a revolução burguesa como um acontecimento ou uma ação muitíssimo enigmática: "É já enigmático que um povo que começa precisamente a libertar-se, a derrubar todas as barreiras entre seus vários membros, a criar uma comunidade política; que tal povo proclame solenemente a legitimação do ser humano egoísta, isolado do seu próximo e da comunidade [...]. Este fato se torna ainda mais enigmático quando vemos que os cidadãos, que a *comunidade política,* é reduzida pelos seus emancipadores políticos mesmo ao simples *meio* para a manutenção destes chamados direitos humanos, que portanto o 'citoyen' é declarado servidor do 'homme' egoísta, que a esfera em que o homem se comporta como ser coletivo é degradada abaixo da esfera em que se comporta como ser parcial, e que, por fim, não é o homem como 'citoyen', mas o homem como 'bourgeois' que é tomado como o homem *verdadeiro* e *autêntico*"[2]. Com essa análise, estamos a aligeirar (demasiado) as coisas, deixamos escapar o aspecto enigmático que interessa a Marx se olharmos apenas para as categorias morais com que ele descreve o sujeito dos direitos como *bourgeois* egoísta e atomístico. O efeito que Marx procura encontra-se noutro lado: na sua tese de que, com a Declaração dos Direitos

---

1 Palestra proferida em 13 de outubro de 2013, em Viena. Em tratando-se de palestra, optou-se por manter a estrutura ensaística do texto, preservando o caráter fluído da reflexão.

2 Karl Marx, *Zur Judenfrage* ("Sobre a questão judaica"), p. 366.

Humanos, altera-se radicalmente, isto é, inverte-se a relação entre política e sociedade. A declaração dos direitos humanos é o ato político do desapoderamento, da "degradação" da política. Isso sucede mais precisamente pelo fato de a Declaração dos Direitos Humanos estabelecer a forma moderna dos direitos subjetivos ou individuais como forma-base da ordem normativa. Por via desta forma, a religião, por exemplo, que antes era uma coisa pública, torna-se uma coisa privada – "banida do direito público para o direito privado" (356), mais precisamente por isso tornada num "pressuposto" intangível da ordem pública: o Estado deixa "a propriedade privada, a educação, o emprego atuar à maneira *destes*, isto é, como propriedade privada, como educação, como emprego, deixando fazer valer a natureza especial deles. Muito longe de suprimir estas diferenças *fatuais*, ele existe, pelo contrário, apenas sob a condição daqueles" (354). A operação fundamental do Estado burguês é pré-requisito do fático – mais precisamente pela forma dos direitos (subjetivos).

Marx chama "enigmática" a essa operação que define a forma moderna dos direitos – e com razão, como eu gostaria de mostrar no que se segue. Ela é enigmática porque se assenta num mito. Para compreender essa estrutura enigmática, temos, porém, de descrever primeiro, de maneira mais exata, a forma moderna dos direitos. É o que eu vou fazer em três etapas, que hão de conduzir da estrutura de superfície à estrutura profunda dos direitos na sua forma especificamente moderna. Só depois, e por fim, é que eu posso esboçar a razão por que o enigma dos direitos descrito por Marx não é resolvido, mas pelo contrário criado. Aí (e apenas aí) reside também a crítica dessa forma.

1. Possibilitação e permissão

Os primeiros a falar de direitos que o indivíduo *tem* e de que pode *fazer uso*, portanto, de direitos como uma qualidade, uma possibilidade e uma capacidade do indivíduo, foram a teoria do direito e a filosofia do direito dos tempos modernos. Os historiadores discutem sobre quem deve ser considerado o autor da primeira formulação a que se pode atribuir essa maneira de se exprimir[3]. Mas o que é incontestável é que entre o nominalismo medieval, a escolástica tardia e o princípio dos tempos modernos se começa a estabelecer uma distinção, que já Hobbes menciona como um modo de expressão muitas vezes ignorado, mas totalmente natural, e que Savigny, num olhar retrospectivo sobre a história, refere como um modo de expressão corrente, a recordar apenas por pouco tempo. Nessa distinção, contrapõe-se ao direito como sistema de leis o direito como poder[4], qualidade e competência[5] ou capacidade[6] das pessoas. Em inglês,

---

3 Mas agora saber se foi Wilhelm von Ockham ou só Francisco Suarez ou Hugo Grotius ou até Thomas Hobbes, ou se o autor original da formulação em causa, que marca uma época, não se deve encontrar no grupo dos filósofos e teólogos, mas dos juristas eruditos, que desde o séc. XII redescobriram o direito romano... É isso o que sugere Richard Tuck, *Natural Rights Theories*, p. 13-17. Vejam-se também as referências *in* Michel Villey, "Le '*jus in re*' du droit romain classique au droit moderne".

4 "[...] *potestas* [...] *qua quis sine culpa sua et absque causa rationabili privari non debet invitus*". (Wilhelm von Ockham, *Opus nonaginta dierum* – [cit. Villey, "La genèse du droit subjectif chez Guillaume d'Occam", p. 117].

5 "[Com] 'Recht' [lat. *rectus*, port. *reto*, direito] designa-se aqui [na formulação do título "Ueber das Recht des Krieges" ('Sobre a justeza da guerra')] apenas o que é reto, isso mais no sentido negativo do que positivo; de modo que reto (Recht) é o que não é não reto (injusto)". – Diferente desse conceito de reto (Recht) é um outro que deriva dele e que se aplica à pessoa. Nesse sentido, reto é 'uma qualidade moral, em virtude da qual uma pessoa pode fazer alguma coisa justamente' [*qualitas moralis personae competens ad aliquid juste habendum vel agendum*]. Esta justeza compete à pessoa. [...] Se a qualidade moral for perfeita, ela chama-se uma *capacidade* (*Fähigkeit*), se for menos perfeita, chama-se uma *aptidão* (*Geeignetheit*)" (Hugo Grotius, *Drei Bücher über das Recht des Krieges und Friedens*, I.I, p. 69 e s.

6 "*Explicação dos diferentes sentidos da palavra 'Recht'*. – Mas como essa palavra tem diferentes sentidos, temos de os distinguir, para escolher apenas o sentido que aqui nos interessa. Por vezes, '*Recht*' significa a faculdade (o direito) moral de ter uma coisa ou a propriedade da coisa [*moralem facultatem ad rem aliquam, vel in re*], quer se trate de um direito de posse efetivo ou apenas uma participação. '*Recht*' é, nesse sentido, o verdadeiro objeto de justiça (*Gerechtigkeit*), como resulta de S. Tomás na referida *Quaestio* 57, art. 1.°. Mas '*Recht*' designa também a lei, que é norma para a conduta moralmente boa e que estabelece nas coisas uma certa igualdade. Nesse

Hobbes tem para isso à disposição a diferença entre *law* e *right*, distinção que ele introduz como a tradução da distinção romana entre *lex* e *ius*[7]. Como o alemão não possui para esse efeito nenhum equivalente,"chamamos"– como se exprimiu, por seu lado, Savigny, mais

---

sentido, '*Recht*' é o fundamento (*ratio*) de '*Recht*' no sentido referido em primeiro lugar, como diz S. Tomás na mesma passagem, a. 1 *ad* 2. Este fundamento é a própria lei, como ele ali diz, e, nesse sentido,'Recht' (direito) coincide com a'lei' (*Gesetz*). Para utilizar expressões curtas, podemos chamar ao primeiro'direito útil' e ao outro'direito moral', ou ao primeiro 'direito real' e ao outro'direito legal' ou'norma jurídica'"(Francisco Suárez, *Abhandlung über die Gesetze und Gott als Gesetzgeber*, 2.17.2, p. 31).

7 "For though they that speak of this subject, use to confound *Jus* and *Lex*, *Right* and *Law*; yet they ought to be distinguished; because RIGHT, consisteth in the liberty to do, or to forbeare; Whereas LAW, determineth, and bindeth to one of them: so that Law, and Right, differ as much, as Obligation, and Liberty; which in one and the same matter are inconsistent" (Embora os que falam deste assunto costumem confundir *Jus* e *Lex*, Direito e lei; eles deveriam ser distinguidos; porque o DIREITO consiste na liberdade de fazer ou de se abster; enquanto LEI determina e vincula a um deles: de tal modo que a Lei e o Direito diferem tanto como Obrigação e Liberdade; de modo que numa e mesma matéria são inconsistentes" (Hobbes, *Leviathan*, cap. XIV, p. 91)."Acho que os termos *Lex Civilis* e *Jus Civile*, isto é, a Lei e Direito Civil, são indiscriminadamente usados para a mesma coisa, mesmo nos autores mais eruditos; no entanto, não deveria ser assim. Pois direito é liberdade, isto é, a liberdade que o Direito Civil nos deixa: Mas a Lei Civil é uma obrigação; e retira-nos a liberdade que a Lei da Natureza nos deu. A natureza deu um direito a cada um para se defender pela sua própria força, e atacar um vizinho suspeito, à maneira de prevenção; mas a Lei Civil tira essa liberdade, em todos os casos em que a protecção da lei pode ser mantida com segurança. De modo que *Lex* e *Jus* são tão diferentes como *obrigação* e *liberdade*" ("I find the words *Lex Civilis*, and *Jus Civile*, that is to say, *Law* and *Right Civil*, promiscuously used for the same thing, even in the most learned Authors; which neverthelesse ought not to be so. For *Right* is *Liberty*, namely that Liberty which the Civil Law leaves us: But *Civil Law* is an *Obligation*; and takes from us the Liberty which the Law of Nature gave us. Nature gave a Right to every man to secure himself by his own strength, and to invade a suspected neighbour, by way of prevention; but the Civil Law takes away that Liberty, in all cases where the protection of the Law may be safely stayd for. Insomuch as *Lex* and *Jus*, are as different as *Obligation* and *Liberty*". (Cap. XXVI, p. 200).

de duzentos anos mais tarde – ao que outros designam como *ius* ou *right,*"*um direito* desta pessoa, sinônimo de poder: alguns chamam-lhe direito em sentido subjetivo"[8]. Direito"em sentido objetivo"é *o* direito: o direito como lei dominante. Direito em sentido subjetivo é *um* direito: um'direito a'[9] que uma pessoa, um"sujeito", pode reivindicar com vinculação normativa – um poder ou capacidade de assumir a obrigação que a pessoa tem em face de outras e que pode exercer a favor dos seus interesses e segundo a sua vontade.

A ideia de que as pessoas têm direitos e obrigações umas para com as outras determina a instituição do direito privado. Mas essa circunstância simples não interessou à longa série de autores que, desde o fim da Idade Média, a caminho da sociedade moderna, sublinharam, em múltiplas variações, que o termo"direito"(*Recht*), a par de"lei"(*Gesetz*), também significa"direito a"(*Anspruch*). Não lhes interessou que em toda a ordem de direito privado de indivíduos haja direitos recíprocos, mas interessou-lhes, a partir de um novo conceito de'direito a'(*Anspruch*), fazer cair o entendimento tradicional de direito no seu todo.

Isso é muitas vezes entendido de modo que o'direito a' deva se tornar o fundamento da lei, que portanto o direito subjetivo deva transformar-se no fundamento do direito objetivo – e isso exatamente porque se trata do'direito a' do sujeito. Luhmann resumiu assim essa ideia:"O direito (*Recht*) é transformado em ter-'direitos a'-e-poder-exigir e por isso surgem depois os direitos subjetivos reconhecidos na sociedade civil, do mesmo modo que a legislação do Estado, como variantes de um direito que se fundamenta no próprio exigir"[10]. Essa autofundamentação de um direito perante o

---

8 Friedrich Carl von Savigny, *System des heutigen römischen Rechts*, vol. 1, p. 7.

9 Emprego aqui a noção de'direito a' (*Anspruch*) não no sentido técnico específico, mas no sentido em que Bernhard Windscheid (*Die Actio des römischen Zivilrechts vom Standpunkte des heutigen Rechts*) o introduziu na discussão em torno dos direitos subjetivos, em particular em relação ao entendimento do direito de agir em juízo.

10 Niklas Luhmann, *Subjektive Rechte: Zum Umbau des Rechtsbewußtseins für die moderne Gesellschaft*, p.. 59.

direito é pensada, continua Luhmann, com a ajuda da igualmente nova categoria do"sujeito":"Com a viragem cartesiana da filosofia, o tratamento de 'sujeito' recebe um sentido novo e significa então que o indivíduo está na base da fundamentação dos seus próprios direitos". Ou: "O fundamento jurídico dos seus direitos era agora o próprio indivíduo, entendido como sujeito"[11]. Em oposição a esse (auto) entendimento do novo conceito de um direito, específico dos tempos modernos, Luhmann propõe que se entenda o papel dos direitos "em termos jus imanentes": os direitos designam um novo modo de "autorregulação" do direito. Ou: a distinção e a ênfase dos tempos modernos dos direitos subjetivos exprimem uma mudança na relação fundamental do direito com aquilo que ele regula. A inovação da semântica dos "direitos subjetivos" atinge não o modo de fundamentação, mas o *modo de reger* do direito: o modo *como* e *sobre quê* o direito domina.

A moderna forma dos direitos tem então de ser definida pela sua performance – por aquilo que ela *consegue produzir* em relação ao não jurídico. Esse desempenho consiste na legalização do não jurídico ou pré-jurídico; isto é, consiste em legalizar aspirações, portanto o querer e o agir, que já existem do ponto de vista pré-jurídico e que por isso se podem chamar fatuais ou naturais. Isso quer dizer legalizar de duas maneiras: possibilitação e permissão. Isso determina o modo de reger do direito moderno; nessa regência, trata-se de possibilitar e de permitir. Proibir e prescrever, os desempenhos do direito tradicional – soberano[12], na distinção de Foucault – têm, no direito moderno, apenas um *status* derivado. Desse modo, a autoridade do direito altera-se fundamentalmente.

---

11 Luhmann, *Subjektive Rechte: Zum Umbau*, p. 81 e 47. O fato de o direito (*droit*) ser "subjetivo" deve significar, segundo Villey (em quem Luhmann se apoia), "un droit qui émane de la personne, qui est inhérent à la personne, qui est son *attribut* [....]. Soyons précis: le droit subjectif est une *qualité* du sujet, une de ses *facultés*, plus précisemente une franchise, une liberté, une possibilité d'agir". (Michel Villey, *La genèse du droit subjectif chez Guillaume d'Occam*, p. 101).

12 FOUCAULT, Michel. *Überwachen und Strafen. Die Geburt des Gefängnisses*. Frankfurt am Main: Suhrkamp, 1977.

No direito tradicional ou ético, os direitos dos indivíduos eram entendidos como quotas-partes justas. O direito que um tem é, em Atenas (se seguirmos Aristóteles), o que é seu como quota-parte justa no que é comum: o direito do indivíduo é a parte que lhe foi destinada segundo a justiça, porque é a parte que lhe é devida numa distribuição justa. Os direitos do indivíduo são aqui pensados na perspectiva da justa ordem do todo; a justa ordem das pessoas e das coisas é a base de toda a pretensão que uma pessoa está habilitada a reclamar em face da outra. O "direito a" é desse modo sempre o direito a alguma coisa justa, a alguma coisa boa. A moderna forma dos direitos entende, pelo contrário, a pretensão legítima do indivíduo como a possibilidade igual de executar atos "naturais". Nesse caso, "naturais" são todos os atos pré-jurídicos ou extrajurídicos, porque não são, ou na medida em que não são, orientados pela normatividade do direito (*Recht*). Natural é então, por exemplo, o ato de expressão de opiniões ou a satisfação de necessidades; não interessa se em face do seu valor ético, do acréscimo de benefício, ou de seu contributo para o bem comum. O direito garante a possibilidade para o agir (natural). É isso que se quer dizer quando os direitos já não são qualificados como quota-parte justa, mas como "poder" (*Macht*) (Ockham), como "estar capacitado para" (*Können*) ou "capacidade" (*Vermögen*), como "qualidade" ou "competência" (Grotius) ou como "liberdade" (Hobbes). Direitos no sentido moderno unem o que pelo critério do direito tradicional está estritamente separado: o jurídico e o extrajurídico, validade jurídica e uso natural – portanto uso privado ou social. O poder (*Macht*), tal como o direito é agora entendido, é o poder jurídico para o exercício do poder natural pré-jurídico. Isso é o mesmo que dizer, no sentido moderno, que um direito é um "direito a" (*Anspruch*) ou uma "capacidade" (*Vermögen*): é uma pretensão à realização de pretensões, uma capacidade para o exercício de capacidades. Direitos são pretensões (jurídicas) a pretensões (naturais), capacidades (jurídicas) a capacidades (naturais). Na moderna forma dos direitos, combinam-se o direito e o pré-jurídico; "direitos" é um conceito *na fronteira* entre o direito e o pré-jurídico.

Isso aplica-se também à segunda definição dos direitos, segundo a qual eles têm não um caráter de possibilitação, mas de permissão. Essa definição não se refere à relação entre o direito e o seu exercício, mas ao modo como o direito garante a sua observância. O direito tradicional ou ético organiza a sua observância de maneira formativa-educativa-cultural: o sentido da observância do direito é a educação para a virtude. Isso legitima, em Atenas, a coação para a observância, coação que o direito exerce. O direito não *é* a moralidade, porque o direito prescreve apenas as "obras" da virtude. Ou o direito é prescritivo, porque só se pode fixar nas obras e não no aspecto exterior da virtude. Mais precisamente graças a isso, ele desencadeia o aspecto exterior da virtude, tal como toda a educação pela habituação conduz da exterioridade mecânica à posse da capacidade (*Vermögen*)[13]. Na forma moderna dos direitos, pelo contrário, a imposição das obrigações legais limita-se de tal maneira ao "exterior", às ações e aos seus efeitos recíprocos, que assim o "íntimo" dos sujeitos, portanto dos súditos, não só é aceite como o que é retirado ao direito, mas *permitido*. O direito moderno justifica a obrigação coativa da sua observância precisamente pelo fato de deixar à escolha as razões para a sua observância. Na forma moderna dos direitos trata-se da liberdade do direito por meio do direito. Apesar disso, manifesta-se já em Hobbes, que foi o primeiro a pensar nisso, que consequências esta ideia tem de desenvolver: se as razões para a observância das ordens jurídicas têm de ser permitidas pelo direito, então isso aplica-se às razões da conduta em geral. O direito é, em toda parte e sem exceção, direito de permissão. A forma moderna dos direitos é permissiva, porque legaliza de tal modo a aspiração

---

13 Ao contrário, sobressai no direito romano a positividade do direito. Também o direito romano pressupõe a virtude, mas já não se entende como é que ele consegue *gerar* a virtude. Ao mesmo tempo, a criação do direito é despolitizada: ela é entendida como uma criação da razão natural. Mas, deste modo, enquanto fundada na natureza racional do Homem, o direito reconhece apenas a filosofia. O próprio direito conta com a insensatez ubíqua, portanto com a corrupção ou perversidade do Homem, contra a qual ele tem de garantir à força o seu cumprimento. O excesso de oferta jusnatural da *paideia*, que funda o direito na natureza racional e não no governo político, produz o conceito de um direito que, pela exterioridade da sua autoridade, gera perante si, do seu outro lado, uma natureza externa, não jurídica.

fatual-natural que permite a aspiração, para onde quer que ela se oriente – e *não* como quer que ela se concretize; isso tem de ser obviamente restringido –, como anterior ao direito e por isso inacessível.

2. Legalidade

Aderi, anteriormente, à premissa metodológica de Luhmann, segundo a qual a moderna forma dos direitos não pode ser entendida a partir do seu titular, do sujeito, mas a partir da ordem do direito. Essa tese significa, na sua formulação positiva, que a forma moderna dos direitos exprime uma alteração pura e simplesmente fundamental no conceito de direito, no conceito de normatividade jurídica, para não dizer da normatividade em geral. A designação (kantiana) desse novo entendimento de normatividade jurídica é "legalidade". Define o direito moderno como a ordem da legalidade, e é a partir dessa definição do direito moderno que se deve entender a moderna forma dos direitos.

O que quer dizer aqui "legalidade"? Segundo a definição de Max Weber, a autoridade "legal" é definida pelo fato de "qualquer direito poder ser *instituído* racionalmente, por acordo ou imposição, com o 'direito a' (*Anspruch*) a ser respeitado"[14]. Usada assim, a legalidade do direito coincide com o seu caráter de instituído (ou com a sua positividade); legalidade significa então apenas que – todo – o direito é instituído ou positivo. Isso não é trivial. Sem ser positivo ou instituído não há direito: o direito é aquela estrutura ou ordem da normatividade que é estabelecida e, assim, desde sempre oposta ao natural ou fático e que por isso tem de continuar a ser sempre *imposta*[15]. Essa definição fundamental da positividade do direito em que se funda a sua autoridade essencial e estrutural foi no entanto entendida historicamente de maneiras diferentes, e são esses diferentes entendimentos da positividade definitória do direito que geram entendimentos também radicalmente diferentes do que é "um

---

14 Max Weber, *Wirtschaft und Gesellschaft*, p. 125.

15 Sobre o assunto, Christoph Menke, *Direito e violência*, neste volume.

direito". Eu emprego por isso o termo "legalidade" para designar a interpretação especificamente moderna da positividade definitória do direito.

O traço específico dessa moderna interpretação consiste no desprendimento em face de uma positivação jurídica de uma ideia anterior, seja ela entendida em termos ético-políticos (Atenas) ou jusnaturais (Roma). Legalidade quer dizer: a positivação jurídica torna-se autônoma. E autonomia quer dizer aqui que o direito tem de gerar a sua própria normatividade. Ou a normatividade do direito é apenas a sua própria, quando ela é a sua normatividade autogerada. A partir daí, portanto a partir da autonomia do direito moderno, explica-se a forma moderna dos direitos. A razão por que isso é assim pode deduzir-se das duas comparações do conceito moderno com o conceito tradicional dos direitos, que esbocei no início. Por isso, olhemos para elas mais uma vez de maneira breve.

A primeira definição dos direitos é: possibilitação de aspirações pré-jurídicas ou execuções. Isso define o direito como um processo ou como uma operação de legalização. O ato autônomo da positivação, a que se deve a normatividade do direito, não é um ato de instituição sem condições, a partir do nada. A criação do direito verifica-se antes, precisamente ao contrário, num processo de (re) modelação do que já existe. A normatividade autônoma do direito legal assenta na fatualidade ou "natureza". Nesse caso, "natureza" é o nome para tudo aquilo que precede a ordem jurídica como ordem normativa: é natural (apenas) *para o direito*, porque é independente dele, existe antes dele e deve ser tido em conta como fato pelo direito. A ordem jurídica legal regula o que é natural. Ela parte de aspirações que trata como fatos; aspirações em que procura intervir, não em termos pedagógicos ou opressivos, mas que tenta possibilitar a partir de fora, mediante aceitação da sua fatualidade, segundo uma lei da igualdade. Esse é o primeiro sentido da forma moderna dos direitos: eles legitimam – legalizam – aspirações fatuais-naturais. Isso tem a sua expressão clara na teoria dos interesses dos direitos: a teoria dos interesses entende o conteúdo normativo dos direitos como a legitimação para realizar uma aspiração natural, um impulso natural, dentro dos limites da igualdade. Os interesses pertencem à esfera da natureza ou da fatualidade, que precede o direito e que ao mesmo tempo está pressuposto pelo direito. É que, embora nenhuma aspiração fatual-natural possa fundar um direito, o direito pode (e deve e quer) legalizar apenas a aspiração fatual-natural – que já existe antes dele. Isso sucede na moderna forma dos direitos: os direitos legitimam ou possibilitam a realização de aspirações naturais.

A segunda definição dos direitos é: permissão de aspirações pré-jurídicas. Também isso resulta da legalidade do direito moderno enquanto direito autônomo. Se o direito autônomo é direito ao fatual, então a sua normatividade está sob condições de que não pode dispor. O direito autônomo não é soberano. Ou ao invés (e mais adequadamente do ponto de vista histórico-conceptual): a soberania, que é própria do direito moderno e autônomo, tem de ser entendida como constitutivamente finita, por se encontrar sob condições. Esse aspecto distingue o direito moderno do tradicional: é acompanhado da consciência de que não pode intervir na fatualidade da aspiração natural. Precisamente a normatividade que se fundamenta a si própria não pode garantir que as suas razões sejam repartidas. O direito autônomo tem, por isso, de aceitar que a sua ordem normativa seja observada, simplesmente porque isso serve a aspiração fatual-natural. E, por isso, o direito autônomo tem de permitir a aspiração fatual-natural. Este é o segundo sentido da moderna forma dos direitos: eles permitem – legalizam – a aspiração fatual-natural. É isso que exprime a teoria de arbitrariedade dos direitos: uma ordem jurídica que, enquanto autônoma, tem a consciência dos limites do seu poder (de educação ou de soberania), é uma ordem que tem de permitir a aspiração que ela regula como aspiração para si impenetrável e indominável. Ela tem de confiá-la à arbitrariedade – à discrição infundada – do ponto de vista do direito e *das suas* razões. Isso sucede graças à moderna forma dos direitos: os direitos legitimam ou permitem quaisquer conteúdos e modos das aspirações naturais.

A questão da relação sistemática entre a autonomia do direito moderno e a forma moderna dos direitos – portanto da relação que define o conceito de legalidade – obtém duas respostas diferentes: que o direito se *fundamenta* ao possibilitar a aspiração fatual-natural; e que o direito se *delimita* ao permitir a aspiração fatual-natural. As duas respostas têm de ser tomadas em conjunto: o fundamento do direito moderno é a sua delimitação, a sua delimitação é o seu fundamento[16]. Isso significa que as duas respostas exprimem o mesmo argumento, que se pode resumir em duas teses.

Primeiro: A autonomia do direito moderno consiste em gerar a sua própria normatividade, e isso significa gerá-la com base na fatualidade prévia, para ele indisponível, de aspirações naturais. A legalidade do direito autônomo consiste na sua *posterioridade constitutiva* em face da fatualidade por ele pressuposta.

Segundo: A forma moderna dos direitos tem o seu lugar e sentido sistemáticos na organização da relação, instituída com a autonomia do direito, entre normatividade jurídica e fatualidade natural. A forma moderna dos direitos é a concretização da relação *entre* direito e natureza, normatividade e fatualidade, *no* direito.

Chamo a isso o paradoxo constitutivo da forma da legalidade do direito (ou do direito moderno). Ele consiste no fato de

– por um lado, o direito estabelecer a sua normatividade em divergência com a fatualidade *externa* do natural, e

– por outro lado, o direito acentuar e expor a divergência entre direito e fatualidade natural *em si*.

Essa concretização ou essa exposição da "relação externa" entre direito e não direito no direito é a operação que gera a moderna forma dos direitos. Essa operação fundamental – a interiorização do externo autoinstituído – é a operação da autorreflexão do direito moderno. Compreender a forma moderna dos direitos a partir da autonomia não do sujeito moderno, mas a partir da autonomia do direito moderno – ou a partir da sua legalidade – significa interpretar a forma moderna dos direitos como expressão da autorreflexão do direito: na forma dos direitos reflete-se o próprio direito.

---

16 Ver a reformulação crítica (desenvolvida com intenções muito diversas) do liberalismo em Habermas, *Faktizität und Geltung* e Foucault (Gouv. II: a fronteira – que F. não entende, porém, como essencialmente jurídica – não é externa ao governo liberal, ela resulta do objetivo econômico do governo, p. 27, 30 e s.).

3. Autorreflexão do poder jurídico

O conceito de legalidade descreve a operação de autorreflexão, que caracteriza o direito moderno e que gera a forma moderna dos direitos, como evidenciação do seu caráter de positivação ou a sua positividade. Isso significa que o direito se torna autônomo. Esse processo pode ser entendido no sentido de que as fundamentações para as normas jurídicas já não são obtidas a partir de um conhecimento ético anterior, mas que se encontram apenas nos processos da sua própria criação. A fórmula para isso é "legitimação pelo processo" ou "legitimidade pela legalidade"[17]. Mas ainda antes do modo da sua fundamentação, a autorreflexão diz respeito à *constituição* do direito. A moderna autorreflexão do direito tem, por isso, lugar naquela relação que é fundamental para toda a criação jurídica, porque o é para a criação jurídica da normatividade em geral. Essa é a relação entre a *substância* e a *forma* – ou a relação entre a *matéria* e a *norma* – do direito.

A substância ou a matéria do direito são todas aquelas concretizações extrajurídicas a que ele se aplica. A forma ou norma do direito é o conjunto dos seus princípios reguladores, das suas ordens, sejam elas gerais (leis) ou especiais (decisões). A criação jurídica da normatividade é definida pelo fato de nela a substância e a forma serem categorialmente *diferentes* e até estranhas e de, ao mesmo tempo, entrarem numa relação *assimétrica* da hierarquia, da aplicação da forma à substância. Isso constitui o fato pura e simplesmente basilar que define a relação entre substância e forma como uma relação jurídica – portanto o fato sem o qual não há direito.

Simultaneamente é o fato que constitui o poder do direito ou que define aquilo em que o direito é poder (e o que nesse aspecto quer dizer poder). – Há direito porque (ou quando) a norma não existe ou é real por natureza, portanto por si mesma na sua matéria; direito é a norma que tem de intervir e de se impor contra aquilo que acontece espontaneamente. A matéria ou a substância é, no direito,

---

17 Luhmann; Habermas, *Faktizität und Geltung*.

portanto na perspectiva do direito, o informe ou o que é isento de norma, o pré e o extrajurídico, em que (ainda) não reina espontaneamente qualquer forma ou norma. Por isso, a norma ou a forma é no direito aquilo que submete a substância ou matéria – a coação legal que impõe a norma contra o que acontece espontaneamente[18]. Mas ao mesmo tempo a norma jurídica, que se impõe contra a matéria, pressupõe a matéria como isenta de norma, para não dizer estranha à norma: o próprio direito *pressupõe* a matéria isenta de norma, a substância informe (contra a qual ele intervém e se impõe) – ele a pressupõe para si mesmo. Graças a isso, graças a essa oposição interna entre imposição da norma contra a matéria e pressuposição da matéria em face da norma, o direito *é* poder. É poder não apenas no momento do seu emprego (ou na repetição do seu emprego no estado de emergência), mas pela sua natureza, porque o próprio direito pressupõe a sua matéria como aquilo contra o qual ele não *consegue* se impor de outra maneira senão do exterior, como uma coisa estranha; o direito é pessimista[19]. O poder consiste em que a imposição exterior ou o efeito da norma do direito sobre ou contra a substância, ou (contra) a matéria, faça necessariamente parte do conceito de direito.

O direito moderno pode ser entendido a partir do 'direito a', não de abolir ou até dissolver o poder do direito – isso são utopias estéticas, portanto utopias da educação estética – mas de lidar com ele refletidamente. A autorreflexão do direito moderno é a reflexão do seu poder. O seu ponto de partida é o entendimento (que está já contido na definição acabada de dar) de que é o próprio direito que pressupõe como alheia ao direito a substância contra a qual se tem sempre de impor: a matéria é enquanto reverso da sua forma o pró-

---

18 Todos os conceitos que descrevem a normatividade do direito –"validade", "aplicação","sentença"etc., inclusive o conceito da própria"normatividade" – adquirem o seu sentido em virtude da contraposição de forma e substância ou norma e matéria, portanto em virtude do poder que o direito define.

19 E ao mesmo tempo – e sem que isso esteja em contradição – o direito é humanista, porque entende como mérito próprio dos que estão sujeitos ao direito a imposição coativa da norma contra a matéria. Mas isso só é compreensível quando estiver apresentada a relação entre direito e sujeito.

prio pressuposto da forma. Autorreflexão do direito significa questionar este pressuposto. Autorreflexão do direito significa – a partir do fato de ser o próprio direito que pressupõe como afastada do direito a substância contra a qual ele tem depois de impor a sua forma – conseguir o reconhecimento de que a norma do direito é constitutivamente posterioridade – de que chega sempre tarde demais e que por isso a sujeição a uma forma pelo direito nunca pode ter êxito. Pode-se, mesmo depois, continuar ainda cego de raiva ou então – isso significa aqui autorreflexão – reconhecer a precedência (mais uma vez: estabelecida pelo próprio direito e por isso irrecuperável para o direito) da substância em relação à forma, da matéria em relação à norma. A norma não pode transformar a matéria nem dominá-la, mas apenas restringi-la; tem portanto de possibilitá-la e permiti-la. *Pressuposto como desprendimento*: esta é a fórmula ou o lema da moderna autorreflexão do direito, que faz da diferença entre norma e substância o âmago ou o específico da norma. (Ou o específico da norma autorreflexiva é a sua diferença, o âmago da forma autorreflexiva, a sua relação com o que lhe é exterior, a substância). O direito autorreflexivo exerce de outra maneira o poder do direito: não apenas dominando, mas limitando – e aí ao mesmo tempo autolimitando, portanto permitindo e possibilitando. A forma moderna dos direitos, como possibilitação e permissão do natural, tem, por conseguinte, o seu fundamento na reflexão do poder do direito no direito. Na forma dos direitos, o direito reflete seu poder[20].

---

20 Isso pode ter uma leitura de diferentes maneiras radical: resignada, responsiva, autorreflexiva:

A primeira configuração que a moderna autorreflexão da forma do direito produz – e desse modo a primeira conformação do liberalismo como representação ideológica do direito autorreflexivo – é o direito resignado. A autorreflexão do direito começa com a experiência da impotência, da sua impotência como "*definiens*" do seu poder. A imposição da forma choca contra uma fronteira fatual ou a fronteira do fatual, que a forma reproduz com cada tentativa da sua infração. O direito que se autorreflete reage com a sua autolimitação a essa experiência da limitação do seu poder. Ele limita o seu "direito a" imposição em face ou junto do fatual, que ele experimenta como fundamentalmente diferente, estranho. O direito resignado não abdica completamente da imposição da forma (nesse caso já não seria direito), mas liberta a substância em parte perante si mesmo e perante a sua forma.

O direito resignado define a relação entre forma e substância como uma relação de poder. Isso é válido em duas direções: a forma é o poder da sua imposição contra a substância, a substância é o poder da resistência contra a sua formação. O direito permanece enredado nesta luta pelo poder; esta luta nunca pode ser decidida. Mas o entendimento resignado de que tanto a vitória da forma como a da substância seria o fim do direito e de que se o direito *subsiste* na sua luta ignora ainda como a substância e a forma são precisamente aí produzidas de modo ambíguo. Na perspectiva da forma do direito, isso quer dizer que a forma, que já não se considera como a verdadeira possibilidade íntima da substância, usa por isso o seu poder para a limitação meramente externa da substância, limitando-se nisso, resignadamente, a si própria – precisamente essa forma autorreflexiva *corresponde* à substância autorreflexiva que, ao naturalizar-se, se impõe em face do poder da forma. A substância impenetrável não é o reverso da forma que, por antecipação a ela, exista como fronteira externa, e ante o qual a forma se limite resignadamente; mas a impenetrabilidade da substância para a forma é o efeito de uma autorreflexão da substância que é pressuposta e também coimposta.

Em comparação com esse entendimento do seu pressuposto mútuo, a determinação da relação forma/substância como relação de poder não é suficiente. Se a exterioridade do fatual em face da norma jurídica não é um fato, mas um produto da reflexão, e se aquela autorreflexão em que a substância se naturaliza está pressuposta na autorreflexão da forma, então a relação entre forma e substância já não é apenas uma questão de poder ou impotência da sua imposição, mas torna-se uma questão de responsabilidade. Executar o direito autorreflexivamente tem, por isso, de significar que na aplicação da forma à substância interessa, ao mesmo tempo, que efeitos tem essa aplicação para a substância; é que a perspectiva da substância não é exterior para a forma. Isto distingue a segunda configuração do direito autorreflexivo: o direito responsivo. Nele, o poder do direito torna-se primeiro num problema normativo para o (e por isso no) direito[19]. Se todo o direito é poder, porque da sua execução é próprio um fator irredutível de exterioridade, então o direito resignado reflete a limitação desse poder – a impotência do direito e da sua forma em face da impenetrabilidade da substância. O direito torna-se responsivo quando vê, na relação externa ou na relação de forças entre forma e substância, já não um problema fático de imposição não conseguida, mas um problema normativo, porque já não experimenta a substância apenas como contrapoder externo, mas porque o contém em si como contraperspectiva. Autorreflexão do direito quer então dizer que as consequências que a subsunção da substância na forma tem para a substância têm de ser percebidas e tomadas em conta pela, e na, forma do próprio direito. Nesse ponto, trata-se para o direito responsivo de justiça – de uma justiça que vai para além da igualdade da lei jurídica, porque constitui uma medida para a autoridade da sua imposição na substância alheia ao direito.

Mas também este segundo aspecto concretiza apenas de maneira insuficiente a autorreflexão da forma do direito. É certo que na passagem do direito resignado para o responsivo a natureza diferente da substância, na qual o direito se limita, é entendida como pressuposta por ele, de modo que o direito assume a responsabilidade pelas consequências que a sua imposição tem no pressuposto por ele como o seu contrário; mas também aí a substância é entendida em termos ainda objetivos: a substância é um objeto que se encontra face a face com a forma. Na autorreflexão da forma, a substância não é, porém, apenas o objeto perante cuja estranheza ela resigna ou pela qual assume responsabilidade. Mas a substância que se naturaliza na sua autorreflexão em face da forma será reconhecida na sua autorreflexão como *condição interna* da forma ou norma; a substância que se naturaliza reflexivamente está *operante* na criação da forma ou norma. A autorreflexão da forma do direito consuma-se, por isso, só com o reconhecimento da eficácia da substância *na* criação da forma que se opõe à substância, na eficácia da matéria *na* criação da norma que se opõe à substância. A autorreflexão da forma do direito significa entender e efetuar a criação dessa forma de maneira a que nela a substância *atue* como o reverso da forma. Na forma autorreflexiva do direito, a substância enquanto o contrário da forma é, por isso, ao mesmo tempo, o que (co) produz a forma; a substância é impulso, a força na e para a forma. Nesse sentido teórico-motriz ou energético, a forma autorreflexiva é a forma material, substancial.

Só esse terceiro aspecto da autorreflexão do direito pode explicar a forma moderna dos direitos. É certo que todas as três figuras do direito autorreflexivo se articulam como teorias dos direitos; assim, o modelo resignado e o responsivo descrevem duas formas básicas do liberalismo: do liberalismo da autolimitação e da responsabilidade. Mas só quando se entende a autorreflexão da forma do direito de modo a que ela se aplique à eficácia da substância, como impulso, na criação da forma ou na normação é que se percebe por que razão ela tem de produzir a forma moderna dos direitos como legitimação do natural. É que nem o modelo resignado nem o responsivo são capazes de pensar a *afirmação jurídica do natural* que está na base da forma moderna dos direitos. Em termos mais precisos: eles só conseguem pensar a afirmação jurídica do natural como compreensão da necessidade e não como um ato de liberdade (ou libertação). Ou ficam apegados a um modelo trágico dos direitos. A natureza diferente da substância jurídica que se naturaliza reflexivamente vem-lhes de fora (por isso "substancialmente") ao encontro como um poder, perante o qual o direito – na imagem hegeliana do nascimento do direito moderno a partir da "tragédia do moral" – abandona uma parte da sua pretensão, sacrifica uma parte do seu poder, portanto por "seleção consciente", confiando-a desse modo a uma dinâmica meramente natural-material. Isso pode implicar que a forma jurídica assume a responsabilidade pelas consequências das suas ingerências na substância jurídica que ela estabeleceu como estranha à forma e responde a possíveis disfuncionalidades das regulações da substância para a sua matéria. Mas em nenhum desses dois aspectos do direito autorreflexivo se evidencia já o sentido afirmativo que se encontra no pressuposto da substância, que lhe é alheia e contrária, por meio da forma. Essa afirmação da substância oposta à forma só pode ser a autoafirmação da forma que se opõe a ela própria, de uma forma que se entende a si mesma *como* material, isto é, entende a substância como um impulso ou uma força na criação da forma. Por isso, a forma do direito tem, em atenção a si própria, de querer ou de estabelecer a substância como aquilo que ela pressupôs como seu reverso. E isso aplica-se à substância do direito precisamente na definição que se naturalizou na sua autorreflexão: à sua ambição ilimitada, como ambição do seu poder. A norma autorreflexiva do direito não resigna pura e simplesmente perante a aspiração natural incontrolável, liberta-a parcialmente ou vê-se chamada a contas por ela – este é simplesmente o conteúdo negativo (ou trágico) da forma moderna dos direitos. Mas a norma autorreflexiva do direito afirma a aspiração natural que se reflete a si mesma: ela *quer* isso. Ou ela quer isso porque ela própria *assim* quer.

A forma moderna dos direitos é muito mais do que uma libertação da substância jurídica por meio de uma autolimitação da forma jurídica, porque ela é aquela forma jurídica que pressupõe a substância jurídica não só como seu oposto diante de si, mas que pressupõe a substância jurídica como seu oposto em si próprio, a forma. A forma jurídica, que é (co)produzida pela substância jurídica, produz a substância jurídica. É disso que se trata na moderna forma dos direitos. Ou não há qualquer razão para esta forma: o conteúdo do direito resulta – apenas – da razão do direito. Só portanto quando a substância que se naturaliza autorreflexivamente, quando a aspiração natural que se cria reflexivamente estiver *operante na* criação da forma do direito – porque só assim a forma jurídica pode criar a si mesma, autonomamente – é que pode e tem (pode porque tem) de ser possibilitada e legalizada como fática por meio da forma jurídica; o que pode ser possibilitado pelo direito é o que produz efeito no direito.

4. Crítica dos direitos subjetivos

O problema do direito moderno – no duplo sentido: o problema cuja *solução* ele quer ser, assim como o *problema* desta solução – consiste na maneira como o pressuposto autorreflexivo da matéria se pode entender corretamente por meio da norma e na norma (e depois também como se pode executar corretamente). Foi nisto que o direito moderno falhou: o direito moderno não desenvolveu um conceito adequado, nem, por isso, uma prática adequada da sua autorreflexão. Ele compreende e executa a sua autorreflexão de maneira errada. O direito moderno comete um erro de raciocínio. É o único, mas um erro de vastas consequências práticas, institucionais e sociais. Raciocinar mal quer dizer fazer mal.

Esse erro consiste no empirismo do direito moderno (*não* no empirismo da *teoria*) – ou até de apenas uma teoria determinante do direito. O direito moderno é empirismo concretizado. O que é empirismo? Empirismo é o "mito do fatual" (Sellars); empirismo quer dizer partir do imediatamente fatual para trás do qual não se pode recuar (portanto aquilo a que os [teóricos da Escola] de Frankfurt chamaram "positivismo"). Se a autorreflexão do direito consiste em recordar o pressuposto da substância na forma por meio da forma, então essa autorreflexão torna-se empírica, quando ela entender a substância como imediatamente fatual: como a realidade a partir da qual a forma ou a norma se deve construir – tal como o empirismo epistemológico vê nos dados sensoriais imediatamente existentes a base do conhecimento.

O empirismo do direito moderno não é, como se disse, uma criação (ou um erro) da teoria do direito, mas da sua práxis – da sua forma. Essa forma errada, a forma da autorreflexão errada e empirista é precisamente a dos chamados direitos "subjetivos". O seu contributo é (como dizem Georg Jellinek e Max Weber) a "autorização" (*Ermächtigung*) do sujeito. Autorização quer dizer nesse caso: o sujeito é colocado em posição – recebe a capacidade – de manifestar e de realizar a sua vontade. Os direitos subjetivos são, como diz Roberto Esposito, "direitos próprios", direitos de realização do que é próprio do sujeito. A vontade própria (do sujeito) está, portanto, pressuposta nisso; ela é o pressuposto do direito dos direitos subjetivos. O direito pressupõe(-se) na figura dos direitos subjetivos a vontade própria do sujeito. A vontade é, nessa figura, para o direito, o imediatamente fatual, em que ele não pode intervir, mas do qual tem de partir. O empirismo jurídico é o mito da obstinação (ou da vontade própria) do sujeito.

Com essa figura aligeiram-se demasiado as coisas se se vir aí um reducionismo. Proceder de maneira reducionista significaria *deduzir* as formas e as normas do direito *exclusivamente* da sua substância ou do seu material como dado imediato. Isso não está forçosamente ligado ao empirismo do direito moderno. (No direito natural dos tempos modernos, que começa com o querer natural como realidade iniludível, é necessário em todo o caso um contrato para gerar a ordem social e, com ela, validade normativa). O empirismo do direito moderno não consiste em deduzir o dever-ser da forma jurídica ou da norma jurídica do ser da substância natural. O seu erro encontra-se *antes disso*: está na concepção do substancial como ente; reside em entender a substância natural como uma realidade empírica, com a qual a produção das formas ou normas do direito tem de começar como um fato – mesmo que depois tenham de juntar-se mais coisas (e diferentes em termos categoriais) para gerar uma ordem de vinculação mútua. O direito moderno é já empirista na maneira como entende a sua matéria, isto é, a aspiração natural. O seu erro é um erro ontológico; diz respeito ao modo de ser do natural: o empirismo do direito moderno está em que ele entende a substância ou a matéria (como Hegel escreve no ensaio sobre direito natural) como o "simplesmente muito" e, assim, como "quantidades que [...] são absolutas"[21]. Desse modo, os direitos subjetivos proporcionam-lhe consideração no direito ou poder jurídico.

A essa crítica juntam-se duas questões.

A primeira questão: se o empirismo não é uma teoria qualquer, mas a práxis do direito moderno, então em que consiste a sua *importância* – que efeitos tem ele, que formas sociais e políticas ele produz?

---

21 Hegel, *Über die wissenschaftlichen Behandlungsarten des Naturrechts*, p. 444.

A resposta a essa questão é: o empirismo do direito moderno produz a sociedade burguesa. Nesse caso, "sociedade burguesa" designa aquela formação do social que é produzida devido a (ou que não admite outra coisa senão) que os indivíduos fazem valer o que é seu – contra outros indivíduos ou contra todos. Isso sucede precisamente em virtude da forma dos "direitos subjetivos": eles são os direitos legítimos dos sujeitos a realizar o que lhes é próprio. O que é próprio dos sujeitos é, por conseguinte, o empiricamente dado no direito moderno. Ou o que é próprio dos sujeitos é a "qualidade, que é absoluta" (Hegel) e para trás da qual não se pode recuar, mas com a qual se tem de começar no direito. Por isso, Marx qualifica a sociedade burguesa, em que os sujeitos realizam o que lhes é próprio por meio dos seus direitos, como a "base natural"[22] do direito: enquanto o direito moderno, na forma dos direitos subjetivos, estabelece como qualidade absoluta o que é próprio dos sujeitos, com o que se trata de começar, o direito pressupõe como natural a esfera social que se desenvolve a partir daí. Os efeitos sociais e políticos do empirismo do direito moderno subsistem na Constituição, por meio de direitos subjetivos, da sociedade burguesa entendida como base natural. Ao mesmo tempo que o empirismo do direito moderno define direitos como direitos subjetivos, ele gera a sociedade burguesa como a sociedade dos sujeitos jurídicos.

A segunda questão: Haverá uma *alternativa* ao empirismo do direito moderno? Isto é, uma alternativa no direito – uma concepção e prática alternativas da moderna autorreflexão do direito? A autorreflexão do direito não consiste em interessar-se, por meio do direito, *pela* substância ou pela matéria como pressuposto alheio à forma ou à norma do direito. O movimento da autorreflexão consiste, pelo contrário, precisamente em reconhecer a substância ou a matéria, não como material externo, mas como a *condição interna* da forma ou norma do direito; a substância é, por isso, *eficaz* na criação da forma ou da norma[23]. Autorreflexão do direito significa que a substância, enquanto

22 Karl Marx, *Zur Judenfrage*, p. 369/70.

23 A isso corresponde, na estética, o passo para o conceito romântico e irônico da forma, que a definição de Schlegel da "poesia transcendental"

reverso da forma e ao mesmo tempo enquanto o que (co)produz a forma, é, portanto, entendida como impulso, como força na e para a forma. Ou a autorreflexão do direito significa um materialismo da forma. Materialismo quer aqui dizer que no desenvolvimento de formas ou na criação de normas estão operantes forças ou impulsos materiais. E o que quer dizer aqui material? Trata-se de impulsos ou forças que têm no direito efeitos normativos, sem se deixarem alcançar nos princípios e nos procedimentos em que se forma a normatividade do direito. No seu livro *Rechtskraft* (força da lei), que desenvolve essa ideia, Andreas Fischer-Lescano lembrou, para esclarecimento, o papel que Niklas Luhmann atribui ao sentimento de indignação e, mais geralmente, ao poder do gosto no desenvolvimento dos direitos (humanos). Luhmann escreve "que os direitos só são postos em vigor em virtude da sua violação e da correspondente indignação (a *colère*

– da poesia *como* transcendental – retém: "Tal como se atribuiria pouco valor a uma filosofia transcendental que não fosse crítica, que também não descrevesse o producente com o produto, que não contivesse no sistema das ideias transcendentais ao mesmo tempo uma característica do pensamento transcendental, assim também aquela poesia [justamente a 'poesia transcendental'] deveria reunir os materiais e os exercícios preparatórios, não raramente transcendentais nos poetas modernos, numa teoria poética da capacidade poética com a reflexão artística e com o belo narcisismo que se encontra em Píndaro, nos fragmentos líricos dos gregos e na antiga elegia, mas, entre os mais modernos, também em Goethe, e apresentar-se também a si mesma em cada uma das suas apresentações e ser em toda a parte ao mesmo tempo poesia e poesia da poesia" (Friedrich Schlegel, Fragmente [aus dem *Athenäum*]", n. 238). A forma artística tem de ser uma coapresentação do que a produz, que ultrapassa sempre, ao mesmo tempo, "infinitamente" o seu produto – sujeitando-o "à permanente alternância de autocriação e autodestruição" (*ibid.*, n. 51). Essa alternância, em que a autocriação se transforma em autodestruição, tem a sua razão no fato de na produção da forma atuar um elemento producente – a substância, o material –, que é alheio em relação a ela. Por isso, o produzir da forma é necessariamente, ao mesmo tempo, uma "autolimitação" do producente num determinado e limitado produto, autolimitação que é constantemente ultrapassada por si mesma. Esse movimento duplo de "reflexão", que "paira" entre o real e o ideal, produto e producente, é designado como "ironia" por Schlegel (*ibid.*, n. 51) e como "humor" por Novalis (Blüthenstaub, n. 29).

publique de Durkheim)"[24]. E mais, tem de se dizer de maneira mais vigorosa e clara: na autorreflexão do direito, os direitos (não) *são* fundamentalmente (outra coisa senão) direitos à eficácia de tais forças ou impulsos substanciais ou materiais no direito – e (somente ou apenas) dessa maneira também direitos a tais forças fora do direito.

Se isso constitui o materialismo da norma ou da forma, estabelecido pela autorreflexão do direito moderno, então a questão da alternativa ao empirismo do direito moderno é a questão de um materialismo não empirista – a questão de saber como pode haver um materialismo da forma para além do empirismo. O erro do empirismo reside em transformar o substancial ou material no mito do imediatamente fatual. Na criação de normas jurídicas, o empirismo consiste, portanto, por exemplo, em declarar a *colère publique* em dado dos sentidos, a partir do qual, enquanto base iniludível, se têm de construir as normas do direito – tal como isso sucede por exemplo nas campanhas mediáticas globais das organizações dos direitos humanos por meio da entrada em ação de estrelas de Hollywood; elas produzem mitos do real, são empirismo e positivismo posto em prática. Um materialismo não empírico reconhece a insolubilidade processual dos impulsos materiais na formação da norma, sem os transformar em algo imediatamente real. Desse modo, fica descrito de maneira bastante precisa o programa materialista a que Adorno chamou "dialética negativa" (e que expôs por exemplo na sua filosofia moral na teoria dos "impulsos" normativos). "À dialética nada mais resta que aquilo que ela diretamente se dá. Ela torna-se no momento em vez do motivo"[25]. A alternativa ao materialismo empirista da forma (burguesa) dos direitos subjetivos, na qual o que é próprio de cada um, a vontade própria do sujeito, os seus interesses e o seu livre-arbítrio são o iniludivelmente fatual, é um materialismo dialético(-negativo) em que nada é motivo e tudo é apenas momento. Fica por esclarecer o que isso significa para o direito (quem dera eu já o soubesse).

---

24 Andreas Fischer-Lescano, *Rechtskraft*, p. 90 e s.

25 Theodor W. Adorno, *Negative Dialektik*, p. 50. Cf. 184 e s., 193 e s. – "Em Marx, manifesta-se já a diferença entre a primazia do objeto enquanto coisa a produzir criticamente e a sua caricatura no que existe, a sua deformação através do carácter de mercadoria" (190).

4

Da impossibilidade do reconhecimento. Ou por que o Direito moderno não é uma "esfera do reconhecimento do outro"

Nos trabalhos nos quais Axel Honneth desenvolveu sua teoria desde o primeiro esboço em *Kampf um Anerkennung* [*Luta por reconhecimento*], ficou cada vez mais evidente que neles se aliam dois níveis, um analítico e um interpretativo: o conceito de reconhecimento visa tanto esclarecer o nexo argumentativo que relaciona entre si conceitos fundamentais como "sociedade", "sujeito" e "norma", quanto penetrar interpretativamente as formações centrais da sociedade atual, da subjetividade e da normatividade. A teoria do reconhecimento do outro deverá abranger ambos: uma investigação filosófica para a autocompreensão humana de conceitos fundamentais e uma exploração interpretativa da forma atual de sua realização.

A questão que desejo examinar situa-se na interface de ambos os níveis teóricos e pode ser assim formulada: pode o Direito moderno ser compreendido como uma esfera do reconhecimento do outro? Esta pergunta diz respeito aos dois níveis: ao esclarecimento conceitual por Honneth da categoria do reconhecimento e à interpretação do Direito moderno, desenvolvida por ele nesta base. Pretendo mostrar a seguir que a interpretação relativa à teoria do reconhecimento do outro se depara com dificuldades fundamentais quando tenta satisfazer à determinação central da forma do Direito moderno, a forma dos chamados "direitos subjetivos". Assim, ao mesmo tempo deve ficar claro que estas dificuldades aludem a um problema geral da categoria do próprio reconhecimento.

Para mostrar este fato, é mister primeiramente lembrar a noção básica do conceito de reconhecimento (I). Em seguida discutirei duas interpretações diversas do Direito moderno, desenvolvidas por Honneth: a primeira interpretação, a interpretação relativa à teoria da autonomia em *Luta por reconhecimento* (II), peca por excluir das considerações a forma do direito subjetivo em sua contraposição interna (III). Por isso, em *Leiden an Unbestimmtheit* [*Sofrimento de indeterminação*] Honneth desenvolveu uma segunda interpretação, uma interpretação relacionada à teoria da individualidade que se inicia na própria forma do direito (IV). Contudo, é precisamente nesta interpretação que se vê que a forma do direito subjetivo extrapola o âmbito da conceitualidade fundamental da teoria do reconhecimento (V): o Direito moderno protege, no bem e no mal, a impossibilidade do reconhecimento.

I

A partir de sua obra *Luta por reconhecimento*[1] Axel Honneth reformulou em diversas ocasiões a ideia central de seu conceito de "reconhecimento", destacando cada vez mais que este conceito apresenta uma reivindicação teórico-constitutiva. Em *Luta por reconhecimento* ainda podem ser encontradas formulações[2] que podem ser mal interpretadas, como se o "reconhecimento" fosse, sobretudo, o conteúdo de um tipo fundamental de reivindicações que os sujeitos endereçam à sociedade (porque o ser humano necessita da "experiência do reconhecimento para chegar a uma autorrelação

---

1 Axel Honneth. *Kampf um Anerkennung. Zur moralischen Grammatik sozialer Konflikte*. Frankfurt am Main, 1992. Citado doravante como "KA".

2 Por exemplo, a formulação do "princípio" da teoria do reconhecimento: "a reprodução da vida social se realiza sob o imperativo do reconhecimento recíproco, pois os sujeitos só podem chegar a uma autorrelação prática quando aprendem a se conceber, a partir da perspectiva normativa de seus parceiros de interação, como os destinatários sociais destes" (KA, p. 148).

bem-sucedida" [KA, p. 220]). Em tais formulações, o conceito de "reconhecimento" possui um sentido primariamente normativo. Nelas, "reconhecimento" designa não o valor fundamental ou último, pelo qual, segundo Honneth, os sujeitos se orientam; em sua teoria, esta posição é ocupada por conceitos como "identidade" ou "autorrealização". Na compreensão normativa do conceito, porém, "reconhecimento" designa a condição social decisiva para o resgate de reivindicações de identidade individual ou autorrealização. Contudo, já em *Luta por reconhecimento* fica claro que a reivindicação sistemática da teoria de Honneth visa a fundamentar a exigência normativa por reconhecimento, dirigida à sociedade, no fato de a – toda – sociedade já *ser* uma ordem de reconhecimento: o reconhecimento constitui a sociedade – e só por isso pode ser dela exigido.

Se formulações como a do "princípio" da teoria do reconhecimento em *Luta por reconhecimento* ainda vagamente mesclam entre si a compreensão normativa e a constitutiva (por exemplo, ao ser introduzido aqui o "reconhecimento" como um "imperativo"; *vide* nota 2), dez anos mais tarde, na discussão com Nancy Fraser, tornou-se totalmente claro o primado do sentido teórico-constitutivo do conceito de reconhecimento. É certo que Honneth também volta a esclarecer aqui a ideia básica de seu conceito de reconhecimento, partindo "da tese de que a expectativa normativa que os sujeitos manifestam à sociedade está voltada para o reconhecimento social de suas capacidades por parte de outros diferentemente generalizados"[3]. Mas a elucidação seguinte coloca em evidência que o vínculo da teoria do reconhecimento entre "sociedade" e "subjetividade" só é capaz de obter um conteúdo normativo por ser no nível fundamental um vínculo conceitual ou constitutivo (ao qual se segue apenas em um segundo passo a "virada para o normativo"; cf. UA, p. 206 s.): subjetividade e sociedade só se formam e existem no reconhecimento como meio.

---

3 Axel Honneth. "*Umverteilung als Anerkennung. Eine Erwiderung auf Nancy Fraser*". *In*: Nancy Fraser e id. *Umverteilung oder Anerkennung? Eine politisch-philosophische Kontroverse*. Frankfurt am Main, 2003, p. 129-224, aqui p. 204. Citado doravante como "UA".

Honneth isto define com mais pormenores, afirmando que o conceito de reconhecimento deve ser desenvolvido em duas direções, "onde a primeira concerne à socialização moral dos sujeitos, a segunda à integração moral da sociedade" (UA, p. 204). – A primeira direção do desenvolvimento do conceito de reconhecimento aponta para a tese de que "todo sujeito humano é dependente, de modo elementar, de um contexto de formas de tráfego social, regulamentadas por princípios normativos de reconhecimento recíproco" (UA, p. 205). Subjetividade consiste em ter e poder exercer capacidades e, por sua vez, ter capacidades e poder exercê-las é um fato social; subjetividade é um *status* social. Ser um sujeito *significa* ser reconhecido, pois significa dizer que movimentos são vistos, ou seja, são considerados como minhas ações, ruídos como minhas palavras, impulsos como meus fins (e assim por diante). E só então é que eu também posso ver a mim mesmo assim. – A segunda direção do desenvolvimento do conceito de reconhecimento aponta para a tese de que sociedades são aquelas "estruturas de ordenação" que "estão em condições de garantir condições confiáveis de reconhecimento recíproco em diferentes níveis" (UA, p. 205). Assim, a sociedade não é definida como o campo das interações nas quais as pessoas entram para a satisfação de seus interesses; a sociedade é definida pelo fato de ela *fazer* sujeitos ao possibilitar a condição de membro: a sociedade é aquele nexo entre pessoas, realizações e objetos, no qual estes adquirem um *status* social – como sujeitos, atividades e produtos – e, com isso, reconhecimento. Assim como o modo de ser dos sujeitos é social (ser um sujeito significa ser reconhecido), o sentido das sociedades consiste em sua capacidade de subjetivar (nexos sociais são meios do reconhecimento).

Se tal fato é a determinação fundamental do "reconhecimento", ele também significa que a relação de reconhecimento não pode ser compreendida de modo primário – como ainda constava na formulação do princípio da teoria do reconhecimento em *Luta por reconhecimento* – como uma relação de reciprocidade e, portanto, como uma relação entre sujeitos individuais. Se o reconhecimento consiste em ser considerado como um sujeito, ou seja, como "um membro especial da comunidade social" (UA, p. 205), então o reconhecimento não pode ser prestado por outro sujeito, na qualidade de simplesmente mais um "membro especial da comunidade social". Ao contrário, o reconhecimento se dá através de um "parceiro de interação generalizado" (UA, p. 205), não através deste ou daquele especial, mas através do "outro generalizado" (KA, p. 125 s.). Destarte, reconhecimento no sentido fundamental ou constitutivo significa não interação recíproca, mas a condição de membro social. Ser reconhecido significa analogamente: participação social ou ser parte social. Haja vista que o reconhecimento recíproco já sempre ocorre entre diversos *membros* (e, portanto, em uma generalidade social como "meio")[4], a lógica do reconhecimento consiste em uma "dialética do geral e do especial" (UA, p. 181): na relação dialética entre forma social geral e a respectiva instanciação desta forma. Ser reconhecido como um sujeito capaz, como uma atividade portadora de sentido, como um produto útil significa ser uma realização especial de uma forma social geral.

II

Se o nexo mútuo entre subjetividade e sociedade constitui o arcabouço básico conceitual da teoria do reconhecimento de Honneth, sua tese fundamental da teoria da sociedade reza que "a forma de sociedade civil capitalista" (também) pode ser interpretada "como uma ordem de reconhecimento institucionalizada" (UA, p. 162). Esta tese dirige-se diretamente contra a possibilidade de "falar, juntamente com Luhmann e Habermas, no tocante ao capitalismo, de um sistema de decursos econômicos 'desvinculado de normas'" (UA, p. 167). Contudo, a tese teórico-social fundamental de Honneth possui implicações que extrapolam a questão de ser ou não "aconselhável um isolamento teórico de referências meramente econômicas de ação ou de sistema, frente a grandezas de influência culturais" (UA, p. 185). Trata-se, antes, da questão de se a sociedade moderna *no todo*, em todas as suas esferas centrais, pode ser entendida conforme o modelo de reconhecimento delineado. E com isto questiona-se ao

4 Cf. Jürgen Habermas. "*Arbeit und Interaktion. Bemerkungen zu Hegels Jenaer 'Philosophie des Geistes'*". *In*: id. *Technik und Wissenschaft als "Ideologie"*. Frankfurt am Main, 1969, p. 9-47.

mesmo tempo se a sociedade *no geral*, ou seja, se o *conceito* de sociedade é determinado e delimitado pelo do reconhecimento no sentido delineado. Se a forma de sociedade civil capitalista desafia o modelo básico de reconhecimento, este se encontra em questão como modelo mesmo de determinação conceitual da sociedade.

Além da economia capitalista, o Direito formal é um dos sistemas funcionais constitutivos sociais da sociedade moderna. Portanto, de acordo com sua tese fundamental teórico-social, Honneth interpretou também o Direito formal, como a economia capitalista, como uma das três esferas fundamentais da ordem de reconhecimento moderna (KA, p. 150 s.). Por conseguinte, a estrutura do reconhecimento delineada também precisa valer para o Direito moderno. Para o Direito *tradicional*, Honneth salienta que ao indivíduo cabem aqui direitos apenas "por força de seu *status* como membro de uma coletividade concreta (...): o que no sujeito individual alcança aqui reconhecimento de forma intersubjetiva é unicamente sua condição de membro de uma organização social estruturada pela divisão do trabalho" (KA, p. 176). A formulação já se refere ao modo como, em comparação, Honneth interpreta o Direito moderno: como "expressão dos interesses universalizáveis de todos os membros da sociedade" (KA, p. 177). A passagem do Direito tradicional para o moderno consiste em um processo concomitante de abstração (na determinação do conteúdo dos direitos) e universalização (na determinação dos titulares dos direitos), mas este duplo processo de abstração e universalização não pode colocar em dúvida a estrutura fundamental do reconhecimento como qualidade de membro ou participação social. Destarte, o "processo de ampliação gradativa dos conteúdos do reconhecimento jurídico" (KA, p. 135) – que sempre implica que "os direitos existentes em uma determinada coletividade são transmitidos a um círculo cada vez maior de pessoas" (KA, p. 137) – permanece teleologicamente relacionado à perspectiva de um "enriquecimento da comunidade" (como Honneth diz com Mead: KA, p. 136) e, assim, da obtenção da "qualidade de membro 'com pleno valor'" (como Honneth diz com T.H. Marshall: KA, p. 187).

Honneth obtém o argumento que deve garantir esta integração do Direito moderno na concepção de base da teoria do reconhecimento através de sua interpretação do processo, no qual o Direito tradicional se transforma no moderno. No Direito tradicional, o "reconhecimento como pessoa de direito está ainda fundido, de certa forma, com a estima social que se aplica ao membro individual da sociedade em seu *status* social" (KA, p. 179). Em contrapartida, o Direito moderno dissocia respeito jurídico e estima social ao vincular os direitos não mais ao respectivo (e diferente) *status* social, mas a uma propriedade ou "capacidade" que cabe igualmente a cada um: a de ser pessoa (KA, p. 183). Nisso, na determinação do que significa ser uma pessoa, o Direito não pode recorrer a outras suposições que não aquelas resultantes da própria existência do Direito. Para o Direito moderno, existir significa valer como legítimo e, para poder valer como legítimo, ele precisa se reportar ao "assentimento livre" de todos os sujeitos a ele submetidos. Assim, "é preciso poder supor nestes sujeitos de direito pelo menos a capacidade de decidir, com autonomia individual, sobre questões morais" (KA, p. 184). Por conseguinte, no conceito do Direito moderno está incluso estruturalmente o conceito de autonomia moral como capacidade de decisão racional de questões normativas. *Esta* capacidade é protegida, até mesmo promovida, pelo Direito e esta capacidade é uma capacidade social: a capacidade de "participação na formação racional da vontade" (KA, p. 185), que pode se referir não apenas a elementos da prática social, mas que precisa ser compreendida, ela própria, como uma forma especial da prática social[5]. Este é o fundamento a partir do qual Honneth, em *Luta por reconhecimento*, concebe o Direito moderno como uma esfera do reconhecimento: pelo Direito moderno se interessar por autonomia moral como capacidade de participação na prática social da formação racional da vontade.

---

5 Este é o passo (decisivo na teoria do reconhecimento) além de uma concepção kantiana da autonomia. Deixo aqui em aberto como este passo deve ser compreendido. Honneth parece, a meu ver, oscilar, em seu esclarecimento desse passo, entre uma forma de leitura relacionada à teoria da moralidade e uma relacionada à teoria do discurso – ou seja, entre Hegel e Habermas. *Vide* a respeito também as observações sobre a discussão em: Axel Honneth. *Gerechtigkeit und Gesellschaft. Potsdamer Seminar*. Ed. por Christoph Menke e Juliane Rebentisch. Berlim, 2008, p. 143 e s.

A exposição de Honneth, em *Luta por reconhecimento*, da transformação moderna do Direito, subjacente a sua interpretação do Direito moderno como uma esfera do reconhecimento, é, contudo, estruturalmente limitada: Honneth aqui elucida a diferença entre Direito tradicional e moderno exclusivamente com referência ao fundamento legitimatório do Direito – a "autonomia moral" – ocultando, assim, a *forma* específica do Direito moderno[6]. Embora também a forma do Direito moderno seja determinada pelo fato de conceder liberdade aos titulares do direito, a liberdade concedida pelo Direito não é idêntica à liberdade como autonomia moral que, em seu caráter legitimador, é subjacente ao Direito. Esta diferença expressa a teoria liberal clássica do Direito ao designar de liberdade de "arbítrio" a liberdade que o Direito moderno concede através de sua forma. Mesmo que esta definição não seja suficiente (vide *infra* em III), ela alude acertadamente ao fato de que a liberdade de autonomia moral, fundamentadora do Direito, não é capaz de constituir o conteúdo do Direito. Se, ademais, de acordo com a crítica convincente de Habermas, devem ser considerados como fracassados[7] todos os intentos de se derivar a liberdade da forma jurídica diretamente da liberdade como fundamento do direito, então a interpretação do Direito moderno segundo a teoria do reconhecimento não pode ser fundamentada apenas com referência a seu fundamento de liberdade, a autonomia moral. A interpretação do Direito moderno segundo a teoria do reconhecimento tem que se referir, antes, à própria forma do Direito moderno e à liberdade conferida por esta: o Direito moderno só pode ser designado de uma "esfera do reconhecimento" se também a garantia jurídica da liberdade de arbítrio puder ser concebida como um ato de reconhecimento. Para entender esta reivindicação (e as dificuldades em cumpri-la), é mister primeiramente uma breve definição da forma do direito subjetivo[8].

---

6 Para a diferenciação entre esses dois aspectos *vide*: Jürgen Habermas. *Faktizität und Geltung. Beiträge zur Diskurstheorie des Rechts und des demokratischen Rechtsstaats*. Frankfurt am Main, 1992, p. 142 e s.

7 Id., p. 109 e s.

8 Sobre o que se segue, *vide* com mais pormenores: Christoph Menke. *"Sub-*

III

A figura central da forma moderna do Direito é a do "direito subjetivo". Através dela, o Direito moderno se diferencia categorialmente do tradicional. É verdade que também o Direito tradicional conhece "direitos". Um direito neste sentido amplo é a pretensão garantida de uma pessoa sobre algo perante alguém. Os direitos subjetivos diferenciam-se dos direitos em sentido amplo por sua *primazia* frente à obrigação (a); analogamente, os direitos subjetivos são socialmente *indeterminados* (b).

(a) O Direito é aquela prática social que regula outras práticas sociais, estabelecendo com poder de sanção o que nelas é permitido e proibido fazer. Esta função de regulamentação é exercida pelo Direito tradicional ao se endereçar ao (potencial) autor: ele lhe impõe obrigações, lhe diz o que deve fazer ou deixar de fazer e o ameaça com as consequências que têm a omissão do que deve ser feito ou a ação do que deve ser omitido. Tal ordem das obrigações cria em seu reverso – "na forma de um 'reflexo'"[9] – atribuição de direitos. Isto se aplica no sentido elementar de que infligir e impor juridicamente a obrigação, por exemplo, de não roubar, produz no outro lado o direito de não ser roubado. A obrigação de não roubar define o outro como aquele que não deve ser roubado. Porém, ela não dá ao outro o *direito* de não ser roubado – assim como, segundo Hart, à proibição geral do Decálogo "não matarás" não corresponde o "direito" de não ser morto[10]. O Direito moderno é que fala pela primeira vez de um

---

jektive Rechte: Zur Paradoxie der Form". *In*: Gunther Teubner (ed.). *Nach Jacques Derrida und Niklas Luhmann. Zur (Un-)Möglichkeit einer Gesellschaftstheorie der Gerechtigkeit*. Stuttgart, 2008, p. 81-108. *Vide* também o resumo: *"Subjektive Rechte: die Form der Differenz"*. *In*: *MenschenRechtsMagazin 2* (2008), p. 197-204.

9 Max Weber. *Wirtschaft und Gesellschaft. Grundriß der verstehenden Soziologie*. Ed. por Johannes Winkelmann. Tübingen, 1980, p. 398. Cf. Hans Kelsen. *Reine Rechtslehre*. Wien, 1960, cap. 29: *"Subjektives Recht. Berechtigung und Ermächtigung"*; p. 133, cit. conforme a reimpressão em: Markus S. Stepanians (ed.). *Individuelle Rechte*. Paderborn, 2007, p. 96-112, aqui p. 98.

10 Herbert L. A. Hart. *"Are there Any Natural Rights?"*. *In*: Jeremy Waldron (ed.). *Theories of Rights*. Oxford, 1985, p. 77-90, aqui p. 83.

direito geral de propriedade ou até mesmo de vida, invertendo assim a sequência e, com isso, a perspectiva: à obrigação de cada um de não roubar não mais corresponde o direito de todos os outros em não ser roubado, mas do direito à propriedade resulta (entre outros) que todos os outros estão obrigados a não roubar. O direito atribuído a uma pessoa não mais é "reflexo" da obrigação da outra pessoa, e sim a produz. A atribuição de um direito se converte em capacidade – em "fonte de poder"[11]. A atribuição de um direito no sentido de "direitos subjetivos" consiste em ter o poder sobre o fazer dos outros: em poder obrigá-los.

(b) Poder obrigar outros é uma determinação de direitos em geral e, portanto, também do Direito tradicional. Um direito é assim compreendido como sendo a pretensão de uma determinada pessoa, que nisto baseia (ou a que corresponde) o fato de que uma determinada outra pessoa lhe é devedora de algo. Tais direitos são direitos "especiais" ou "*in personam*"[12]: eles têm seu lugar nas relações de reciprocidade entre pessoas individuais, nas quais estas possuem, uma para com a outra, mutuamente direitos e deveres (que, em regra, são distintos entre si: entre pais e filhos, professores e alunos, soberanos e súditos). Os direitos estão aqui vinculados aos papéis que as pessoas ocupam em determinadas práticas sociais. Em contrapartida, direitos subjetivos são direitos gerais e direitos sobre coisas (*in rem*). Ter um direito subjetivo significa ter uma pretensão sobre algo que obriga a todos, "the world at large" (Feinberg), indeterminadamente (onde isto, no caso jurídico, é o mundo da respectiva coletividade). A relação de reciprocidade na qual estão inscritos direitos especiais entre determinadas pessoas ou posições é assimetrizada. Direitos subjetivos pode uma pessoa *simplesmente* ter e, assim, dispor do poder da obrigação perante outros indeterminados sem ter entrado com estes em uma comunidade anterior. É parte da atribuição de direitos através de direitos subjetivos um poder-obrigar, o qual com-

---

11 Weber. *Wirtschaft und Gesellschaft*, p. 398.

12 Hart. "*Are there Any Natural Rights?*"; Joel Feinberg. "*Duties, Rights, and Claims*". *In*: id. *Rights, Justice and the Bounds of Liberty*. Princeton, 1980, p. 130-142.

pete à pessoa não como pessoa específica e em relações específicas, mas de forma geral e perante outros indeterminados.

A ideia de que o Direito moderno é, por sua forma,"atribuidor de poder" pode também ser formulada de modo a afirmar que o Direito moderno entende os titulares dos direitos como sujeitos (que são necessariamente iguais entre si, pois o que os diferencia não concerne a sua subjetividade); daí a expressão"direito subjetivo". O que significa ser um sujeito é elucidado por Honneth em sua interpretação do Direito moderno, em consonância com a teoria do reconhecimento, como autonomia moral na tradição do Direito racional: logo, ser sujeito de um direito significa dispor da capacidade de julgamento em questões normativas e, ademais, do poder de (co)autoria no direito. No entanto, a noção de subjetividade, produzida pela forma do Direito moderno, não fez da noção de autonomia "moral" seu único conteúdo nem tampouco apenas seu conteúdo essencial (do qual se poderiam derivar as demais determinações do sujeito de direito). O sujeito do Direito moderno possui uma estrutura mais complexa do que o conceito de autonomia moral é capaz de abranger.

Qual poder é atribuído pelos direitos subjetivos? Na teoria dos direitos subjetivos existe uma disputa entre duas respostas distintas a esta pergunta. A resposta liberal clássica diz com Hobbes: o poder da liberdade "natural" de dispor arbitrariamente – liberdade como liberdade de arbítrio. O direito do sujeito em "ter validade" naquilo que ele faz, simplesmente porque é sua própria ação, é o direito do sujeito a uma margem de decisões arbitrárias (que, portanto, são também denominadas "privadas"). A isto se opõe, desde o século XIX, a determinação de que seriam"interesses"fundamentais determinados cuja realização é garantida por direitos subjetivos[13]. O direito do sujeito não se fundamenta aqui no fato de ele próprio julgar, mas no fato de se tratar de seus próprios propósitos e necessidades. De acordo com esta segunda resposta, não existe *o* (um) direito

---

13 Cf. Rudolf von Jhering. *Der Zweck im Recht*. Leipzig, 1877, vol. 1, cap.V, § 4.

subjetivo à igualdade de liberdade de arbítrio[14]; existem, ao contrário, apenas direitos no plural, que expressam respectivamente interesses específicos e não apenas aqueles direitos a margens de liberdade de ação. Os direitos não objetivam possibilitar o arbítrio, e sim assegurar interesses basilares.

A objeção da teoria dos interesses de que os direitos são sempre direitos determinados, não sendo, assim, uma atribuição de poder para o arbitrário, mas para a realização de propósitos determinados, é cabal. Mas é igualmente acertado que os direitos subjetivos deixam a cargo do arbítrio do sujeito decidir se este possui e persegue de fato estes interesses: os direitos subjetivos concebem seus titulares necessariamente, por sua forma simples, como indivíduos dotados da liberdade privada de arbítrio[15]. Isto é válido em um duplo sentido: *se* e *para que* se faz uso dos direitos.

Na sequência de um experimento mental de Joel Feinberg, o de um estado justo sem direitos (chamado de "Nowheresville"), Axel Honneth descreveu a atribuição de poder pelos direitos subjetivos afirmando que estes capacitam à "atividade facultativa de reclamar direitos", a qual, por sua vez, deve ser interpretada como uma forma de "participação na formação discursiva da vontade" (KA, p. 194 s.). Decisivo, porém, é que a "atividade de reclamar" é *facultativa*: o fato de a utilização de pelo menos alguns deles ser submetida à discrição do indivíduo em particular é inerente ao sentido da forma dos direitos subjetivos. Se os outros têm que fazer o que são obrigados pelo direito legítimo de uma pessoa depende se esta pessoa faz uso de seu poder legal; ela pode não o fazer[16]. Possuir um direito significa tão

---

14 Assim (todavia apenas para o "direito inato" da pessoa humana): Immanuel Kant. *Metaphysik der Sitten*. *In*: id. *Werke in sechs Bänden*. Ed. por Wilhelm Weischedel, vol. IV, Darmstadt, 1965, p. 345.

15 Cf. Georg Jellinek. *Das System der subjektiven öffentlichen Rechte*. Tübingen, 1905 (reimpressão Darmstadt, 1963), p. 43. Contrariamente a Jhering, Jellinek diferencia entre o elemento material e o elemento formal dos direitos subjetivos (id., p. 45).

16 Como também salientado por Feinberg; *vide* seu "postscript" sobre "Duties, Rights, and Claims", p. 156 e s.

somente a *possibilidade* de sua utilização, e a obrigação dos outros é submetida à discrição do titular do direito. Analogamente, em uma ordem de direitos subjetivos o arbítrio do indivíduo pode ter consequências de caráter jurídico vinculativo[17]. Onde um ordenamento jurídico garante direitos subjetivos, ele se vincula ao arbítrio do titular do direito:"A vontade do direito é apenas querer se o indivíduo quiser e na medida em que o quiser, e não querer se o indivíduo não o quiser; o direito recua em sua vontade conforme a vontade privada"[18]. Depende do arbítrio do indivíduo em particular qual vontade o direito respeita e, da mesma forma, com que frequência ele a respeita.

Esta vontade pode ser chamada de "privada" ou de "arbítrio" enquanto ela for subtraída à apreciação pelo direito: o respeito jurídico por esta vontade não repousa na qualidade do objeto da vontade, mas no simples fato de que é a vontade de um sujeito do direito. Isto se refere também a *para que* o indivíduo reclama seus direitos e, por conseguinte, o que estes direitos protegem ou possibilitam, o que também é subtraído à apreciação pelo direito. Portanto, ter o direito a uma determinada vontade e ação não significa ter direito nesta vontade e ação. Direitos subjetivos são, por sua forma, pretensões a uma margem de possibilidades que o indivíduo pode utilizar de uma maneira ou de outra, no bem *ou* no mal (ou também não utilizar). Se "autonomia" é a liberdade para a determinação do bem, a liberdade que os direitos subjetivos conferem não pode ser a de autonomia. A tese de Honneth, segundo a qual é diretamente a capacidade de "poder decidir racionalmente, com autonomia individual, sobre questões morais" (KA, p. 184) que estabelece o reconhecimento no Direito moderno, ignora a determinação de forma do

17 Isto é o poder legal como "competência": Robert Alexy. *Theorie der Grundrechte*. Frankfurt am Main 1994, p. 211 e s.; na esteira de Wesley N. Hohfeld. *"Einige Grundbegriffe des Rechts, wie sie in rechtlichen Überlegungen Anwendung finden"*. *In*: Markus Stepanians (ed.). *Individuelle Rechte*, p. 51-85, aqui p. 74 ss. *Vide* também o esclarecimento de Weber do conceito de "liberdade contratual" (*Wirtschaft und Gesellschaft*, p. 398 e s.).

18 Niklas Luhmann. *"Subjektive Rechte. Zum Umbau des Rechtsbewußtseins für die moderne Gesellschaft"*. *In*: id. *Gesellschaftsstruktur und Semantik*. vol. 2. Frankfurt am Main, 1981, p. 45-104, aqui p. 66.

direito subjetivo. Se inerente a esta forma é conferir ao indivíduo em particular o poder de, a seu bel-prazer, obrigar *ou não* os outros a respeitar suas pretensões e, a seu bel-prazer, dispor sobre "coisas" e fazer *ou não* algo de bom, então a autonomia é apenas uma variante no exercício da liberdade legalmente revelada e esta liberdade é, portanto, a liberdade de ser *ou não* autônomo: liberdade perante a autonomia – liberdade da autonomia ou frente a ela.

A teoria dos interesses dos direitos subjetivos pode ser compreendida de modo a preconizar que todo direito é um direito *determinado*: um direito a algo determinado. Destarte, a "atribuição de poder" pelos direitos subjetivos também é sempre uma atribuição de poder para garantir a satisfação de determinados interesses, pressupostos pelo ordenamento jurídico como sendo de importância fundamental para todos. Este pensamento pode ser entendido de forma melhor se o desligarmos das implicações problemáticas do conceito de interesse e, em vez disso, o formularmos de modo que o sentido da atribuição de poder pelos direitos subjetivos consista na "capacitação" dos sujeitos à participação em práticas sociais[19]. Isto não é uma determinação de demais intenções que possam ser perseguidas com direitos, mas uma determinação da estrutura dos direitos subjetivos. Direitos subjetivos, mesmo quando concebidos, no sentido liberal clássico, como instrumentos para liberação do que é privado, possuem um sentido possibilitador não apenas negativo, como também positivo: eles capacitam ao exercício de práticas sociais. Porém, vale dizer ao mesmo tempo, como salientado (e não claramente fundamentado) pela teoria da vontade dos direitos subjetivos, que os direitos subjetivos escapam, por sua forma, a seu sentido de capacitação social do sujeito: através dos direitos subjetivos, o Direito

19 Cf. Amartya Sen. *Inequality Reexamined*. Cambridge, 1992. Compreender como "interesses" os motivos dominantes do ser humano significa compreendê-los de modo a afirmar que eles estão orientados à maximização do próprio proveito. Portanto, diferentemente do conceito de "paixões", que o conceito de "interesse" historicamente substitui, é inerente a este uma autorrelação de "eficiência calculadora"; cf. Alfred O. Hirschmann. *Leidenschaften und Interessen. Politische Begründungen des Kapitalismus vor seinem Sieg*. Frankfurt am Main, 1980, parte I, aqui p. 49.

deseja capacitar à participação em práticas sociais. Mas, simultaneamente, os direitos subjetivos colocam ao livre-arbítrio do indivíduo o "se" e o "como" da capacitação.

É imanente à atribuição de poder pelos direitos subjetivos uma estrutura interna dupla, até mesmo um antagonismo: (1) direitos subjetivos capacitam – e "ser capaz" significa: poder participar de uma prática social. Direitos subjetivos asseguram a condição para a participação em práticas sociais. (2) Direitos subjetivos liberam – e "liberação" significa aqui que a utilização da capacitação e, assim, da participação social é colocada ao livre-arbítrio do indivíduo. Por conseguinte, pelos direitos subjetivos o sujeito do direito é tanto socializado – capacitado – quanto privatizado – liberado. O que, respectivamente, a teoria dos interesses e a teoria da vontade destacam em separado é apenas um elemento de dois.

IV

Enquanto a liberdade garantida juridicamente for identificada com a autonomia moral – como feito por Honneth em sua interpretação do Direito moderno em *Luta por reconhecimento* – permanecerá incompreensível o antagonismo de constituição formal dos direitos subjetivos. Por isso, em *Sofrimento de indeterminação* Honneth abandonou a equiparação da liberdade jurídica com a autonomia moral: em vez de fundamentar (como o fez, após Honneth, Habermas) a "legitimidade do ordenamento jurídico estatal a partir da garantia das condições da formação democrática da vontade", ele agora parte, com Hegel, "da autorrealização individual para inferir de suas condições a tarefa de um ordenamento jurídico moderno"[20]. Esta reorientação conceitual de autonomia em autorrealização en-

---

20 Axel Honneth. *Leiden an Unbestimmtheit. Eine Reaktualisierung der Hegelschen Rechtsphilosophie*. Stuttgart, 2001, p. 47, doravante LU. No lugar de uma crítica a Habermas, este passo pode ser compreendido também como o intento de entender a afirmação de Habermas da forma jurídica. *Vide* Habermas, *Faktizität und Geltung*, p. 144, nota. Cf. também Albrecht Wellmer. "*Freiheitsmodelle in der modernen Welt*". *In*: id. *Endspiele. Die unversöhnliche Moderne*. Frankfurt am Main, 1993, p. 15-53, aqui p. 39 e s.

contra-se no centro de uma "teoria ética do Direito" que enxerga o "valor" dos direitos subjetivos em sua contribuição ao "objetivo de possibilitar a realização da liberdade individual" (LU, p. 53). Segundo Honneth, Hegel expôs este exame do valor ético do Direito moderno como o resultado de um processo de aprendizagem por parte dos sujeitos de direito, no qual estes desenvolvem uma consciência "do que está associado a direitos subjetivos em oportunidades individuais": "o indivíduo precisa aprender, de certo modo, que o caráter negativo do direito formal traz em si, simultaneamente, a grande vantagem de poder se escudar, dado o caso, atrás de todas as vinculações concretas e todos os papéis sociais, a fim de insistir na própria indeterminação e abertura. Formulando de uma maneira paradoxal, o valor do direito formal consiste para Hegel na simples consciência de ser titular de direitos: assim é dada a oportunidade ao indivíduo em manter para si, dentro da esfera ética, a possibilidade reconhecida de recuo para trás de toda eticidade [Sittlichkeit]" (LU, p. 59 s.).

Honneth alude aqui à figura paradoxal, a cuja formulação Hegel se viu forçado, a fim de poder integrar a sociedade civil em uma teoria da eticidade. Logo, a eticidade moderna deve ser concebida como contendo, em si, a sociedade civil como a "perda de sua unidade"[21]. Como, porém, a "perda da unidade" significa nada menos que a perda da *própria* eticidade (pois eticidade sem unidade não é eticidade alguma), a perda da eticidade, de acordo com o programa paradoxal de Hegel, precisa ser concebida como a condição de sua conservação. Para Hegel, o critério de sucesso para uma teoria da eticidade moderna seria, se lograr, transpor este paradoxo para uma dialética, a qual é capaz de pensar conjuntamente, de maneira consistente, "divisão" social e "unidade" ética: elas devem ser compreensíveis como dois lados da mesma estrutura fundamental.

Este programa dialético aplica-se também à nova afirmação de Honneth da forma jurídica, pela qual sua "reatualização da filosofia do Direito de Hegel" em *Sofrimento de indeterminação* se diferencia

---

21 Georg Wilhelm Friedrich Hegel. *Grundlinien der Philosophie des Rechts*. *In*: id. *Werke in zwanzig Bänden*. vol. 7. Ed. por Eva Moldenhauer e Karl Markus Michel. Frankfurt am Main, 1970, § 157.

da referência anterior àquele Hegel de Jena em *Luta por reconhecimento*. A formulação de Honneth, segundo a qual os direitos subjetivos dão aos indivíduos a oportunidade de "manter para si, dentro da esfera ética, a possibilidade reconhecida de recuo para trás de toda eticidade", é paradoxal, mas a ideia que esta formulação visa expressar objetiva uma integração dialética de ambos os movimentos paradoxalmente relacionados: a participação na eticidade e a saída da eticidade. Esta formulação anseia integrar dialeticamente ambos os movimentos, conceber a saída da eticidade como um momento *dentro* da participação na eticidade. Assim, no interesse da participação na eticidade, também a saída da eticidade pode ser "reconhecida" como uma possibilidade. Assim se apresenta a nova versão de Honneth da interpretação do Direito moderno segundo a teoria do reconhecimento: de acordo com esta nova versão, no Direito moderno a autonomia não é mais a única a ser reconhecida como capacidade para a "participação na formação racional da vontade". É, antes, a "possibilidade de recuo para trás de toda eticidade" que, agora, é "reconhecida" no Direito moderno. E o Direito moderno *é capaz* de reconhecer esta possibilidade, porque ou quando toma conhecimento de que a saída da eticidade não contradiz a participação na eticidade; a saída está dialeticamente associada à participação.

A instrumentária conceitual para a integração dialética da saída da eticidade na participação na eticidade fornece a Honneth o conceito de individualidade, já desenvolvido no capítulo sobre Mead em *Luta por reconhecimento*. Honneth aqui interpreta a relação desenvolvida por Mead entre a normatividade social do *Me* ("Me") e a espontaneidade criativa do *I* ("Eu") como a "tensão entre a vontade geral internalizada e as pretensões da individuação" (KA, p. 132): o "Eu" de Mead simboliza a pretensão do indivíduo em fazer diferente dos outros (mais exatamente: fazer diferente do outro). No entanto, esta pretensão, assim interpreta Honneth o "Me" que permanentemente acompanha todo "Eu", carece, para não perder o sentido, de um "órgão de autocertificação ética que contém as convicções axiológicas de uma coletividade, sob cuja luz um sujeito pode assegurar-se do significado social de suas capacidades individuais" (KA, p. 140). O fato de as pretensões do "Eu" serem pretensões "individuais" significa assim, segundo a explanação de Honneth, se tratar de pretensões que apontam para *outra* forma *das mesmas* capacidades sociais – e (apenas!) na medida em que também podem esperar reconhecimento. Neste nexo constitutivo entre individualização e socialização, entre diferença e identidade, manifesta-se a "dialética do geral e especial", a qual define o conceito de reconhecimento em seu íntimo: "Todas as lutas por reconhecimento progridem, assim pode-se dizer de maneira contundente, na forma de uma execução da dialética moral entre geral e especial, pois é sempre possível reclamar novamente, fazendo-se uso de um princípio geral de reconhecimento recíproco, uma diferença relativa e respectivamente específica que força normativamente um alargamento das relações equilibradas de reconhecimento" (UA, p. 180 s.). Logicamente, o individual é a particularização de um geral social, a figura respectivamente específica de uma forma social. Chamar de "individual" um comportamento ou um ponto de vista significa, primeiramente, que o comportamento ou ponto de vista em questão diverge do habitual ou tradicional e, em segundo lugar, que, apesar de toda a divergência, ele é uma forma da mesma prática social que a habitual ou tradicional. No sentido fundamental do conceito de reconhecimento, relativo à teoria da constituição (v. *supra* em I), tudo o que se reconhece como individual já é também socialmente "reconhecido": não porque todos concordam que o procedimento ou ponto de vista em questão é a figura correta ou até mesmo a única legítima da prática social, mas porque e desde que o considerem uma forma – outra, divergente – da prática social convencional.

Com isto, o conceito de individualização fornece o argumento que permite aos sujeitos de direito – conforme a reconstrução de Honneth do pensamento de Hegel – reconhecerem o "valor" ético na possibilidade jurídica "de recuo para trás de toda eticidade": os sujeitos de direito aprendem a interpretar como oportunidade a possibilidade de suspensão da participação ética (que significa o Direito), considerada primeiramente ameaçadora, quando veem que esta suspensão da participação ética constitui um elemento necessário no processo de individualização. É o que qualifica o nexo entre a forma do direito subjetivo e a forma moderna da "eticidade". O que define esta forma da eticidade é que ela é capaz de manter coesa unidade social e divisão, como divergência ou dissensão, e como é capaz de fazê-lo. Ela é disto capaz por dispor de um conceito reflexivo de unidade social: a forma moderna da eticidade repousa no entendimento de que o geral social, sobre o qual se baseia a unidade social, não está "aí presente" de outra forma que não a de se instanciar de modo especial a cada circunstância e a de ser compreendido respectivamente, ao mesmo tempo, de modo especial e diverso. De acordo com o entendimento reflexivo no conceito moderno da eticidade, a divisão não é extrínseca à unidade social; ela se funda no processo de particularização que define a forma de ser do geral social. Uma unidade social que não se divide por ser particularizada, não é, portanto, social; ela precisa ter dessocializado, reificado o geral social para escapar à lógica da particularização divisora. Em contrapartida, ao se refletir *como* social, a eticidade moderna inscreveu a dialética da particularização divisora no próprio conceito de unidade social. O conceito de individualização descreve este passo de transformação reflexiva da moralidade, a partir da perspectiva de seus membros, como a "oportunidade" de outra forma de participação social. A participação social agora não está mais vinculada a instanciar o geral social sem diferenças. A participação social se converte na "autorrealização": na realização do geral social por um si-mesmo respectivamente especial e, assim, na realização do si-mesmo respectivamente especial. Honneth vê o "valor" ético da forma do direito subjetivo em sua contribuição para a conservação desta estrutura ética de uma unidade dividida.

O Direito moderno oferece ao indivíduo a "possibilidade reconhecida de recuo para trás de toda eticidade" – assim consta na definição estrutural da forma dos direitos subjetivos, dada por Honneth em seguimento à filosofia hegeliana do Direito. Porém, esta definição estrutural ainda não é capaz de explicar em que consiste o "valor" dessa forma para o indivíduo. Para tanto é mister esclarecer por que, para o indivíduo, esta "possibilidade de recuo é associada a oportunidades individuais". Tal oportunidade individual nada mais é que a oportunidade da individualidade: o valor ético da possibilidade de recuo para trás de toda eticidade reside em possibilitar a eticidade individualizada ou uma individualização ética. Apenas à luz dessa referência axiológica é que a possibilidade de recuo para trás de toda eticidade pode ser *reconhecida*, pois reconhecer algo significa (e requer) que este algo seja a instância especial de um geral social. Assim, a possibilidade de recuo para trás de toda eticidade só pode ser reconhecida se (e na medida em que) esta possibilidade pode ser entendida como um momento estrutural na participação na eticidade. O modelo de tal entendimento é a noção de uma eticidade individualizada com seu conceito reflexivo de unidade social.

No entanto, é inerente à realidade do Direito moderno de direitos subjetivos o fato de a "possibilidade de recuo para trás de toda eticidade" também poder ser utilizada de modo a não ter valor ético algum: ser utilizada sem contribuir para a autorrealização individual. Esta utilização da possibilidade concedida juridicamente e destituída de valor ético constitui, segundo Honneth, a "patologia" do Direito moderno (LU, p. 59). "Patológico" não é o próprio Direito, e sim a "fixação na liberdade jurídica" (LU, p. 59), i.e., a liberdade jurídica como possibilidade de recuo para trás de toda eticidade ser desvinculada do valor ético da autorrealização individual. Este desvincular a possibilidade jurídica do valor ético conduz a que o sujeito fixado em sua liberdade jurídica "se torne incapaz de participação na vida social, tendo que sofrer, portanto, de 'indeterminação'" (LU, p. 59). Hegel viu nesta fixação patológica uma expressão de "pura obstinação", a qual caracterizaria o "homem bruto"[22]. A patologia do Direito consiste, por conseguinte, na degeneração da individualidade em idiotia – na regressão da individualidade ética na brutalidade da não eticidade, da pré-eticidade. Simultaneamente, esta patologia do Direito demonstra, segundo Hegel, que o direito subjetivo é "apenas uma simples possibilidade e, nisso, algo formal frente à inteira dimensão da relação" (LU, p. 59). A patologia do Direito, a regressão do sujeito de direito em obstinação e brutalidade, tem seu fundamento no fato de o Direito ser a "*simples* possibilidade" da individualização moral: a possibilidade, inaugurada juridicamente, "de recuo para trás de toda eticidade" pode ter um valor ético – ou não; por si só, ela não possui nenhum valor ético. Na outra formulação de Hegel: o Direito é "algo *formal*" porque ele não é capaz, por si só, de

22 Hegel. *Grundlinien der Philosophie des Rechts*. § 37, adendo; citado por LU, p. 58.

estabelecer se sua realidade consiste em individualização ética ou de idiotia pré-ética. O Direito é a possibilidade de individualidade *e* idiotia – a possibilidade do valor *e* desvalor éticos.

Se, por conseguinte, a possibilidade patológica de um uso não moral é inerente à forma do próprio direito subjetivo, então também a fundamentação desta forma a partir da individualização moderna da eticidade, desenvolvida por Honneth em sua reatualização da filosofia do Direito de Hegel, é limitada por motivos estruturais: ela é capaz de elucidar qual o valor ético que esta forma *pode* obter para os sujeitos que perseguem o objetivo da autorrealização individual. Contudo, a forma do próprio direito subjetivo é a "simples possibilidade" de tal valor ético para o objetivo da autorrealização individual, sendo, concomitantemente, a possibilidade do desvalor ético; a forma do Direito é a forma da indiferença ética. Isto não pode ser concebido em uma teoria da individualização, a qual, como visto, só pode ser articulada no âmbito de uma teoria da eticidade. Afinal, em uma teoria da individualização, a indiferença ética do Direito entre o valor ético da individualidade e o desvalor ético da idiotia só pode ser compreendida como diferença normativa: como a diferença entre o uso correto e o incorreto da forma jurídica, entre o uso bem-sucedido e o patológico desta. Assim, nos limites de uma teoria da individualização ética, não pode ser apreendida a forma jurídica em sua indiferença ética: a forma jurídica como "simples possibilidade" de um uso com valor ético e de um uso destituído de valor ético permanece tanto pressuposta quanto impensada nessa teoria.

Esta objeção pode também ser formulada (e agravada) de modo a afirmar que ambas as figuras de uso da forma jurídica, que Honneth, na esteira de Hegel, contrapõe criticamente entre si, a obstinada e bruta de um lado, e de outro a ética e individual, não podem ser claramente separadas uma da outra: não existe individualização bem-sucedida que não se alimente da negatividade abismal daquelas mesmas obstinação e brutalidade que, simultaneamente, como perversões patológicas, questionam o êxito da individualização. Esta condição recíproca de forma bem-sucedida e patológica, de valor e desvalor ético, encontra-se, no próprio Honneth, terminologicamente anunciada no emprego ambíguo da expressão "indeterminação":

por um lado, "indeterminação" designa (como no título "Sofrimento de indeterminação") a forma patológica – aquilo no uso da forma jurídica, destituído de valor ético, do qual "sofremos" (LU, p. 59). Mas, ao mesmo tempo, o indivíduo, no interesse do êxito da individualização, tem que "insistir na própria indeterminação e abertura" (LU, p. 59). Nenhuma operação crítica é capaz de separar, uma da outra, estas duas determinações da indeterminação: nada mais é que a indeterminação patológica que é tanto colocada como condição quanto contraposta ao êxito da individualização[23].

V

Em uma teoria do reconhecimento, pensar o Direito moderno significa (também) pensar o Direito moderno como um meio de participação social, pois reconhecer alguém ou alguma coisa significa ver esta pessoa ou suas atitudes, ações, produtos como elementos *dentro de* uma prática social. A lógica do reconhecimento é a dialética do geral e especial; o reconhecido é o especial de um geral. Isto quer dizer, conforme o conceito tradicional de eticidade, que o reconhecido é uma instância especial do geral: a repetição, no caso ideal, sem diferença, da atual forma de realização do geral (que se apresenta, aqui, não como uma forma especial da realização, mas como a única possível). O fato de o reconhecido ser o especial do geral significa, em contrapartida, de acordo com o conceito moderno de eticidade, que o reconhecido é a versão especial do geral: uma realização individualmente especial, diferente e divergente do geral social, que "traz uma contribuição, reconhecida como única, para o processo da vida social" (KA, p. 140 s.). O Direito moderno só é capaz de ser uma esfera do reconhecimento se ele contribuir para esta pretensão da eticidade moderna em conferir validade social à pessoa particular como indivíduo. Embora o Direito moderno não aprecie em seu conteúdo as contribuições e prestações individuais (é o que ocorre na esfera do reconhecimento da solidariedade; cf. UA, p. 165

23 Cf. Christoph Menke. *Kraft. Ein Grundbegriff ästhetischer Anthropologie*. Frankfurt am Main, 2008, cap. 3 e 6.

s.), ele abre a toda pessoa em particular a mesma oportunidade de individualização (cf. UA, p. 164 s.). Enxergar também o Direito moderno como uma esfera do reconhecimento significa concebê-lo como reconhecendo a legitimação de toda pessoa à individualização: no Direito moderno é reconhecido que qualquer um é capaz e pode ser um indivíduo.

Porém, se a forma fundamental do Direito moderno, a forma dos direitos subjetivos, não pode ser concebida assim, uma vez que nesta forma está inscrita de modo estrutural a possibilidade de *não* ser um indivíduo por não ser único contribuinte para o processo da vida social (e sim um idiota obstinado ou um bárbaro bruto); ou seja, se na forma dos direitos subjetivos está inscrita de modo estrutural a possibilidade de desindividualização patológica e, com isso, de privação da eticidade, então permanecerão apenas duas possibilidades para o intento de pensar o Direito moderno: será necessário o intento de desvincular o conceito do Direito daquele de reconhecimento ou formular o conceito de reconhecimento de outro modo. Um primeiro passo para a realização da segunda possibilidade, a tentativa de reformulação do conceito de reconhecimento, poderá consistir em compreender a autorreflexividade das práticas modernas de reconhecimento de forma mais radical do que ocorre na teoria de Honneth da eticidade moderna. Esta teoria concebe o processo de tornar-se reflexivo do reconhecimento social como a individualização deste. Isto abrange o modo no qual é agora desenvolvida a lógica do geral e especial, constitutiva do reconhecimento, e, assim, a relação da participação social: a classificação tradicional do especial sob o geral social é derrubada ao se examinar a dependência do social geral do especial respectivamente individual. Contudo, a forma do direito subjetivo requer que se avance e se compreenda de modo mais radical a autorreflexividade do reconhecimento: "autorreflexão do reconhecimento" significa, então, não mais apenas modificar a lógica do geral e especial ao serem deslocadas as relações de dependência e peso entre ambos. "Autorreflexão do reconhecimento" significa, antes, suspender em sua validade a lógica constitutivo-social do geral e especial e, com isso, nada menos que interromper e limitar a própria relação de participação social.

5

A revolta dos escravos ou por que direitos? Um esboço

1

A ordem pública dos tempos modernos surge com a extinção da diferença entre senhor e servo – com o estabelecimento revolucionário da igualdade. Segundo a definição clássica, ser um servo ou escravo significa não ser apto a um julgamento razoável por si próprio, de modo que outra pessoa, o senhor, tenha que fazê-lo para ele. O escravo"pertence"a outra pessoa, haja vista que "não é detentor autônomo"da razão e, portanto, tampouco é capaz de"perceber o bem e o mal". Para ele,"servir é salutar e justo"[1]. Destarte, a libertação da servidão consiste no fato de que qualquer um passa a poder emitir um juízo – ou seja, que todos obtêm a mesma parcela na prática do julgamento. Não existem escravos "por natureza" (Aristóteles), ou: 'cada um tem sua liberdade de julgamento'é o lema da revolta que produz a ordem de igualdade dos tempos modernos.

No momento em que a revolta revolucionária contra a servidão estabelece uma nova ordem, ela se divide, contudo, imediatamente, em duas diferentes interpretações e movimentos, em tensão entre si. A primeira possui uma compreensão política da capacidade de julgamento: uma pessoa só tem o poder de julgamento igual

1 Aristóteles 1973, 1254b, 1253a, 1255a. Cf. Rancière 2002, p. 28.

quando, juntos, deliberamos e decidimos como queremos viver. A capacidade de julgamento de cada indivíduo possui seu lugar e seu sentido em um processo de autogoverno coletivo. O livre julgar do indivíduo só pode existir como contribuição a este processo coletivo. A tal julgar se defronta a interpretação jurídica da revolta dos escravos. Pela definição do Direito romano, servo ou escravo é aquele impedido de exercer a liberdade como "a capacidade natural de fazer o que cada um faz como bem entende"[2]. A liberdade que falta ao servo é a de agir como lhe aprouver. Por isso, a libertação da servidão, em uma compreensão jurídica, consiste na transformação de cada um em pessoa de direito, ou seja, na proteção e garantia de todos em suas ações de acordo com sua livre vontade. A revolta política dos escravos objetiva uma prática de igualdade de possibilidade de participação no julgamento coletivo, a jurídica uma ordem de igualdade de proteção jurídica para fazer o que aprouver. – Por que a reivindicação revolucionária por igualdade assume esse duplo sentido?

A seguir, contemplarei esta questão em uma perspectiva previamente limitada, em uma perspectiva parcial. Parto do pressuposto de que o enigma colocado pela dupla forma da revolta dos escravos, revolta esta que se encontra na origem da ordem moderna, consiste não na interpretação política, mas na interpretação jurídica de sua reivindicação revolucionária. A parcialidade desta consideração consiste na convicção de que entre a capacidade de julgamento próprio – ou seja, a capacidade da razão ou da liberdade – e a participação no processo coletivo de autogoverno – ou seja, o processo da política ou da democracia – existe um nexo interno e conceitual: o julgamento razoável e livre só é possível politicamente. "A *união* como tal é, em si, o verdadeiro conteúdo e objetivo, e a determinação dos indivíduos é levar uma vida geral"[3]. Mas se for dessa forma – como aqui pressuponho – como entender que ocorra simultanea-

---

2 *Corpus Iuris Civilis*, 1.3, p. 6.

3 Hegel 1970, § 258 A. A fundamentação para tanto é dada pela teoria da liberdade da introdução, §§ 5-7. *Vide* a respeito Menke, 2010.

mente a interpretação e realização jurídicas da revolta dos escravos? Por que o escravo insurreto não reivindica meramente sua participação, mas também seus direitos?

Podemos abordar esta questão lembrando-nos da resposta dada por Marx à mesma. Essa resposta vê na produção de uma ordem de direitos iguais o fracasso da revolução. De acordo com a tese de Marx, o fato de a revolta revolucionária contra a servidão ter estabelecido uma ordem de igualdade de direitos naturais ou humanos, demonstra que ela – ainda – não foi a verdadeira "emancipação humana". Segundo Marx em sua crítica aos jovens hegelianos, que pretendem orientar a luta política contra a situação alemã pelo modelo da Revolução Francesa, a revolta foi tão somente uma "emancipação política"[4]. O jovem Marx designa de "emancipação política" precisamente o que citei anteriormente como "emancipação jurídica": o estabelecimento de uma ordem de direitos iguais. Com vistas ao liberalismo de seu tempo, Marx vê o erro desta ordem no fato de ela ser uma emancipação *do* político. Na forma limitada da emancipação jurídica, a política (que assume com isso a forma do "Estado" moderno) estabelece perante si mesma, como requisito desse Estado, uma esfera – a "sociedade civil" – que é privada de seu governo (e, quando muito, pode ser administrada externamente por um "Estado da necessidade e do entendimento" [Hegel]). "O *Estado*, a *lei*, a *constituição* é o dominante sem que domine realmente, *i.e.* penetre materialmente o conteúdo das demais esferas não políticas"[5]. A ordem da igualdade dos direitos (naturais ou humanos) que a revolta jurídica dos escravos estabelece, serve unicamente à garantia desse dualismo de esferas. Por conseguinte, serve à despotencialização da política. Mas se, conforme a suposição parcial, compartilhada por Marx, a política é o veículo do julgamento livre e razoável e se a

4 Marx 1977a, 350. Referentemente ao que se segue, Marx 1977a, p. 354-356, p. 361-367. Georg Lohmann fez duras críticas à teoria de Marx dos direitos humanos. Cf. Lohmann 1999. As seguintes reflexões representam uma tentativa prévia em esboçar uma leitura da crítica de Marx, capaz de resistir às objeções de Lohmann.

5 Marx 1977b, p. 232.

igualdade do julgamento livre e razoável foi a reivindicação revolucionária original na revolta contra a servidão, então a emancipação jurídica significa nada mais que o fato de a revolta revolucionária se virar contra si mesma, trair seu próprio desejo. Este desejo era a extinção da servidão por meio da participação no autogoverno coletivo. Como a emancipação jurídica abre mão de tal objetivo, na superação da diferença entre senhor e servo por meio da igualdade da pessoa de direito ela dá, ao mesmo tempo, continuidade à servidão.

A seguir, reproduzirei primeiramente como essa tese crítica sofreu, na análise de Nietzsche da "revolta dos escravos na moral", uma ampla radicalização com consequências anti-igualitárias (2). O motivo para voltar a essa análise apesar dessas conclusões antirrevolucionárias é uma dupla hipótese. A primeira hipótese diz que da análise de Nietzsche podem ser obtidas elucidações essenciais sobre o *problema* colocado pelo estabelecimento insurreto da ordem da igualdade de direitos. A análise de Nietzsche permite-nos melhor compreender *o que* é exigido na emancipação jurídica; a parte principal de minhas reflexões é dedicada a esse esclarecimento (3-5). Somente depois é que poderei retornar, concluindo, à pergunta pelo *por quê*. A isso se segue minha segunda hipótese de que a análise de Nietzsche alude a uma tensão, a uma autocontradição no conceito da revolta dos escravos, da qual se pode obter a indicação decisiva de como deve ser redigida uma *resposta afirmativa* à questão da legitimação, da necessidade da emancipação jurídica (6).

2

Nietzsche radicaliza a crítica de Marx à forma jurídica da revolta dos escravos na tese de que esta não supera a servidão, ao contrário, a perpetua: os direitos produzidos pela revolta do escravo são direitos *de escravos*; eles permanecem sistematicamente vinculados a uma autocompreensão na qual se expressa a posição do escravo, do impotente e sem liberdade.

Tal fato torna-se evidente em contraste com o direito dos senhores. Contrariamente às usuais derivações a partir de interesses ou vantagens, compreendemos, segundo Nietzsche, a "origem do conceito de 'bom'" apenas quando reconhecemos que "foram os próprios 'bons', isto é, os nobres, os poderosos, os homens de posição superior e de sentimentos elevados que se sentiram e estabeleceram a si mesmos e a seus atos como bons, ou seja, de primeira ordem, em contraposição a todo o baixo, abjeto, vulgar e plebeu. Deste *páthos da distância* é que tomaram para si o direito de criar valores, de cunhar nomes para os valores"[6]. O direito do senhor é o direito de criar valores. Os senhores só possuem este direito por tomá-los para si. Mais precisamente, eles só tomam para si este direito por exercê-lo. Aos senhores é permitido criar valores porque podem criar valores. Poder criar, o poder produz o direito: o poder do senhor em criar valores cria, concomitantemente, seu direito de criar valores. O poder do senhor é tanto conteúdo quanto fundamento de seu direito. O direito dos senhores é pura expressão de seu poder.

A esse direito se defronta o direito do servo ou escravo: contra o direito do senhor em criar valores, o escravo estabelece o novo "direito de imputar à ave de rapina o fato de ser o que é (...)"[7] – o direito das ovelhas, dos fracos ou escravos de "imputar" ao senhor sua ação, isto é: censurá-lo por este ato como mau. O escravo não reivindica o direito de criar valores ele próprio e também para si, mas o direito de criticar o outro, o senhor. A isto corresponde o fato de como os escravos "têm" esse direito: enquanto os senhores "tomaram"

---

6 Nietzsche 1988, p. 259. (Os espaçamentos entre letras na edição de Colli/Montinari serão reproduzidos aqui e a seguir em itálico.) Em sua análise da normatividade moderna, Nietzsche emprega muito raramente o conceito de "direito" no sentido subjetivo da palavra – como o direito de alguém (sobre algo). Tanto mais importante é o fato de ele empregar a expressão no primeiro tratado da *Genealogia da Moral* precisamente uma vez cada, para designar, respectivamente, o traço central tanto da moral dos senhores quanto da dos escravos. A maioria dos outros empregos encontrados aqui se refere a ele, ao próprio autor. Sobretudo no prólogo, Nietzsche fala reiteradamente daquilo a que ele tem direito e a que não: "Nós [leia-se: homens do conhecimento] não temos o direito de estar, onde quer que seja, *isolados*". Ou: "[...] que quase teria eu o direito de denominá-lo [o "escrúpulo que me é próprio"] meu 'a priori'" (Nietzsche 1998, p. 248 e s.).

7 Nietzsche 1988, p. 280.

para si seu direito – ao fazerem o que podem –, os fracos ou escravos adquirem seu direito ao produzirem uma "crença": a crença de que "*o forte é livre* para ser fraco, e a ave de rapina livre para ser ovelha", a "crença no 'sujeito' indiferente e livre para escolher"[8]. Essa produção do direito do escravo diferencia-se da do direito do senhor não só pelo fato de que ela deve ser esquecida imediatamente como ato – a crença não pode saber que foi produzida: toda crença é desonesta – mas que ela depende da anuência daquele contra quem o direito é dirigido: o direito do escravo à crítica é dependente do fato de o – antigo – senhor compartilhar a crença de ser livre e, assim, ser passível de crítica. O direito do escravo diferencia-se do direito do senhor não apenas em seu conteúdo, mas também em seu fundamento: seu fundamento não é a supremacia de um perante o outro, o "páthos da distância", mas a concordância de ambos em crer na liberdade – ou seja, na igualdade de liberdade de todos, tanto do (antigo) servo quanto do (antigo) senhor.

A "revolta dos escravos na moral" é o ato revolucionário que produziu esta alteração semântica fundamental no conceito de direito por meio de uma "inversão do olhar estabelecedor de valores". O "triunfante Sim a si mesmo" do senhor criador de valores foi invertido no "Não a um 'fora', um 'outro', um 'não-si-mesmo'", que o escravo antepõe ao poder do senhor[9]. Esse ato é paradoxal: o ato de revolta, por meio do qual o direito do senhor em criar valores é substituído pelo direito do escravo à crítica, é, em si, um ato "criador" – o ato de "uma radical revaloração"[10]. A revolta dos escravos extingue o direito do senhor mediante sua última reivindicação e lega o direito universal do escravo a criticar o outro, imputando a este as ações supostamente livres – ou seja: o restringe, impede e diminui ao declarar o senhor como sujeito livre em suas ações.

O novo sentido que o conceito de direito subjetivo adota por intermédio da revolta dos escravos consiste em ser um direito pe-

---

8 Nietzsche 1988, p. 280.

9 Nietzsche 1988, p. 270 e s.

10 Nietzsche 1988, p. 267.

rante o outro: um direito a criticar o outro e a responsabilizá-lo pelo que faz. Pelo fato de o escravo insurreto criar esse direito, ele continua a se definir – assim é a tese central de Nietzsche – como escravo: como um fraco e impotente que sofre as ações de um forte e poderoso. Em vez de mudar algo nessa diferença entre fortes e fracos, poderosos e impotentes, o direito à crítica manifesta essa diferença: não é um direito à força ou ao poder, mas um direito oriundo de fraqueza ou impotência. O sujeito desse direito é um servo; ele se *define* por intermédio do uso e exercício desse direito como servo.

É exatamente esse o argumento que Alain Badiou, na esteira não declarada de Nietzsche, dirige contra a ética dos direitos humanos. Segundo Badiou com Nietzsche, nos direitos humanos se manifesta o dizer Não ao outro como sendo este o mau. "Os direitos humanos são os direitos ao não mal: não ser ofendido e maltratado em sua vida (horror ao assassinato e à execução), nem em seu corpo (horror à tortura, à sevícia e à fome), nem em sua identidade cultural (horror à humilhação das mulheres, das minorias etc.)"[11]. E assim como Nietzsche, também Badiou vê na declaração e no uso desses direitos um ato paradoxal que pressupõe o que ele rejeita: "Pressupõe-se um sujeito humano geral, concebido de tal forma que o mal que o afeta seja universalmente identificável (...), de tal modo que este sujeito é, ao mesmo tempo, passivo ou patético ou refletidor: um sujeito que sofre e um sujeito que julga ou que atua ou que determina"[12]. O paradoxo da declaração dos direitos humanos consiste no fato de um sujeito político ativo declarar-se nela como sujeito passivo e sofredor: "A ética [dos direitos humanos] define o homem *como vítima*". Ou mais precisamente: "O homem [dos direitos humanos] é *aquele que é capaz de se reconhecer a si mesmo como vítima*"[13]. Como a revolução do escravo leva à declaração de direitos que pressupõem que o sujeito desses direitos é impotente, deixado à mercê do outro, poderoso, o escravo

11 Badiou 2003, p. 20 e s. A causa dessa crítica nietzschiana dos direitos humanos é evidentemente a interpretação em: Deleuze 1985.

12 Badiou 2003, p. 20.

13 Badiou 2003, p. 22.

insurreto permanece o que era. Pior ainda: em sua emancipação jurídica, o escravo define-se a si próprio como impotente. Sua impotência torna-se seu próprio feito.

3

Nietzsche define o direito fundamental dos escravos ou dos homens como um direito contra o outro. É o direito de um à crítica das consequências violadoras ou restritivas que tem para ele o agir do outro – seja o outro isolado ou todos os outros juntos, como coletividade. Portanto, o direito dos escravos é denominado por Nietzsche de direito a dizer Não. É o direito ao julgamento sobre o outro: o direito de cada um a dizer como não quer ser tratado pelo outro. Tal fato apresenta dois lados: é o julgamento de um (i) sujeito livre a partir da (ii) posição de vítima.

> (i) O direito que o escravo insurreto utiliza é o direito de *julgar, ele próprio,* como não quer ser tratado: o direito a dizer Não ou o direito à crítica significa um empoderamento do sujeito. O sujeito que diz Não é o sujeito da queixa – de vindicar que deva ser diferente. Badiou apenas insinua esse momento determinador ao descrever o sujeito dos direitos humanos não meramente "como vítima", mas como "aquele capaz de se reconhecer a si mesmo como vítima"[14]. Mas isso não é suficiente, pois reconhecer-se como vítima significa, na revolução dos escravos, defender-se contra isso. Por conseguinte, a revolta dos escravos nada mais é que o passo do sofrimento para o dizer Não. O escravo sempre sofreu e reclamou a respeito. Na revolta, ele toma para si, pela primeira vez, o direito de não só expressar seu sofrimento, mas, *por* sofrer, de julgá-lo como errado. O direito fundamental que o escravo produz ao exercê-lo é o direito de julgar – o direito de ele próprio falar. Até então esse era o privilégio do senhor. Na revolta, o escravo torna-se partícipe do direito do senhor em julgar – ou ele compartilha esse direito ao distribuí-lo a todos.
>
> (ii) O direito que o escravo insurreto declara é o direito de julgar, ele próprio, como *não quer ser tratado*: o direito ao julgamento que

14 Badiou 2003, p. 22.

o escravo produz ao exercê-lo é o direito à crítica ao outro, a dizer Não ao agir deste. O escravo não julga como o senhor a partir da perspectiva daquele que age, mas daquele que é tratado; não da perspectiva do agente com capacidade de ação, mas daquele que sofre a ação deste – da posição de passividade. O julgamento crítico do escravo, que fala Não, diz apenas o que a ação do outro significa para ele, aquele que a sofre. O escravo que se revolta no julgamento crítico permanece vinculado em seu julgamento à posição de sofrimento. Para a tese do caráter servil do direito de julgamento do escravo não é decisiva sua forma negativa, mas a posição de passividade daquele que julga tão somente como sofredor: os direitos produzidos pela revolução dos escravos são reivindicações a *ser* tratado (ou não) de uma determinada forma.

O cerne dessa análise pode ser expresso terminologicamente da seguinte maneira: o direito que a revolta dos escravos tanto utiliza quanto produz é o direito de cada um à *consideração* de sua pessoa. "Consideração" possui aqui o significado de *ser* considerado *pelo* outro. A revolta dos escravos define esse direito como o direito fundamental: *o direito de cada um a ser considerado pelo outro*. Ser levado em consideração da mesma forma que todos constitui a reivindicação central da emancipação jurídica do escravo. Ser levado em consideração é uma reivindicação a partir da posição de passividade: nesta reivindicação, o sujeito de direito define-se como aquele que sofre. Naturalmente, ter este direito significa, simultaneamente, um empoderamento do sujeito; legitimação quer dizer empoderamento[15]. Assim, o direito à consideração dá poderes ao sujeito de reclamar por consideração ou contra a não consideração. O direito à consideração habilita à ação de queixa. Contudo, é em sua queixa que o sujeito define sua relação com o outro como *sendo* tratado por ele de uma determinada maneira – ou seja, que o sujeito é quem sofre uma ação ou omissão.

A pergunta pelo motivo da emancipação jurídica, pelo fundamento da ordem dos direitos pode agora ser formulada do seguinte modo: por que o escravo insurreto não reivindica apenas poder

---

15 Weber 1980, p. 398. Cf. Menke 2013b.

participar do julgamento coletivo (e, dessa maneira, tornar realidade a consideração de suas experiências e opiniões[16]), mas em ser considerado pelo outro?

4

Para compreender o problema lançado por essa questão, devemos definir com mais pormenor a *posição de passividade* que se encontra registrada no conceito de consideração. Essa posição de passividade que o sujeito – ativo – se atribui a si mesmo em sua reivindicação por direitos deve ser distinguida de ambos os aspectos que Nietzsche e Badiou colocam em foco em suas respectivas análises do direito dos escravos ou dos homens: o dizer Não ao outro (Nietzsche) e a autodefinição como vítima (Badiou). Ambos os aspectos são apenas possíveis formas de manifestação do direito reclamado pelo escravo. Porém, não fazem parte do *conceito* do direito à consideração. Destarte, a passividade fundamental do sujeito de direito, produzida pela emancipação jurídica do servo, deve ser diferenciada tanto do dizer Não ao outro quanto da autodefinição como vítima.

O dizer Não ao outro só é a forma de manifestação primária do direito à consideração na medida em que esta deve ser garantida frente ao poder superior do senhor. Aqui, no início da ordem da igualdade de direitos, ser considerado significa, sobretudo, ser garantido e protegido contra o poder permanente do senhor; o direito à consideração possui aqui uma forma negativa, defensiva. Mas ele não fica limitado a esta. Ser levado em consideração pode significar igualmente habilitação, provimento e ajuda pelo outro. Do mesmo modo, o fato de exigir a consideração por parte do outro não está

---

16 A consideração dos próprios desejos, experiências etc. também *pode* ser reclamada de forma a ser proposta como pontos de vista nos processos deliberativos do julgamento coletivo. Assim, sua consideração fica dependente da concordância alcançada no julgamento sobre o bem. Em contrapartida, o direito à consideração – o direito a ser considerado – que o escravo insurreto reclama deve ter validade incondicional: ele não é intermediado pela participação no autogoverno coletivo. Ou ele tem uma *estrutura* essencialmente *passiva*.

vinculado à autoexperiência como vítima (potencial) deste. A consideração por parte do outro pode significar, outrossim, a abertura e a garantia de uma margem de ação, na qual o outro não pode intervir[17]. Da mesma forma como a reivindicação por consideração se refere ao outro não apenas de modo negativo-defensivo, podendo também impor-lhe deveres positivos, a reivindicação por consideração não objetiva apenas a proteção das vítimas contra violações e restrições, mas também pode ter seu sentido na capacidade de ação, de configuração da própria vida. Contudo, em todas as suas diferentes formas de manifestação, a passividade essencial da consideração jurídica permanece vigente.

Portanto, é mister que a passividade estrutural do sujeito de direito seja compreendida de modo mais fundamental. O entendimento de Nietzsche de que o sujeito de direito se define em sua reivindicação por consideração como "sofredor" já faz alusão a isso. Antes de seu significado psicológico ou moral, esse conceito de sofrimento possui um sentido relacionado à teoria da ação. Este é o sentido no qual Aristóteles e Kant falam de uma interdependência entre ação (*poiein, actio*) e sofrimento (*paschein, passio*)[18]. Ser aquele que sofre ou aquilo que sofre significa, consoante à teoria, ser o que recebe uma ação ou sobre o que ela atua – por exemplo, por meio da atuação do outro ser afastado ou detido, aumentado ou diminuído, modificado ou produzido ou extinto. Atividade e sofrimento formam uma relação produzida não apenas por uma comparação externa de duas unidades (como na relação numérica ou proporcional), mas pela interação de suas "capacidades": elas "se inter-relacionam mediante a capacidade de agir e sofrer e de acordo com o efeito de tais capacidades; assim, *e.g.*, o que é capaz de produzir calor se encontra em uma relação de poder para com aquele na

17 Esse é o nexo salientado por Marx entre forma jurídica e capitalismo. Surpreendentemente, a crítica nietzschiana de Badiou aos direitos humanos como direitos da vítima perde totalmente de vista esse entendimento essencial de Marx.

18 Aristóteles 2011, I.7 (323b-324b). Sobre a recepção da teoria aristotélica vide Starobinski 2003, p. 21 e s.

condição de ser aquecido"[19]. Nesse aspecto, o nexo entre atividade e sofrimento pertence ao campo da reciprocidade determinada pela causalidade, designada por Kant como"comunidade dinâmica" dos objetos[20]. Ser um sofredor significa ser um objeto sobre o qual a ação ou o movimento do outro produz um efeito causal ou o qual recebe ou absorve a atuação do outro.

O fato de se ver, neste sentido basilar, como aquele que sofre as ações de outro é a condição para se definir como um sujeito com direito à consideração. O nexo entre estes dois conceitos – ser um *sofredor* e ter um direito à *consideração* – encontra-se em um nível ontológico-social. Assim escreve Kant para esclarecer a"comunidade dinâmica"da"reciprocidade"entre agente e sofredor:"Em alemão a palavra comunidade [Gemeinschaft] tem uma dupla significação, podendo designar [em latim] tanto a communio [comunidade] quanto o commercium [comércio]. Empregamos aqui esse último sentido, como uma comunidade dinâmica"[21]. Entre aquele que age e aquele que sofre não existe uma"communio", e sim um"commercium". No campo ético-político (no qual se movimenta nossa pergunta pela revolta dos escravos), essa confrontação geral do "commercium" entre agente e sofredor com a comunidade como "communio"pode ser formulada na tese de que a *consideração jurídica* não é *reconhecimento moral*: a reivindicação por consideração refere-se a uma relação de"commercium"entre agente e sofredor, a reivindicação por reconhecimento, por sua vez, a uma relação da "communio"entre participantes de uma prática.

Toda reivindicação por reconhecimento pressupõe a alegação de ser digno desse reconhecimento. Quem requer reconhecimento, descreve-se a si mesmo como um agente que obteve sucesso na produção de algo. O reconhecimento por ele reivindicado refere-se a uma prestação ou realização (ou à capacidade para tal). O reco-

---

19 Aristóteles 1978, V.15, 1021a.

20 Kant 1956, A 212 (= B 259). A tensão entre as análises aristotélica e kantiana do"sofrimento"(ela se refere ao conceito de causalidade) é evidente, mas não decisiva para minha questão aqui.

21 Kant 1956, A 213 (= B 260).

nhecimento só pode ser requerido em nome de algo bom. E em nome desse algo bom, no qual reivindico reconhecimento, o outro me concede seu reconhecimento. O reconhecimento e o que deve ser reconhecido estão interligados de tal modo a ser expressão do mesmo julgamento sobre o que é bom, ou seja, o reconhecimento e o que deve ser reconhecido são dois traços de uma prática comum, a qual é constituída por bens compartilhados. A ação de um é a ação do outro; elas constituem uma comunidade como "communio".

Em contrapartida, a consideração só é reivindicada onde não existe uma comunidade no bem: onde não se aplica o pressuposto de que o outro, a quem é endereçada essa reivindicação, julga pelo mesmo critério segundo o qual age e vive o autor da reivindicação. Reivindicar consideração pressupõe que estamos interligados tão somente extrinsecamente: não por intermédio do critério de nossos julgamentos – onde o fato de se neles concordar institui uma "communio" entre nós – mas por meio das consequências que nosso agir e omitir possui um para com o outro. "Reconhecimento" é um conceito de ligação intrínseca entre realizações, "consideração" um conceito de sua coordenação extrínseca. Consideração implica indiferença no duplo sentido desse conceito, como destacado por Georg Lohmann: a consideração é indiferente perante a alternativa entre bem e mal, criando para aquele que é considerado a liberdade indiferente de agir conforme seu livre arbítrio (à qual se dirige a emancipação jurídica)[22]. Quando reivindico do outro a consideração de minha pessoa, o que me interessa são quais consequências seu fazer ou deixar de fazer tem para minha vontade – isto é, como vou sofrer sua ação ou omissão. Não reivindico que o outro reconheça o bem de minha ação ou o mal de meu sofrimento, ou seja, que o avalie como eu. Reivindico, antes, que ele contemple e avalie sua ação e omissão à luz de suas consequências para mim.

O direito fundamental é o direito a ser levado em consideração. Reivindicar esse direito significa definir-se como sofredor na relação

---

22 Lohmann 1991, p. 21. Sobre o nexo entre direito e indiferença, *vide* Lohmann 1991, p. 244 e s. Sobre a diferença entre consideração jurídica e reconhecimento moral, *vide* também Menke 2009.

com o outro: como alguém atingido pelas consequências e pelos efeitos das ações do outro. Por conseguinte, reivindicar consideração significa transformar a "communio" com o outro, a concordância no critério ou no bem, a participação em uma prática comum, em um "commercium" entre corpos que atuam extrinsecamente um sobre o outro.

5

Após o exame da diferença ontológico-social entre consideração e reconhecimento, entre a "communio" como prática conjuntamente compartilhada e o "commercium" como reciprocidade extrínseca, pode agora ser compreendida a tese formulada inicialmente de que a reivindicação jurídica por consideração está em contraste com a reivindicação política por participação. Essa tese constitui o ponto central da crítica à declaração revolucionária dos direitos humanos em Marx e Badiou (*vide supra* n. 1 e 2). Assim como Nietzsche vê na revolta dos escravos na moral o paradoxo de um ato criador que extingue o direito à criação de valores, para Marx a declaração dos direitos humanos é o paradoxo de um ato político que extingue ou priva de poder a política, pois política no sentido radical – aquela política descrita por Hegel como "vida geral" e chamada pelo jovem Marx de "democracia" – significa a prática coletiva de julgamento por meio da qual nós nos governamos a nós próprios. Badiou salienta com razão que a política, entendida desse modo, deve se dirigir à ideia de um bem comum: política é a "tentativa de reunir os homens em torno de uma ideia positiva do bem, e ainda mais, de identificar o homem por intermédio de tal projeto"[23]. Ou "governo", a prática da política como julgamento coletivo sobre o bem comum, está relacionado a reconhecimento: governo é o modo reflexivo do reconhecimento recíproco; reconhecimento no modo da vontade autoconsciente – aquele reconhecimento moral ou aquela prática comum que "se pensa e que se sabe, e que realiza o que sabe na

23 Badiou 2003, p. 25.

medida em que o sabe"[24]. Portanto, se a reivindicação por consideração coloca no lugar da prática de reconhecimento moral uma relação de reciprocidade entre aquele que age e aquele que sofre, a reivindicação por consideração se dirige, ao mesmo tempo, contra a ideia de autogoverno, contra a ideia radical de política como democracia. A reivindicação por consideração é antidemocrática ou antipolítica: ela é a reivindicação contrária à reivindicação política por igualdade de participação no autogoverno coletivo. Autogoverno político só é possível em – ou *por* – relações éticas. A reivindicação em ser tomado em consideração parte de uma relação entre aquele que age e aquele que sofre, uma relação situada aquém ou além de relações éticas de reconhecimento.

Assim, podemos agora, concluindo, reformular da seguinte maneira a pergunta de partida"por que direitos?": por que o escravo insurreto reivindica sua emancipação jurídica, sua igualdade de consideração *em vez de* sua igualdade de participação no governo de relações éticas de reconhecimento?[25] Por que, em vez de sua participação na prática coletiva de julgamento sobre o bem que nos une, ele reivindica ser considerado por todos os outros como aquele que sofre os efeitos das ações destes? Por que a revolta jurídica contra a política?

6

A análise de Nietzsche da revolta dos escravos na moral pode ser compreendida como uma resposta complexa à pergunta: Por que querer ser levado em consideração em vez de ter a própria participação no governo? Tal resposta é complexa por possuir dois lados que se excluem mutuamente.

---

24 Hegel 1970, § 257.

25 É evidente que consideração e participação não se excluem quando são exercidas em aspectos e campos sociais *diversos*. Contudo, dentro do mesmo aspecto elas se compreendem como alternativas: elas não podem ser reivindicadas simultaneamente para a mesma relação social. É apenas isso que nos interessa aqui.

Um dos lados dessa resposta é claro e simples: o escravo insurreto não reivindica sua participação no autogoverno coletivo, na determinação "criadora" do bem comum, porque sabe que disso *não é capaz;* ele não quer querer (participar na vontade) porque ele não é capaz de querer; porque ele é fraco, *é* um escravo. A reivindicação antipolítica do escravo insurreto por consideração é uma expressão de seu ser: de sua fraqueza de vontade ou impotência. A resposta de Nietzsche é aqui uma variante tardia da resposta de Aristóteles: "escravo" é uma determinação da natureza. A revolta dos escravos só pode expressar, mas não superar essa determinação da natureza; não se pode querer ser diferente do que se é. Em sua revolta, o escravo não reivindica compartilhar a vontade criadora de valores e bens, reservada até então aos senhores – coletivizá-la e universalizá-la – porque ele sabe não ser capaz desta participação na vontade criadora. Assim, ele se satisfaz com a reivindicação de ser levado em consideração.

Mas isso já contém o outro lado que, para Nietzsche, transforma a revolta dos escravos na moral em um enigma, uma monstruosidade que tanto o amedronta quanto atrai e que ele, portanto, incessantemente rodeia. Afinal, na revolta dos escravos não se manifesta meramente sua determinação natural em ser por demais fraco ou incapaz de querer (participar na vontade) e julgar – assim como a relação de domínio na qual o escravo se encontra sob o jugo da condução pelo outro é expressão, segundo Aristóteles, de sua natureza (e, destarte, "salutar e justa" ao escravo). Em sua revolta, o escravo não é apenas de modo passivo o que ele simplesmente é – ou seja: passivo. Ele é, sim, ativamente passivo: o escravo insurreto *afirma* seu não querer, ele *quer* o seu não-poder-querer. No fato de ter produzido e suportado este paradoxo vê Nietzsche o papel predominante dos judeus na história mundial, os quais são para ele, destarte, um povo de "primeira ordem[26]"[27]. No instante da revolta

26 Nietzsche 1998, p. 286.

27 Cf. Yovel 1998, p. 139 e s. A adaptação de Badiou da análise de Nietzsche da revolta dos escravos não toma em conta esta estrutura paradoxal (enquanto ela é nitidamente registrada na surpresa de Marx sobre o fato de

dos escravos judeus vê-se ainda o que subjaz de forma oculta àquela ordem da igualdade de direitos outrora estabelecida (na qual, segundo Nietzsche, povos de quinta ordem como os chineses e os alemães a instituíram confortavelmente para si): a vontade ativa e criadora do não querer, do não-poder-querer.

Com isso, pode ser deduzida da análise nietzschiana da revolta dos escravos a referência decisiva à pergunta pelo porquê dos direitos. Esta referência demonstra que à pergunta negativa pela posição passiva – por que os escravos insurretos *não* querem a própria participação no governo, e sim *ser* considerados? – deve ser dada (e pode ser dada) uma resposta afirmativa: a resposta da *afirmação do não querer e não poder*. O escravo insurreto não quer participar no governo; ele quer ser considerado porque quer afirmado seu não poder (governar).

A afirmação rebelde de não querer ou não poder é antagônica à resposta que uma antropologia negativa e pessimista fornece à pergunta por que motivo o escravo reivindica a consideração de sua pessoa em uma ordem de direitos iguais em vez de reivindicar a própria participação na prática coletiva de governo. Essa resposta negativa e pessimista apenas repete o primeiro lado da análise nietzschiana da revolta dos escravos. (Ou fica agora demonstrado que o primeiro lado da análise de Nietzsche da revolta dos escravos nada mais é do que um resumo aguçado dessa antropologia pessimista). Ela interpreta, como visto, o não querer governar como expressão de fraqueza. Julgar, querer participar na prática coletiva de julgamento seria, por conseguinte, *demais* para seres naturais e finitos. Estes devem (e querem) dedicar-se primeiramente ao que lhes está próximo: à satisfação de suas necessidades, à proteção contra as intempéries da vida, à garantia do que se possui e se precisa. O processamento dessas deficiências que determinam o ser "homem", "não deixa tempo"[28] para governar juntamente com outros na participa-

---

como uma revolução política como a Revolução Francesa pôde se extinguir a si própria por meio da declaração dos direitos humanos).

28 Assim o é em infinitas variações o argumento de Odo Marquard contra a ideia de politização democrática (a qual ele chama de "supertribunalização"

ção da prática coletiva de julgamento. Esta é a resposta negativa dada pela antropologia pessimista da Idade Moderna[29] à pergunta pelo fundamento dos direitos. Ela é expressão de uma estratégia de naturalização: ela atribui ao homem como sua natureza o fato de estar ocupado continuadamente, em uma infinidade ruim, com algo totalmente diferente de seu bem e reivindicar para esta ocupação – por ser ela natural – a consideração por parte dos outros. Em resumo: a resposta negativa ou pessimista entende o escravo insurreto de tal modo que ele, em vez de reivindicar sua participação, reivindica sua consideração, já que, na verdade, ele sempre quis ser nada mais que um cidadão, um burguês, que persegue a satisfação e o desdobramento de suas necessidades.

Contra essa forma de análise se encontra a resposta afirmativa à pergunta por que motivo os escravos insurretos não querem participar no governo, e sim ser levados em consideração. Ela compreende seu não querer governar não como um querer algo diferente do bem – um querer ilimitado e excessivo, em si, por algo natural – mas como um *outro* querer do bem. Logo, o escravo insurreto tomou conhecimento de um querer e julgar que o senhor não possui[30]. Ele tomou conhecimento de que não é possível lograr nenhum poder-julgar ou poder-querer sem o não poder, que nenhum ato de poder pode ser realizado sem a impotência. Portanto, a suspensão do querer e julgar é condição essencial para o sucesso de sua execução. Ou: receptividade, experiência, mimese, fazer-se semelhante – assim o conhecimento superior do escravo insurreto – são as condições para se querer o bem e poder julgar corretamente. O escravo insurreto – assim pode ser levado adiante, para esta questão, o importante pensamento de Adorno, segundo o qual a "sociedade emancipada" *não* pode ser pensada de acordo com o "ideal do homem livre, pu-

---

e à qual ele contrapõe a inocência do "destino" natural); cf. p.ex. Marquard 1981, p. 47 e s.

29 Sobre esse complexo *vide* as descrições em: Arendt 1981, cap. 3, e Strauss 1965 cap. II e VIII.

30 Sobre esse entendimento *vide* Setton 2012; *vide* também o esboço em: Menke 2008, cap. VI.

jante, criativo" e a "relutância" contra o querer faz parte do querer[31] – se recusa a formar seu julgamento conforme o modelo do direito do senhor de "criar valores e cunhar nomes para os valores". O escravo insurreto não quer se converter em senhor, tampouco em alguém que exerça domínio juntamente com todos os outros. O escravo insurreto quer criar valores ou julgar de uma maneira diferente – sua vontade é criar a partir da passividade, julgar a partir da receptividade. É esse pensamento que diferencia a revolta do escravo da mera redistribuição a todos do direito do senhor em criar valores: "*Rien faire comme une bête*, flutuar na água e pacatamente olhar para o céu, ser, nada mais, sem qualquer outra determinação ou realização, poderia substituir o processo, a ação, a realização"[32]. E isso não como o outro *frente* ao julgar e governar-se – como repouso dele – mas como condição imanente de seu sucesso. O escravo insurreto compreendeu que e por que "o poder fazer e o poder sofrer são um só"[33]: não simplesmente porque ao sofrimento de um corresponde a ação do outro, mas porque *na* ação de um atua o sofrimento do outro. *Para tanto* e *por isso* reivindica o escravo insurreto não a sua participação no governo, mas ser considerado pelos outros: porque ele compreende sua passividade, na qual ele não é agente, e sim sofredor, como condição de sucesso para sua atividade e, destarte, a *quer*.

Ambos os lados da análise nietzschiana da revolta dos escravos reconstroem duas respostas opostas à pergunta por que os escravos insurretos não reivindicam apenas governar a si próprios em comum, mas também ser considerados pelo outro. A primeira resposta é a negativa da antropologia pessimista moderna, a qual declara o burguês reduzido à satisfação de suas necessidades como a determinação natural do homem. Foi o que Nietzsche descreveu como "diminuição e nivelamento" niilista "do homem europeu"[34]. Para esta resposta pessimista é acertada a crítica de que a reivindicação

31 Adorno 1978, n. 100, p. 206, e n. 95, p. 191. Cf. Menke 2013a.

32 Adorno 1978, Nr. 100, p. 208.

33 Aristóteles 1978, IX.1, 1046a.

34 Nietzsche 1988, p. 278.

pelo direito à consideração é meramente expressão da incapacidade e não vontade de julgar. Porém, o ato de revolta, de reivindicar direitos, é também um ato de afirmação e de resposta afirmativa; portanto, deve ser compreendido de forma totalmente diferente: como expressão de um conceito de querer e julgar, radicalmente diferente, que contradiz a alternativa entre o querer ativo do senhor e o não querer reativo do escravo. A revolta do escravo não objetiva nem meramente distribuir igualmente o direito do senhor, nem proteger juridicamente o escravo. A revolta do escravo quer extinguir, ao mesmo tempo, senhores e escravos. A revolta do escravo é uma revolução antropológica – a "emancipação humana" (Marx): seu objeto é produzir um homem que não corresponde a nenhuma das categorias existentes, senhores e escravos ou servos.

A crítica de Marx e Nietzsche à concepção liberal dos direitos humanos deixa entender que essa concepção traiu a reivindicação radical do escravo insurreto em superar a alternativa conceitual entre senhores e servos como tal e em produzir um homem diferente. Afinal, a concepção liberal dos direitos humanos só é capaz de pensar negativamente a posição de passividade, subjacente ao direito à consideração: como expressão de uma fraqueza natural. Ao vincular os direitos humanos à figura do burguês, a concepção liberal não supera a servidão, e sim a continua. A falsa consequência desta crítica – tirada por Alain Badiou – é que a revolta dos escravos só pode ser bem- sucedida se estes se fizerem senhores que não necessitam em seu autogoverno de nenhuma consideração, haja vista que a eles competem "os direitos do infinito, exercidos por sua soberania sobre a contingência do sofrimento e da morte"[35]. Assim, a revolução dos escravos é traída pela segunda vez, pois, da forma como Badiou pretende compreendê-la, ela não supera a dominação, o *conceito* de "senhor", e sim a continua. Por conseguinte, é a equação entre querer ser considerado e fraqueza servil, equação que Badiou *compartilha* com a concepção burguesa dos direitos humanos, que se encontra sob crítica. É para ela que aponta o conceito de Adorno referente à

35 Badiou 2003, p. 23.

emancipação: a"emancipação humana"consiste na afirmação do não querer, do não poder. É só por meio dessa emancipação que a revolta dos escravos pode dar uma resposta afirmativa à questão"por que direitos?". Mas, sobretudo, é só por intermédio dessa emancipação que o direito à consideração – o direito em ser considerado – pode ser realizado de modo a não se transformar no direito do burguês a, sem qualquer consideração, ser subjugado e explorado.

6

Na fronteira do direito: o julgamento de Hannah Arendt sobre o Processo Eichmann

O relato de Hannah Arendt sobre *Eichmann em Jerusalém* começa com o pregão "a Casa da Justiça" e com a chegada dos três juízes; ele termina com a repetição da sentença de morte de Eichmann, com a frase: "O senhor tem de morrer" (mais drasticamente em inglês: *"o senhor tem de ser enforcado"*)[1]. Naquele começo, o tribunal tem de fazer a pergunta "culpado – ou não culpado?", tem de tratar essa pergunta como pergunta em aberto e de a expor ao "risco irredutível" – como se exprime Arendt usando uma expressão de Otto Kirchheimer (388) – de obter uma resposta *nessa ou em outra forma.* Só se "não 'se desenrolar um espetáculo cujo fim está fixado de antemão'" (*ibid.*) é que entramos de fato na casa da justiça – saindo da esfera dos preconceitos, dos desejos de vingança, das vaidades pessoais e das estratégias e cálculos políticos. Mas no fim – e isso não é uma premência psicológica (em atenção à paz de alma dos sobreviventes) nem uma exigência política (em relação à soberania do Estado), mas uma necessidade jurídica, uma questão de justiça – tem de estar pronta a sentença que responde concludentemente àquela pergunta; e é o sentido do ato jurídico de julgar – aquilo que distin-

---

1 Hannah Arendt, *Eichmann in Jerusalem. Ein Bericht von der Banalität des Bösen*, tradução do inglês de Brigitte Ganzow, München: Piper 1986 (1.ª ed. 1964); no que se segue, citado com indicações da página no texto.

gue o direito da vingança – responder à pergunta quanto à culpa de modo a encerrar a questão.

O processo estende-se entre aquele início com a entrada na casa da justiça e este fim com a sentença de morte a recair sobre Eichmann. É simplesmente disto que se trata no livro de Hannah Arendt. Trata-se de *Eichmann em Jerusalém,* perante o tribunal de comarca local. Não se trata de Eichmann em Berlim, Viena, Praga, Budapeste ou mesmo em Theresienstadt e Auschwitz – ou no livro de Arendt trata-se, neste livro só *pode* tratar-se de Eichmann em Berlim, Viena, Praga, Budapeste ou Theresienstadt e Auschwitz na medida em que isto é discutido (ou teria de ser discutido) na sua aparição perante o tribunal em Jerusalém. O livro de Arendt não é um livro de historiografia, não é um ensaio de ciência política, nem um tratado sobre política ou sobre moral ou ambas as coisas[2]. O livro de Arendt trata exclusivamente da discussão jurídica do seu caso, portanto da tentativa de sua apreciação justa, sendo de cariz historiográfico, filosófico ou de ciência política apenas na maneira e na medida em que a questão das circunstâncias históricas, das estruturas políticas e das considerações filosóficas podem ser ou não de importância num processo jurídico. Hannah Arendt acentuou repetidamente essa perspectiva estritamente jurídica já no seu livro e depois na controvérsia que se lhe seguiu – mas sem que isso pareça ter valido de muito. O livro tem sido criticado como historiografia preconceituosa, como ciência política sem conhecimentos e como especulação filosófica paradoxomaníaca. No livro de Arendt trata-se apenas de Eichmann perante o tribunal, de Eichmann na "Casa da Justiça". É disso que o livro é o "relato" (49).

Mas o que significa e o que exige fazer-se o relato de Eichmann perante o tribunal? "*A reporter at large*" é a seção do *New Yorker*, em que, com início a 16 de fevereiro de 1963, foi publicado pela primeira vez o texto de Arendt. Por isso, se não é verdadeira historiografia,

---

2 "Não se trata aqui, de modo nenhum, da história da maior catástrofe que alguma vez atingiu o povo judeu, nem da descrição do sistema totalitário de poder ou de uma história do povo alemão no Terceiro Reich, nem, por fim, sequer de um ensaio teórico sobre a natureza do mal." (54)

ciência política ou filosofia, o texto é classificado como periodístico ou jornalístico (ou "atividade de escrita político-filosófica")[3]. Mas isso nada explica. O que é decisivo é que o "relato de um processo" não pode tão somente reproduzir o que se passou em Jerusalém perante o tribunal. Fazer o relato de um processo judicial exige defender o "interesse da justiça (*Gerechtigkeit*)" pelo qual ele é conduzido – mesmo contra o modo como ele foi, de fato, conduzido. O relato de Arendt trata de saber "até que ponto se conseguiu em Jerusalém proporcionar a vitória à justiça" (68). A perspectiva jurídica de Arendt sobre Eichmann é a perspectiva da justiça. E do que se trata aqui é de pronunciar uma sentença justa sobre Eichmann – e da questão de saber como é que, e se, isso se pode conseguir num processo com forma jurídica. Trata-se do direito como *medium* da justiça, da justiça na forma de direito.

Não é só quando Arendt começa ela própria a dar a sentença final do seu livro, mas inequivocamente nesse momento, que isso se torna evidente. De fato, no livro de Arendt, Eichmann não é condenado à morte apenas uma vez, mas duas vezes: uma vez pelo tribunal de Jerusalém sob a presidência do juiz Moshe Landau e depois, mais uma vez – com outra fundamentação, mas com a mesma sentença: Eichmann tem de morrer –, por Hannah Arendt. Ela faz o relato de uma sentença de morte; a outra sentença pronuncia-a ela própria. *Eichmann em Jerusalém* não é, portanto, uma mera reprodução de fatos; enquanto relato, é ao mesmo tempo uma repetição, uma nova representação do processo judicial. *Eichmann em Jerusalém* não é, por conseguinte, outra coisa senão a reapreciação, em outra instância, do processo de Eichmann em Jerusalém. Arendt declara-se, ela torna-se ela própria nesse livro, ao escrevê-lo, aquela instância jurídica que submete o processo judicial a uma nova instância de

---

3 Assim se exprimiu Rüdiger Bubner sobre *Vita Activa* – no entanto completado com a asseveração de que tem "grande apreço pela mestria de H. Arendt [...], que personifica o gênero de atividade de escrita político-filosófica quase desconhecida entre nós, ao contrário do que sucede na França e nos países anglo-saxônicos" (*Handlung, Sprache und Vernunft. Grundbegriffe praktischer Philosophie*, Frankfurt am Main: Suhrkamp 1982, p. 66).

julgamento. Desse modo, coloca-se ela própria no lugar do "Supremo Tribunal"; não é de admirar que ela tenha sido, por todos os lados, acusada de arrogância.

Na reapreciação jurídica de que aqui se trata (procedimento de *Revision*)[4] não se investigam de novo os fatos e não se interrogam novas testemunhas. (Isso distingue esse procedimento do processo de recurso que foi realizado ainda em Jerusalém.) Aqui – como Arendt diz acerca do seu relato – só pode "ser tratado o que foi discutido no processo ou o que, no interesse da justiça, deveria ter sido discutido" (54); "a sua fonte principal consiste no material do processo" (49). Nesse procedimento, olha-se retrospectivamente para o primeiro processo, sendo este examinado no sentido de saber se a apreciação do caso pelo tribunal foi *adequada*[5]. Como isso só pode suceder à luz das normas jurídicas, a verificação aplica-se ao mesmo tempo à questão de saber se o tribunal recorreu, dentre elas, às normas aqui aplicáveis e as interpretou e aplicou corretamente. E assim também Arendt verifica se, no processo de Jerusalém, os problemas jurídicos que se colocam foram vistos e respondidos corretamente. O reverso da arrogância com que Arendt se substitui ela própria ao Supremo Tribunal consiste em que ela se submete da maneira mais rigorosa à disciplina do ato jurídico de julgar; para ela, nada é mais repugnante que "a tropa daqueles intelectuais mais ou menos nefelibatas para quem, ao contrário, os próprios fatos são apenas um motivo para produzir ideias". (54).

Todo julgamento desse tipo de recurso (*Revision*) está, portanto, sujeito a uma dupla exigência: ele tem outra vez de examinar a

---

4 Nota dos organizadores: a chamada "Revision", no processo penal alemão, é uma forma de recurso em que se discute apenas a adequação da sentença ao direito material e processual, restringindo-se, portanto, à apreciação de questões de direito – substancialmente distinto, portanto, do que se conhece por "revisão" no direito brasileiro. Optamos por deixar a expressão aqui no original, sempre que o acento recaia sobre as características específicas do procedimento, e traduzi-la por variantes genéricas, sempre que o acento recaia sobre sua natureza judicial recursiva.

5 Cf. Klaus Günther, *Der Sinn für Angemessenheit*, Frankfurt am Main: Suhrkamp 1988 (introdução).

fundo os problemas jurídicos que se colocaram num primeiro processo, mas também tem de chegar de novo a um juízo sobre se a sentença da primeira instância foi justa ou injusta. Essa dupla exigência – de examinar e de julgar – é sempre atravessada por uma tensão, que se intensifica até ao extremo na revisão de Arendt do processo de Eichmann. É que nesse processo estão os problemas jurídicos que têm de ser examinados a fundo – ou mais precisamente: que *deveriam ter sido* examinados a fundo; pois que não o foram de fato em Jerusalém – nada menos que os problemas intrínsecos ao fenômeno jurídico. O problema que encontra a reapreciação de Arendt do processo de Jerusalém é não só a ausente justeza da aplicação jurídica das normas, mas "a manifesta insuficiência do sistema jurídico dominante e da linguagem conceptual jurídica corrente" (64). Esse é o entendimento crítico a que Arendt chega no seu julgamento: não há nenhuma regra jurídica que se pudesse aplicar ao fato a ser apreciado, a própria forma do direito é inadequada a esse fato. Trata-se, portanto, não só da adequação ou inadequação da sentença proferida em Jerusalém, mas da adequação mesma do direito perante esses fatos; trata-se de não menos que uma reflexão, mais exatamente: de uma *autorreflexão* do direito – uma reflexão sobre o direito e os seus limites, mas *dentro do* direito. Ao levar a revisão do processo de Jerusalém até essa autorreflexão radical do direito, Arendt não se coloca, portanto, meramente no lugar, como primeiro pareceu, mas *acima do* Supremo Tribunal. Acima do Supremo Tribunal, mas *dentro do* direito: essa é a posição paradoxal a partir da qual o livro de Arendt está escrito. Ou essa é a posição paradoxal que o livro de Arendt pretende inscrever no direito – a autorreflexão do direito sobre o que por princípio lhe tem de ficar subtraído.

Ao fazer isto, Arendt chega a um juízo duplo: o tribunal de Jerusalém não viu o problema jurídico fundamental, a problematização ou mesmo a colocação em dúvida do direito como tal mediante os atos de Eichmann; o tribunal meio subestimou e meio recalcou esse problema – e mesmo assim julgou-o corretamente: Eichmann *tem* de ser enforcado. Cega em relação aos problemas jurídicos simplesmente fundamentais do processo e no entanto justa no resultado, em todo o caso a sentença mais grave e simplesmente irreversível que um tribunal pode proferir (e que por isso talvez nenhum tribunal humano está autorizado a proferir) – não será isto uma contradição? O julgar *jurídico* não será definido precisamente por obter a sua legitimidade apenas a partir do processo? E esse processo, e com ele também precisamente a sentença com que se encerra, não será prejudicado ao máximo se não for conduzido sem esquecer *nenhum dos* problemas jurídicos que se colocam?

No prefácio muitíssimo instrutivo à edição alemã de *Eichmann em Jerusalém*, Arendt esboça uma solução para essa contradição. Essa solução consiste em que a sentença do tribunal de Jerusalém não foi legal, mais exatamente, não teve forma legal. "Se se observar mais atentamente, verificar-se-á sem dificuldade que os juízes... a dizer a verdade julgaram apenas com base nos fatos monstruosos, julgaram, portanto, de certo modo sem atender às disposições legais, sem auxílio das normas e dos critérios legalmente estabelecidos, com os quais procuraram depois fundamentar de maneira mais ou menos convincente a obtenção da sentença" (64). Eles "julgaram à margem das disposições legais, não se ativeram a nenhuma regra para subsumirem nela casos concretos, decidiram, pelo contrário, cada caso concreto como ele se lhes apresentou, como se não houvesse regras gerais para ele" (65). Os juízes de Jerusalém julgaram assim – todavia sem o saberem – exatamente como os poucos que, na Alemanha, resistiram, no seu pensamento e nas suas opiniões, ao nacional-socialismo. Mas como pode isso ser uma solução para a questão da justiça do seu julgamento? Arendt fala ela própria das "inconsequências" que dessa maneira entram "numa área tão obcecada pela consequência como a jurisprudência" (64). Ora bem, a jurisprudência não está "obcecada pela consequência" por razões de preciosismo. É na sua obcecação pela consequência, e *só* nela, que se encontra pelo contrário a promessa de justiça que a jurisprudência faz. De modo que tais "inconsequências", como aquelas segundo as quais os juízes de Jerusalém julgam "livremente", sem regras gerais, em vez de o fazerem segundo a forma legal, tocam no fundamento do próprio direito. Com efeito, o que é que distingue o julgar livremente da mera arbitrariedade, portanto do preconceito (pré-julgamento), de cuja interrupção e suspensão o processo judicial recebe a sua legitimação?

Até agora procurei formular e responder apenas *uma* questão: a questão de saber o que é que Arendt tenta fazer no seu livro, de que é que esse livro afinal trata; porque isso tem sido interpretado de maneira completamente diversa desde a sua publicação. A resposta a essa questão diz respeito à relação entre *Eichmann em Jerusalém* – o livro – e Eichmann em Jerusalém – o processo judicial. *Eichmann em Jerusalém* é uma reapreciação jurídica de Eichmann em Jerusalém; um processo que, por isso, se encontra ao mesmo tempo dentro e fora, portanto, na fronteira do direito, porque mostra que, sem o saber, já o tribunal de Jerusalém assim o fez: porque o caso Eichmann o forçou a isso. Arendt pretende mostrar que a "inconsequência" jurídica de um julgamento não regulado pelas disposições legais é a consequência de exatamente colocar fundamentalmente em questão o direito, que é o que esse caso significa – uma consequência a que os juízes de Jerusalém chegaram sem querer, porque não entenderam quanto tinham razão (o quanto estavam no direito) quando se colocaram fora do direito. O caso Eichmann obriga a "que... uma pessoa tome em mãos a lei e a precipite".

Arendt pretende mostrar por que é que isto é assim. Ela mostra-o, ao desenvolvê-lo a partir da lógica do próprio direito; mais exatamente a partir da justiça na forma do direito, da forma jurídica da justiça. Só quando se percebe que a "justiça exige que o suspeito seja acusado, defendido e que sobre ele seja pronunciada uma sentença" (71) e que aí "todas as questões de importância aparentemente mais elevada têm de ser deixadas de lado" (72) no interesse da justiça – "as questões: 'como é que isso terá sido possível?' e 'quais foram as causas?', as questões: 'por que precisamente os judeus?' e 'por que precisamente os alemães?'" etc., etc. –, só então se pode compreender também que os juízes de Jerusalém foram no fim obrigados a julgar de modo a que aí suspendessem a própria forma do direito. A sua "inconsequência" em julgar à margem das disposições legais e sem regras segue ela mesma uma lógica mais profunda, porque precisamente a obcecação do direito pela consequência, no caso Eichmann, é inconsequente.

O livre julgar que os juízes de Jerusalém praticam não é por isso uma alternativa que se oponha exteriormente ao julgar seguindo a forma legal. Na suspensão do ato de julgar na forma legal pelo julgar livremente, este (o livre julgar) exsurge como a condição oculta daquele (do julgar na forma jurídica); quando o julgar na forma jurídica chega ao seu limite, na crise do direito, o livre julgar apresenta-se como seu fundamento. Ao mesmo tempo que *Eichmann em Jerusalém* mostra isso, ao efetuar mais uma vez o processo, o livro não dá resposta a nenhuma daquelas questões "de importância aparentemente mais elevada", mas apenas a esta única: poderá haver justiça para com Eichmann? Poderemos nós apreciar juridicamente os atos de Eichmann?

O que está em jogo no fracasso do julgamento na forma legal manifesta-se já no primeiro dos três "problemas fundamentais" que o caso Eichmann coloca segundo Arendt[6]. Ele diz respeito à competência do tribunal de comarca de Jerusalém em matéria de crimes que Eichmann cometeu na Alemanha e nos territórios da Europa do leste ocupados pelo exército alemão antes de 1945 e pelos quais foi acusado perante esse tribunal nos termos de uma lei israelita publicada apenas em 1950. Essa questão encerra uma quantidade de pormenores jurídicos[7], mas o importante é sobretudo saber por que razão ela tem de ser tomada tão a sério. A questão da competência do tribunal – portanto a questão: quem está autorizado a julgar? – leva-nos de fato ao âmago do ato jurídico de julgar. Da sua base de legitimação faz parte o fato de uma pessoa poder ser condenada legalmente apenas por um representante da sua própria comunidade. A jurisdição de uma comunidade alheia não tem sobre nós qualquer poder jurídico – a menos que lho tenhamos nós

---

6 "Pode dizer-se, de maneira resumida, que o tribunal de Jerusalém não conseguiu corresponder a três problemas fundamentais que, no seu conjunto, eram suficientemente conhecidos e que tinham sido longamente discutidos desde os processos de Nuremberg: a lesão da justiça e da equidade num tribunal do vencedor, a clarificação do conceito de 'crime contra a humanidade' e o novo tipo de homicida administrativo, que está implicado nestes delitos." (398)

7 Sobre a matéria, mais detalhadamente, cf. Jürgen Baumann, "Gedanken zum Eichmann-Urteil", *in*: *Juristenzeitung*, n. 4, 1963.

próprios concedido, ao termo-nos dirigido voluntariamente (portanto ao contrário de Eichmann) para o território sobre o qual essa jurisdição tem poder.

O fato de "todo Estado soberano velar ciosamente pelo seu direito de ele mesmo julgar os seus criminosos" (88) não é de maneira nenhuma expressão de um antigo princípio de soberania do Estado. Ele é ainda muito mais antigo do que esse princípio e remonta aos primórdios do direito a partir da ruptura com o mito. Na *Oresteia*, a deusa Atena dá expressão a esse motivo primordial do julgamento jurídico mediante o fato de não se constituir ela própria em juíza, mas "os melhores dos meus cidadãos"[8]. No direito, sobretudo no direito completamente secularizado dos tempos modernos, são os representantes da comunidade que julgam se um dos seus membros violou as suas regras. O acusado só pode ser julgado por representantes e pelas leis de sua própria comunidade: no direito, o acusado é julgado *segundo a sua própria medida*, a "violação que acomete o criminoso" pela imposição da pena é o "seu próprio direito"[9]. O direito é sempre direito próprio, e o direito *estrangeiro* não é *direito*. A grandeza e a justiça do julgamento jurídico residem em que a sentença se desprende do que é estrangeiro, exterior e obra do acaso e pode valer como o veredito que o acusado faria recair sobre si próprio – se se dispusesse a ver-se a partir da perspectiva da comunidade à qual pertence.

Por isso, a questão da competência do tribunal não é nem uma questão de cálculos políticos nem uma sutileza jurídica. Essa questão conduz, antes, ao centro da justiça na forma jurídica – ao terreno da promessa de justiça que o direito faz e por cujo cumprimento só ele consegue responder através da forma do seu ato de julgar. A promessa é ser julgado, não por uma instância estrangeira e segundo leis estrangeiras, mas de modo a que a sentença possa pretender ser a sentença do próprio acusado. É preciso que o próprio acusado possa proferir a sentença que o tribunal profere.

---

8 Ésquilo, *Euménides*, v. 487.

9 G. W. F. Hegel, *Grundlinien der Philosophie des Rechts*, § 100.

Para o problema da competência, perante o qual se encontra de modo tão evidente o processo de Jerusalém quando pronuncia uma sentença sobre um cidadão estrangeiro por atos praticados num território estrangeiro (e nos termos de uma lei que nesse tempo ainda não existia), dispõe-se de uma solução simples. A expressão técnica para isso é "jurisdição universal". Com ela quer-se dizer que, em relação a delitos que violam as regras universais do direito internacional, qualquer Estado pode reivindicar competência – pelo menos enquanto ainda não houver um tribunal penal internacional. É certo, segundo Arendt, que no processo de Jerusalém até ao fim não ficou claro que o extermínio dos judeus, o maior crime de Eichmann, e que por isso esteve também no centro do processo, seja "de natureza diferente de todo o horror do passado" (390). Por isso, Eichmann foi por um lado acusado de "crime contra o povo judeu". No entanto, isso implicou, sem que se tivesse tornado completamente claro, que se visse no extermínio dos judeus a extrema intensificação, até ao incomensurável, exatamente daquele "horror do passado": "o *pogrom* mais terrível na história judaica" (390).

Mas o extermínio dos judeus é um gênero muito diferente de crime, porque com ele "se destrói uma ordem completamente diferente e uma comunidade completamente diferente" (395) do que num assassínio em massa por maior e mais cruel que seja. Auschwitz é genocídio organizado pelo Estado, e se a cada crime se aplicar que seja trazido a juízo, "porque a sua ação ameaçou severamente a comunidade como um todo e a desequilibrou, mas não porque, como em processos cíveis, determinadas pessoas foram lesadas" (382) – então "estes novos genocidas administrativos têm de ser trazidos a juízo porque lesaram a ordem da humanidade, e não porque mataram milhões de seres humanos" (395). A matança de milhões de pessoas constitui muitos assassínios, e cada um desses assassínios exige persecução e condenação. Mas o crime de extermínio dos judeus, o crime de Eichmann, é um crime muito diferente: ao pretender exterminar *o povo judeu;* na medida em que o regime nazi "[tentou] fazer desaparecer da face da terra o povo judeu em geral, surgiu o novo crime, o crime contra a humanidade no verdadeiro sentido, isto é, contra o 'status de ser humano'[10] ou contra a essência da espécie humana" (391). Trata-se de "uma agressão à diversidade humana enquanto tal..., portanto a uma característica essencial do ser humano, sem a qual não podemos sequer imaginar coisas como humanidade ou gênero humano" (391).

É manifesta a importância que tem para a questão da competência do tribunal essa distinção nítida entre o extermínio dos judeus enquanto crime contra a humanidade, "cometido sobre o povo judeu" (391), e todos os demais crimes, mesmo os crimes contra o povo judeu: com essa questão parece restabelecida a condição de justiça do ato de julgar – a condição de ser condenado apenas segundo as regras e pelos representantes da sua própria comunidade. É que "humanidade" não quer dizer conjunto de seres humanos, nem quaisquer regras mais ou menos difusas e não vinculativas, entre as quais Arendt também inclui os "'direitos humanos' ou conceitos semelhantemente comprometidos (394). "Humanidade" é um conceito político. Designa aquela comunidade extensa em que consistem, em conjunto, todas as comunidades da Terra. Ou aquela comunidade extensa, cuja existência é a condição de possibilidade da existência de cada comunidade. A essa comunidade extensa, e por intermédio da qualidade de membro da *sua* comunidade, pertence também Eichmann, de maneira que ele – ao ser condenado por crimes contra a humanidade e, por isso, nos termos das leis fundamentais da humanidade – não é submetido a uma lei estrangeira, mas é condenado pelos seus iguais segundo a sua (dele) própria lei.

Ao acusarem Eichmann em Jerusalém pela sua participação no extermínio dos judeus, ao abrigo da lei israelita de 1950 dos "crimes contra o povo judeu", pôs-se em questão a condição de justiça por excelência e fundamental, aquela que constitui o próprio direito: a de ser julgado segundo "direito próprio" (Hegel). A outra categoria jurídica que a mesma lei israelita definiu depois do decurso dos processos de Nuremberg, a categoria dos "crimes contra a humanidade",

10 "[Um] crime contra a classe e condição da pessoa humana" – uma citação feita por Arendt do acusador de Nuremberg François de Meuthon (378).

visa a restabelecer essa condição da justiça que constitui o próprio direito. Por isso, o processo Eichmann, muito mais e mais inequivocamente do que os processos de Nuremberg (que colocaram os "crimes de guerra"no centro, ficando assim incapazes de poder sequer abranger os de extermínio dos judeus), foi o início de uma evolução que culminou, por fim, na instituição de um tribunal penal internacional. Trata-se da tentativa de normalização jurídica: a tentativa de restabelecer, para os crimes de genocídio, as condições de julgamento jurídico normal, de incorporar esses crimes à ordem do direito.

Em *Eichmann em Jerusalém*, Hannah Arendt não só compreendeu com toda clareza, e já no início dessa evolução, a lógica do seu argumento fundamental, mas também a contradição inerente a esse argumento desde o princípio, mas que hoje, mais que nunca, é ocultado, reprimido. Essa contradição consiste no seguinte: a acusação de Eichmann em virtude de crimes contra a humanidade restabelece a normalidade jurídica porque ela inscreve assim Eichmann, ao mesmo tempo, na comunidade universal da"humanidade", cujas leis fundamentais ele violou. Mas o anormal, o extraordinariamente terrível dos atos de Eichmann consiste precisamente em que eles se dirigem contra essa comunidade universal da"humanidade": é exatamente essa comunidade que Eichmann combateu e tentou destruir por meio da sua participação no extermínio dos judeus. O crime de Eichmann é a"ruptura com o gênero", ele não é um criminoso comum, mas o"violador do gênero humano"[11]. Por isso, Arendt chama a Eichmann um "inimigo da humanidade" – *hostis humani generis* (382). Um criminoso comum não é um inimigo da comunidade cujas regras ele viola. Ele não combate essas regras (e, desse modo, essa comunidade), mas pretende, por egoísmo ou amor próprio, apenas uma exceção, a seu próprio favor, às regras cuja observância pelos outros o seu crime pressupõe ou até exige. E mesmo aquele criminoso que, como o pirata, para quem foi criada a categoria jurídica de "inimigo da humanidade","despreza todas as leis e não obedece a

---

11 Na expressão de Rolf Zimmermann, *Philosophie nach Auschwitz. Eine Neubestimmung von Moral in Politik und Gesellschaft*, Reinbek bei Hamburg: Rowohlt 2005.

nenhuma bandeira" coloca-se apenas "fora" da ordem jurídica (383). Eichmann, pelo contrário, é o "novo tipo de criminoso, que é realmente *hostis generis humani*" (400 e s.), porque não exige apenas uma exceção ou um ficar de fora das suas leis, mas porque pretende abolir estas e destruir a humanidade como comunidade.

Mas se Eichmann é realmente o inimigo da humanidade, não lhe será a sua ordem, em cujo nome e por meio de cujos representantes ele deve ser julgado, por princípio exterior e alheia? O conceito de crime contra a humanidade, que no caso de Eichmann devia restabelecer a normalidade do processo jurídico, parece desagregar-se em si mesmo: se o antagonismo, o "ser-contra", desse crime tem o sentido de hostilidade, então ele já não é um crime no sentido jurídico comum. E então isso também já não se aplica à única sentença aqui possível: a sentença sobre o inimigo da humanidade já não aprecia o ato, como é juridicamente necessário, segundo as leis *comuns* ao juiz, ao criminoso e à vítima, mas dirige a hostilidade, que o autor do crime declarou a essa lei, contra ele. Essa sentença da hostilidade do direito contra Eichmann como inimigo do direito reza assim: "Ele não podia ficar mais tempo na Terra, entre os homens, porque estava envolvido numa operação que manifestamente pretendia fazer desaparecer certas 'raças' para sempre da superfície da Terra" (402). A sentença não diz outra coisa senão que com Eichmann não pode haver qualquer comunidade: junto com o inimigo da humanidade não se pode "habitar... a Terra" (404). A hostilidade que Eichmann declarou à humanidade executa-se nele próprio.

Mas nessa sentença sobre o crime contra a humanidade colapsa a forma do direito. O veredito dos juízes de Jerusalém é imperativo – "no meu entender", escreve Arendt a Mary McCarthy, "eles cairiam totalmente no ridículo, se não tivessem conduzido a questão à sua única conclusão lógica"[12] –, mas essa conclusão não é legítima, não tem forma jurídica. Ainda é unicamente o direito e não – como queria a crítica dos velhos nazis e simpatizantes aos processos de

---

12 Cit. em Elisabeth Young-Bruehl, *Hannah Arendt. Leben, Werk und Zeit*. Frankfurt: Fischer 1996.

Nuremberg e de Jerusalém – o partido dos "vencedores" que fala nessa sentença. Mas entre o direito e o seu inimigo não há qualquer relação jurídica. Se o crime contra a humanidade se dirige contra a condição fundamental e universal da existência política, se se dirige contra as próprias regras fundamentais da vida na comunidade[13], então já não é um crime comum que, ainda que indiretamente, pressupõe essa comunidade. Ele dirige-se *contra* a comunidade. Por isso, o julgamento segundo o qual os atos de Eichmann são crimes contra a humanidade significa exatamente o oposto da normalização jurídica a que com ele se aspira: com esta sentença, o direito combate os seus inimigos, e isso só lhe é possível na medida em que suspende a condição de justiça do julgamento jurídico.

A razão desse colapso do direito reside no fato de aqui se tratar do próprio fundamento do direito. O crime torna-se hostilidade – e por isso o crime contra a humanidade *é* hostilidade – quando nega não só a validade de uma regra jurídica, mas a regra fundamental, a regra da regra jurídica, portanto a condição do próprio direito. E isso não apenas, como o pirata e mesmo o grande criminoso, excepcionalmente, para si próprio, mas em toda parte e no todo. Por isso, ao ser trazido a juízo em Jerusalém – de maneira muito mais consequente do que, antes, no processo de Nuremberg sobre crimes de guerra e de maneira diferente de como, mais tarde, se fez no processo de Auschwitz em Frankfurt – ao ser trazido a juízo em Jerusalém um ato que tentou destruir o direito no seu último ou mais profundo fundamento, quer dizer, a ordem da humanidade enquanto ordem de pluralidade, o direito foi aqui colocado perante uma tarefa aporética. O direito *teve de* julgar, para se afirmar contra esse crime, mas

---

13 Isso distingue nitidamente o conceito de Arendt de hostilidade do de Carl Schmitt. É que Arendt contorna a alternativa fundamental de Schmitt: ou hostilidade política entre unidades delimitadas ou hostilidade (meramente) moral contra a humanidade. O crime contra a humanidade é hostilidade contra a condição fundamental *universal* da existência *política*. Hostilidade política contra o universal: esta é exatamente a categoria que Schmitt é incapaz de pensar. Essa diferença em relação a Schmitt diz respeito também aos advogados do direito penal do inimigo.

o direito não *pôde* julgar – não pôde da maneira como tem de querer julgar para poder ser chamado justo.

Até agora descrevi o problema do processo de Jerusalém de tal maneira que o direito não tem aqui que ver com um criminoso, mas com o seu inimigo, para quem o direito nunca pode ser o seu "próprio direito", para quem a sentença, por isso, nunca pode ser justa. Esse problema agrava-se até a insolubilidade, devido ao entendimento de que Eichmann não foi um inimigo da humanidade por fanatismo e nem sequer por quaisquer motivos baixos e ordinários. "Ele não foi absolutamente um 'tipo de lansquenete', como uma das testemunhas o considerou, ele não foi um aventureiro, um cínico, um niilista" (219). Mas – é essa a tese de Arendt, tão decisiva como paradoxal – um inimigo da humanidade por "irreflexão". "De certo modo, foi pura irreflexão – alguma coisa que de maneira nenhuma é idêntica à burrice – que o predispôs a tornar-se um dos maiores criminosos daquela época" (57). É precisamente isso (e só isso) que quer dizer a fórmula da "banalidade do mal"[14]. É banal esse mal porque só é descritível da maneira mais banal de todas – de uma maneira que raia a pura bagatelização: isto é, em afirmações como aquela segundo a qual Eichmann, bem diferente de um Iago, um Macbeth ou um Ricardo III, "para ficar na linguagem do dia a dia, *nunca se pôs a imaginar o que na realidade praticou*" (56).

Mas essa banalidade diz respeito a algo pura e simplesmente elementar: não refletir quer dizer ser incapaz de romper o "mecanismo" da segunda natureza que une, como que automaticamente e sempre da mesma maneira, situações, impressões e opiniões. Significa ser incapaz de observar a partir de uma possível alternativa, ou mesmo de outra perspectiva, aquilo que se faz – incapaz de julgar a correção da sua conduta. Essa "incapacidade quase total [de Eichmann] de ver uma coisa pelo ponto de vista do outro" (124) não é outra coisa e nada menos que a sua "incapacidade de *pensar*" (126).

---

14 Em oposição à proeminência que adquire nos debates posteriores, essa fórmula surge apenas uma vez no livro de Arendt (371) e depois, mais uma vez, no prefácio alemão (57).

Irreflexão é a essência dessa incapacidade intelectual – a falta de espírito ou a incapacidade para a liberdade.

Fica imediatamente clara a razão por que confrontar-se com um tal acusado tem de ser um grave problema para qualquer processo judicial. Se a condição de justiça do julgamento jurídico é que a ele, em princípio, possa chegar o próprio acusado, então este tem de ser capaz de julgar para poder ser julgado; isso se evidencia, entre outras coisas, em "que a consciência da ilicitude faz parte da natureza dos delitos penais" (401). Os criminosos a quem isso não se aplica são qualificados como "sem discernimento" – como aqueles que não são responsáveis precisamente por não serem capazes de conduzir-se por seus próprios julgamentos – e são julgados de maneira diferente ou não o são. Mas isso está aqui excluído. O caso patológico, para o qual o direito se declara incapaz de julgar, tem de ser sempre a exceção da normalidade. Eichmann, no entanto, é (ou era) o caso normal. O direito só pode trabalhar com a alternativa: ou o criminoso é incapaz de julgamento, sendo então um caso patológico e anormal, que excepcionalmente não é apreciado juridicamente; ou o criminoso é normal, sendo então capaz de julgamento e por isso juridicamente suscetível de ser julgado. Perante um criminoso como Eichmann, essa alternativa desfaz-se, pois que no mundo do nacional-socialismo precisamente a capacidade de julgar livremente ou por si próprio, se não se torna uma impossibilidade completa, torna-se, contudo, a exceção improvável.

Uma das consequências a tirar daí é que a categoria da "ordem ilegal" se torna inaplicável. É que das condições de aplicação dessa categoria faz parte não exigir do que recebe a ordem nada de extraordinário: dele só se pode exigir que "tenha de recusar executar as ordens, se elas contrariarem a sua experiência anterior de legalidade, se elas forem 'evidentemente ilegais'" (246). No sentido dessa definição (que Arendt retira da lei penal israelita), as ordens dadas a Eichmann não eram, porém, ilegais; elas correspondiam à normalidade, à sua experiência de legalidade. Em muito excedem a isso, todavia, as consequências que a normalidade da incapacidade de pensar e de julgar tem para o direito – elas são realmente totais. É que o fato de a incapacidade (de julgar) se tornar normalidade significa nada menos que isso: que a "voz da consciência" perde a sua autonomia e fala "exatamente como a voz da sociedade" (220), a "moralidade colapsa num mero conjunto de hábitos"[15], o conceito de "direito" perde o seu "duplo significado comum" de ser aplicável e válido, e significa apenas uma coisa (266 e s.), que a identidade substitui a diferença; que a diferença normativa – precisamente a diferença entre normatividade e normalidade – desaparece ou, mais exatamente, que a diferença entre normatividade e normalidade se torna anormal, a exceção. Que o espírito *sucumbe* – e torna-se um mero mecanismo, nada mais que uma segunda natureza[16].

O primeiro preceito ou preceito fundamental de todo o direito (segundo a concepção romana) é *honeste vivere* – "viver honradamente", na tradução de Kant: "sê um ser humano justo"[17]. Kant explica assim esse preceito: a primeira coisa que o direito exige de cada um é "afirmar, na relação com os outros, o seu valor como o valor de um ser humano". Essa vinculação resulta do "*direito* da humanidade na nossa própria pessoa". O crime contra a humanidade, que Eichmann comete pela sua irreflexão, dirige-se, por isso, não apenas contra a humanidade enquanto comunidade universal, na qual só pode haver a pluralidade dos povos e das suas ordens jurídicas. O crime de Eichmann contra a humanidade dirige-se contra a humanidade na sua própria pessoa: contra a sua própria "posição e condição" como ser humano. Nas palavras de Hegel, o primeiro preceito jurídico reza: "sê uma pessoa" (*Grundlinien*, § 36), portanto, sê juridicamente capaz (§ 38) – sê capaz de ter direitos, de participar no direito, na medida em que podes distinguir entre lícito e ilícito, porque podes fazer e

---

15 "Morality collapsed into a set of norms – manners, customs, conventions, to be changed at will – not with criminals, but with ordinary people." (Hannah Arendt, "Some Questions of Moral Philosophy". *In*: *Responsability and Judgement*. New York: Schocken 2003).

16 Cf. Christoph Menke, "Zweite Natur. Kritik und Affirmation", *in* Malte Völk *et alii* (ed.), *"...wenn die Stunde es zuläßt". Zur Traditionalität und Aktualität kritischer Theorie*, Münster: Westfälisches Dampfboot 2012.

17 Okko Behrends *et al. (eds.), Corpus Iuris Civilis – Die Institutionen*, Heidelberg: C.F. Müller 2007; Immanuel Kant, *Metaphysik der Sitten*, Hamburg: Meiner 1966, Introdução à jurisprudência.

manter a diferença *do* direito, aquela que o distingue de um estado de ausência de direito, do estado da (segunda) natureza.

O direito *impõe* a capacidade jurídica – a afirmação do valor da humanidade (Kant), da"condição do ser humano"(Arendt) em cada pessoa –, mas ao mesmo tempo ele tem de pressupor, em cada caso concreto, que esse preceito fundamental seja cumprido. Ou o direito tem de abstrair – e por isso Hegel chama"abstrato"ao direito – de se o mandamento de respeitar o direito da humanidade na própria pessoa, na medida em que se respeita o direito, está de fato realizado em cada caso concreto. O direito pressupõe que cada um *é* uma pessoa ou (no sentido juridicamente significativo do termo) um ser humano. Mas ao mesmo tempo trata-se de que esse ser não é natural; ninguém é pessoa por natureza. Por natureza não somos pessoas, portanto não somos juridicamente capazes. "O ser humano é ele próprio *livre*, em geral na posse de si mesmo, apenas pela cultura" (*Grundlinien*, § 57N). Isso define o conceito de ser humano que constitui o pressuposto do direito (o"humanismo"constitutivo do direito). Segundo esse conceito, constitui o ser humano"ser o que é *apenas graças a si mesmo* e enquanto *infinito retorno a si* da imediatez natural da sua existência" (§ 66A). É só assim que o ser humano existe, ele consiste em fazer-se a si mesmo ser humano; o seu ser é devir ou fazer-se, formar-se. Ser uma pessoa juridicamente capaz, portanto ser capaz para o direito, é a essência (ou o conceito) do ser humano, mas essa essência ou esse conceito necessita a (auto)realização.

Como, portanto, o ser humano não é sempre já pessoa juridicamente capaz, mas sim tem de fazer-se pessoa juridicamente capaz, também pode *não* o ser: ou porque se volta contra as leis do direito ou, de maneira mais fundamental, ao não se ter ainda libertado para o"ponto de vista"do direito, portanto para a capacidade jurídica. Mas isso, na ontologia que é imanente ao direito, só pode ser a exceção, a anormalidade: o desvio da sua própria essência. E é precisamente isso que o direito *tem de* pressupor o que no caso de Eichmann ele não *pode* pressupor: a hostilidade contra a humanidade, portanto contra o direito, a qual constitui a conduta de Eichmann, consiste não em ter sofrido a perda de capacidade para o direito – o que sempre pode acontecer, excepcionalmente, como desvio de sua própria essência –, mas em que ele mesmo, paradoxalmente, a quis. O fato de Eichmann ser um "inimigo da humanidade" por "irreflexão" não significa senão que ele não se quer constituir como pessoa. A hostilidade de Eichmann volta-se contra si próprio, contra a sua própria constituição como pessoa juridicamente capaz, ou contra tornar-se livre. A hostilidade de Eichmann contra a capacidade jurídica é paradoxal (e por isso incompreensível), pois ela não pode ser descrita senão como querer o não-poder-querer, como a afirmação da "posição falsa na qual o ser humano, enquanto ser natural e apenas como conceito que é por si mesmo, é capaz... da escravatura" (*Grundlinien*, § 57 A). A hostilidade de Eichmann contra a humanidade consiste em que ele quer a escravatura – inclusive a sua própria; "escravidão voluntária" na sua forma mais extrema, que se fecha à compreensão pensante, e em cuja incompreensibilidade a banalidade de ser incapaz e a monstruosidade da forma voluntária em que isso se dá remetem infinitamente uma à outra.

No caso Eichmann, o direito tem de julgar sobre atos que violam, não várias das suas imposições (ou leis), mas aquilo que o direito pressupõe; atos que infringem o imperativo jurídico no sentido objetivo, como imperativo *para* o direito – e que é isso mesmo que querem infringir. Nisso reside ao mesmo tempo o problema *e* a legitimidade da sentença sobre Eichmann. O problema dessa sentença é que o direito tem de julgar, *embora* aqui não possa julgar – porque não está satisfeito o pressuposto de existência do direito. A legitimidade da sentença está em que o direito condena Eichmann *porque* não o pode julgar – porque ele viola o pressuposto de existência do direito. O resultado do processo recursal que o livro de Arendt conduz sobre o processo de Jerusalém – o veredito de Arendt sobre a sentença de Jerusalém – é este: o direito tem de e pode condenar Eichmann precisamente porque e só porque o direito *não é capaz de condenar* Eichmann – porque ele não pode ser julgado segundo a medida do direito e, por isso, não pode ser julgado na forma do direito.

Mas *como* é que o direito julga aqui, se julga sobre o que é juridicamente injulgável – se condena o que é juridicamente injulgável precisamente (e apenas) por causa da sua injulgabilidade? É evidente que o direito não julga aqui de maneira jurídica, na forma jurídica:

na forma da aplicação ou da interpretação das leis. Nesse aspecto, Arendt classifica como"livre"a sentença dos juízes de Jerusalém. Isso tem aqui o significado negativo de que a sua sentença" [foi proferida] sem o recurso às normas e critérios legalmente fixados, com os quais eles depois procuraram fundamentar a obtenção da sua sentença de maneira mais ou menos convincente". Como se trata do pressuposto de existência do direito, não são as suas normas que podem fornecer o critério. Num texto que foi motivado pela controvérsia acerca de *Eichmann in Jerusalem,* Arendt descreve o ato de julgar que não pode realizar-se como aplicação das leis como "pensamento" e assim como "truly discursive, running, as it were, from place to place, from one part of the world to another, through all kinds of conflicting views, until it finally ascends from these particularities to some impartial generality"[18]. Será, portanto, o julgamento "livre" em que os juízes de Jerusalém (e Arendt na sua apreciação jurídica) condenaram à morte Eichmann como "inimigo da humanidade" um julgamento que segue o modelo do pensamento discursivo, aquele no qual se obtém a imparcialidade através da consideração de muitos ou até de todos os pontos de vista?

Nas suas preleções posteriores sobre a filosofia política de Kant, publicadas a partir do espólio, sob o título *Das Urteilen,* Arendt chamou a atenção para um pressuposto decisivo de um tal movimento livre-discursivo do pensamento entre pontos de vista diferentes. Esse pressuposto consiste num produto da capacidade de imaginação [*Einbildungskraft*], e esse produto consiste em constituir o objeto da apreciação por meio do distanciamento do sujeito. Enquanto eu estou "diretamente afetado" por alguma coisa não consigo pensar e julgar discursivamente sobre ela. É necessário um passo atrás, uma ruptura com a afecção direta: "a capacidade de imaginação [*Einbildungskraft*], isto é, a capacidade de ter presente o que está ausente, transforma o objeto em alguma coisa com que não tenho de ser

---

18 Hannah Arendt, "Truth and Politics", *in*: *Between Past and Future,* New York: Penguin 2006. Sobre a relação e diferença entre pensar e julgar, cf. Hannah Arendt, "Thinking and Moral Considerations", *in*: *Social Research,* n. 3, outono de 1971.

diretamente confrontado, algo que interiorizei em certo sentido... Essa é a'operação de reflexão'. Só aquilo que toca, afeta, uma pessoa na ideia, mais precisamente quando já não se é afetado pela sua presença imediata... só isso é que se pode julgar como certo ou errado, importante ou irrelevante, bonito ou feio, ou situado algures no meio entre os respectivos polos. Só então se fala de juízo e já não de gosto, porque agora, embora se esteja ainda afetado como que por uma questão de gosto, se restabeleceu, por meio da ideia, a distância adequada – aquele recolhimento, aquela indiferença ou desinteresse que é necessário para o aplauso ou para o desagrado, para a avaliação de alguma coisa, correspondente ao valor que lhe é próprio. Ao desembaraçarmo-nos do objeto, obtemos as condições para a imparcialidade"[19]. O julgamento livre-discursivo pressupõe uma realização estética: a constituição do objeto na ruptura com a afecção imediata mediante a capacidade de imaginação [*Einbildungskraft*] que produz um distanciamento.

E precisamente por isso, o julgamento, no caso Eichmann, não pode ser nem livre nem discursivo: Eichmann não pode ser julgado discursivamente, talvez nem sequer imparcialmente. É que a sentença sobre ele resulta – como se encontra na referência decisiva de Arendt na passagem citada –,"a bem dizer, apenas dos fatos monstruosos". A condenação de Eichmann resulta tão só da dimensão terrível, monstruosa, dos seus atos (que reside precisamente em que essa dimensão não é distinguível do banal). A reação ao monstruoso, o modo como experimentamos o monstruoso como monstruoso é, porém, afecção imediata: experimentamos o monstruoso com um "espanto sem fala"[20]. Essa dimensão monstruosa não é um objeto da nossa imaginação; é aquilo que não podemos imaginar; aquilo de que não podemos nos distanciar e representar como objeto. E porque o monstruoso não pode ser imaginado, também não pode ser – discursivamente, imparcialmente – julgado. Só o julgamos corretamente como aquilo que de fato é: como monstruoso, se não o julgarmos

19 Hannah Arendt, *Das Urteilen. Texte zu Kants politischer Philosophie*. Ed. por Ronald Beiner, München: Piper 1985.

20 Arendt, *Some Questions of Moral Philosophy*.

discursivamente e, assim, imparcialmente; o juízo correto sobre o monstruoso é o juízo não discursivo, o juízo parcial do espanto sem fala. Só nesse espanto é que se nos revela a *verdade* do monstruoso. A verdade não é discursiva, a verdade – a verdade de que os atos de Eichmann são terríveis, monstruosos – é "despótica"[21].

Só assim podemos julgar Eichmann: não discursivamente, não imparcialmente, mas com um espanto sem fala causado pela monstruosidade dos seus atos. Isso quer dizer que Eichmann não é objeto do nosso pensamento – se (ou na medida em que) o pensar é o movimento discursivo em que examinamos, de uma perspectiva após outra, um objeto imaginado e distanciado por meio da nossa capacidade de imaginação [*Einbildungskraft*], tal como isso sucede paradigmaticamente no julgamento na forma jurídica: o processo judicial não é senão a institucionalização do discurso. De fato, nós condenamos Eichmann precisamente *porque* não podemos pensar sobre ele, porque não podemos conduzir um discurso sobre ele. O nosso pensamento torna-se aqui reflexão: um pensar que não desfaz o espanto sem fala, mas que o pressupõe, que parte do espanto sem fala causado por Eichmann, que exprime e interpreta esse espanto e que sempre a ele retorna; um pensar que, no fim, torna a converter-se num espanto sem fala.

21 Hannah Arendt, *Truth and Politics.*

Bibliografia

ADORNO, Theodor W. *Minima Moralia. Reflexionen aus dem beschädigten Leben*. Frankfurt am Main: Suhrkamp, 1978.

AGAMBEN, Giorgio. *Homo Sacer. Die souveräne Macht und das nackte Leben*. Frankfurt am Main: Suhrkamp, 2002.

AGAMBEN, Giorgio. *Das Offene. Der Mensch und das Tier*. Frankfurt am Main: Suhrkamp, 2003.

AGAMBEN, Giorgio. *Ausnahmezustand. Homo sacer II.1*. Frankfurt am Main: Suhrkamp, 2004.

AGAMBEN, Giorgio. *Profanierungen*. Frankfurt am Main: Suhrkamp, 2005.

AISCHYLOS. *Tragödien und Fragmente*. Trad. de Oskar Werner. Munique, Zurique: Artemis, 1988.

AISCHYLOS. *Die Orestie*. Trad. de Emil Staiger. Stuttgart: Reclam, 2008.

Allgemeines Landrecht für die Preußischen Staaten von 1794. Introd. por Hans Hattenhauer. Frankfurt am Main, Berlin: Alfred Metzner, 1970.

ARENDT, Hannah. "Thinking and Moral Considerations", *in*: *Social Research*, n. 3, outono de 1971.

ARENDT, Hannah. *Vita Activa oder Vom tätigen Leben*. Munique, Zurique: Piper, 1981.

ARENDT, Hannah. *Das Urteilen. Texte zu Kants politischer Philosophie*. Ed. por Ronald Beiner. München: Piper, 1985.

ARENDT, Hannah. *Eichmann in Jerusalem. Ein Bericht von der Banalität des Bösen* Trad. do inglês de Brigitte Ganzow. München: Piper, 1986.

ARENDT, Hannah. *Macht und Gewalt*. Munique, Zurique: Piper, 1993.

ARENDT, Hannah. "Some Questions of Moral Philosophy", *in*: *Responsability and Judgement*. New York: Schocken, 2003.

ARENDT, Hannah. "Truth and Politics", *in*: *Between Past and Future*. New York: Penguin, 2006.

ARISTÓTELES. *Politik*. Trad. de Olof Gigon. Munique: dtv, 1973.

ARISTÓTELES. *Metaphysik*. Trad. de Horst Seidl. Hamburgo: Meiner, 1978.

ARISTÓTELES. *Poetik*. Stuttgart: Reclam, 1982.

ARISTÓTELES. *Über Werden und Vergehen*. Trad. de Thomas Buchheim, Hamburgo: Meiner, 2011.

BADIOU, Alain. *Ethik. Versuch über das Bewusstsein des Bösen*. Trad. de Jürgen Brankel. Viena: Turia + Kant, 2003.

BAUMANN, Jürgen, "Gedanken zum Eichmann-Urteil", *in*: *Juristenzeitung*, n. 4, 1963.

BECCARIA, Cesare. *Über Verbrechen und Strafen*. Frankfurt am Main, Leipzig: Insel, 1996.

BEHRENDS, Okko *et al.* (eds.). *Corpus Iuris Civilis – Die Institutionen*. Heidelberg: C.F. Müller, 2007.

BEK, Alexander. *Die Wolokolamsker Chaussee*. Berlin: Deutscher Militärverlag, 1963.

BENJAMIN, Walter. "Zur Kritik der Gewalt", *in: Gesammelte Schriften*, vol. II. Frankfurt am Main: Suhrkamp, 1997.

BUBNER, Rüdiger. *Handlung, Sprache und Vernunft. Grundbegriffe praktischer Philosophie*. Frankfurt am Main: Suhrkamp, 1982.

CONSTABLE, Marianne. *Just Silences. The Limits and Possibilities of Modern Law*. Princeton, Oxford: Princeton University Press, 2005.

CONSTANT, Benjamin. "Über die Freiheit der Alten im Vergleich zu der der Heutigen", *in*: *Werke*, vol. IV. Berlin: Propyläen, 1972.

Corpus Iuris Civilis – Die Institutionen. Ed. por Okko Behrends, Rolf Knütel, Berthold Kupisch e Hans Hermann Seiler. Heidelberg: C. F. Müller – UTB, 2007.

COVER, Robert. "Nomos and Narrative", *in*: *Narrative, Violence, and the Law*. Ann Arbor: The University of Michigan Press, 1992.

COVER, Robert. "Violence and the Word", *in*: *Narrative, Violence, and the Law*. Ann Arbor: The University of Michigan Press, 1992.

DELEUZE, Gilles. *Nietzsche und die Philosophie*. Trad. de Bernd Schwibs. Frankfurt am Main: Syndikat, 1985.

DELEUZE, Gilles. "Schluß mit dem Gericht", *in*: *Kritik und Klinik*. Frankfurt am Main: Suhrkamp, 2000.

DERRIDA, Jacques. *Die Schrift und die Differenz*. Trad. de Rodolphe Gasché. Frankfurt am Main: Suhrkamp, 1976.

DERRIDA, Jacques. *Gesetzeskraft. Der "mystische Grund der Autorität"*. Trad. de Alexander García Düttmann. Frankfurt am Main: Suhrkamp, 1991.

DERRIDA, Jacques. "What Is a 'Relevant' Translation?", *in*: *Critical Inquiry* 27, 2001.

DERRIDA, Jacques. *Schurken. Zwei Essays über die Vernunft*. Trad. de Horst Brühmann. Frankfurt am Main: Suhrkamp, 2003.

Deutsches Rechtswörterbuch, *in*: http://drw-www.adw.uni-heidelberg.de/drw (acessado em maio de 2011).

DÜTTMANN, Alexander García. "Die Dehnbarkeit der Begriffe. Über Dekonstruktion, Kritik und Politik", *in: Postmoderne und Politik*. Org. de Jutta Georg-Lauer. Tübingen: Edition Discord, 1992.

DWORKIN, Ronald. *Law's Empire*. Cambridge, Massachusetts: The Belknap Press, 1986.

ELLRICH, Lutz. "Semantik und Paradoxie", *in: Germanistik und Komparatistik*. Org. por Hendrik Birus. Stuttgart: Metzler/Poeschel, 1995.

EURÍPEDES. *Tragödien*. Trad. de Johann J. C. Donner e Richard Kannicht. Stuttgart: Kröner, 1958.

FEINBERG, Joel. *Rights, Justice, and the Bounds of Liberty*. Princeton: Princeton University Press, 1980.

FOUCAULT, Michel. *Überwachen und Strafen. Die Geburt des Gefängnisses.* Frankfurt am Main: Suhrkamp, 1977.

FOUCAULT, Michel. "Die Wahrheit und die juristischen Formen", *in*: *Schriften*, vol. II. Frankfurt am Main: Suhrkamp, 2002.

GIRARD, René. *Das Heilige und die Gewalt*. Frankfurt am Main: Fischer, 1994.

GRIMM, Jacob e Wilhelm. *Deutsches Wörterbuch*. Leipzig: Hirzel, 1854-1960.

GÜNTHER, Klaus. *Der Sinn für Angemessenheit*. Frankfurt am Main: Suhrkamp, 1988.

HABERMAS, Jürgen. "Naturrecht und Revolution", *in: Theorie und Praxis. Sozialphilosophische Studien*. Frankfurt am Main: Suhrkamp, 1978.

HABERMAS, Jürgen. *Faktizität und Geltung. Beiträge zur Diskurstheorie des Rechts und des demokratischen Rechtsstaats*. Frankfurt am Main: Suhrkamp, 1992.

HART, H. L. A. "Are there Any Natural Rights", *in: Theories of Rights*. Org. de Jeremy Waldron. Oxford: Oxford University Press, 1985.

HAVERKAMP, Anselm (ed.). *Gewalt und Gerechtigkeit. Derrida-Benjamin*. Frankfurt am Main: Suhrkamp, 1994.

HEGEL, Georg Wilhelm Friedrich. "Grundlinien der Philosophie des Rechts", *in*: *Theorie Werkausgabe*, vol. 7. Frankfurt am Main: Suhrkamp, 1970.

HEGEL, Georg Wilhelm Friedrich. "Phänomenologie des Geistes", *in*: *Werke*, vol. 3. 1979.

HEIDEGGER, Martin. "Der Spruch des Anaximander", *in*: *Holzwege*. Frankfurt am Main: Klostermann, 1950.

HEIDEGGER, Martin. "Parmenides", *in*: *Gesamtausgabe*, seção II, vol. 54. Frankfurt am Main: Klostermann, 1982.

HÉNAFF, Marcel. *Der Preis der Wahrheit. Gabe, Geld und Philosophie*. Frankfurt am Main: Suhrkamp, 2009.

HÖLDERLIN, Friedrich. "Anmerkungen zum Oedipus", *in*: *Werke und Briefe*. Frankfurt am Main: Insel, 1979.

HORKHEIMER, Max e ADORNO, Theodor W. "Dialektik der Aufklärung. Philosophische Fragmente", *in*: ADORNO, Theodor W. *Gesammelte Schriften*, vol. 3. Frankfurt am Main: Suhrkamp, 1981.

JELLINEK, Georg. *System der subjektiven öffentlichen Rechte*. Freiburg: Mohr, 1892 (Reprint Elbron Classics o.O. o.J.).

KANT, Immanuel. "Kritik der reinen Vernunft", *in*: *Werke*, vol. II. Ed. por Wilhelm Weischedel. Darmstadt: Wiss. Buchgesellschaft, 1956.

KANT, Immanuel. "Metaphysik der Sitten", *in*: *Werke in sechs Bänden*, vol. IV. Darmstadt: Wissenschaftliche Buchgesellschaft, 1965.

KELSEN, Hans. *Reine Rechtslehre. Einleitung in die rechtswissenschaftliche Problematik*. Edição estudantil da 1. ed. 1934. Tübingen: Mohr Siebeck, 2008.

KHURANA, Thomas. *Sinn und Gedächtnis. Die Zeitlichkeit des Sinns und die Figuren ihrer reflexão*. München: Fink, 2007.

KLEIST, Heinrich von. "Prinz Friedrich von Homburg", *in*: *Werke*. Munique: Hanser, 1966.

KLEIST, Heinrich von. "Der zerbrochne Krug", *in*: *Sämtliche Werke*, vol. I.3. Basel/Frankfurt am Main: Stroemfeld/Roter Stern, 1995 [citado abreviadamente como *Krug*].

LOHMANN, Georg. *Indifferenz und Gesellschaft. Eine kritische Auseinandersetzung mit Marx*. Frankfurt am Main: Suhrkamp, 1991.

LOHMANN, Georg. "Karl Marx' fatale Kritik der Menschenrechte", *in*: *Politisches Denken. Jahrbuch, 1999*.

LUHMANN, Niklas. *Grundrechte als Institution. Ein Beitrag zur politischen Soziologie*. Berlin: Duncker & Humblot, 1965.

LUHMANN, Niklas. *Legitimation durch Verfahren*. Neuwied/Berlin: Luchterhand, 1969.

LUHMANN, Niklas. *Macht*. Stuttgart: Enke, 1975.

LUHMANN, Niklas. "Subjektive Rechte: Zum Umbau des Rechtsbewußtseins für die moderne Gesellschaft", *in*: *Gesellschaftsstruktur und Semantik*, vol. 2. Frankfurt am Main: Suhrkamp, 1981.

LUHMANN, Niklas. *Rechtssoziologie*. Opladen: Westdeutscher Verlag, 1987.

LUHMANN, Niklas. *Das Recht der Gesellschaft*. Frankfurt am Main: Suhrkamp, 1993.

LUHMANN, Niklas."Dekonstruktion als Beobachtung zweiter Ordnung", *in*: *Differenzen. Systemtheorie zwischen Dekonstruktion und Konstruktivismus*. Org. de Henk Berg e Matthias Prangel. Tübingen/ Basel: Francke, 1995.

LUHMANN, Niklas. *Die Gesellschaft der Gesellschaft*. Frankfurt am Main: Suhrkamp, 1997.

LUHMANN, Niklas. "Die gesellschaftliche Differenzierung und das Individuum", *in*: *Soziologische Aufklärung*, vol. 6, 2. ed. Wiesbaden: VS, 2005a.

LUHMANN, Niklas."Die Form 'Person'", *in*: *Soziologische Aufklärung*, vol. 6, 2. ed. Wiesbaden: VS, 2005b.

LUHMANN, Niklas."Die Tücke des Subjekts und die Frage nach dem Menschen", *in*: *Soziologische Aufklärung*, vol. 6, 2. ed. Wiesbaden: VS, 2005c.

LUHMANN, Niklas. "Inklusion und Exklusion", *in*: *Soziologische Aufklärung*, vol. 6, 2. ed. Wiesbaden: VS, 2005d.

LUKÁCS, Georg."Die Verdinglichung und das Bewußtsein des Proletariats", *in*: *Geschichte und Klassenbewußtsein*. Darmstadt/Neuwied: Luchterhand, 1970.

MARQUARD, Odo."Der angeklagte und der entlastete Mensch in der Philosophie des 18. Jahrhunderts", *in*: *Abschied vom Prinzipiellen*. Stuttgart: Reclam, 1981.

MARX, Karl."Zur Judenfrage", *in*: *MEW*, vol. 1. Berlin: Dietz, 1977.

MARX, Karl."Zur Kritik der Hegelschen Rechtsphilosophie. Kritik des Hegelschen Staatsrechts (§§ 261-313)", *in*: MARX, Karl e ENGELS, Friedrich. *Werke*, vol. 1. Berlin: Dietz, 1977.

MARX, Karl. "Zur Judenfrage", *in*: MARX, Karl e ENGELS, Friedrich. *Werke*, vol. 1. Berlin: Dietz, 1977a.

MARX, Karl."Kritik des Hegelschen Staatsrechts", *in*: MARX, Karl e ENGELS, Friedrich. *Werke*, vol. 1. Berlin: Dietz, 1977b.

MEIER, Christian. *Entstehung des Begriffs "Demokratie"*. Frankfurt am Main: Suhrkamp, 1970.

MEIER, Christian. "Aischylos' Eumeniden und das Aufkommen des Politischen", *in*: *Die Entstehung des Politischen bei den Griechen*. Frankfurt am Main: Suhrkamp, 1980.

MENKE, Bettine. "Benjamin vor dem Gesetz. Die Kritik der Gewalt in der Lektüre Derridas", *in*: Anselm Haverkamp (ed.). *Gewalt und Gerechtigkeit. Derrida-Benjamin*.

MENKE, Christoph. *Tragödie im Sittlichen. Gerechtigkeit und Freiheit nach Hegel*. Frankfurt/Main: Suhrkamp, 1996.

MENKE, Christoph. "Gnade und Recht. Carl Schmitts Begriff der Souveränität", *in*: *Spiegelungen der Gleichheit. Politische Philosophie nach Adorno und Derrida*. Frankfurt am Main: Suhrkamp, 2004.

MENKE, Christoph. *Spiegelungen der Gleichheit. Politische Philosophie nach Adorno und Derrida*. Frankfurt am Main: Suhrkamp, 2004.

MENKE, Christoph. *Die Gegenwart der Tragödie. Versuch über Urteil und Spiel*. Frankfurt am Main: Suhrkamp, 2005.

MENKE, Christoph. *Kraft. Ein Grundbegriff ästhetischer Anthropologie*. Frankfurt am Main: Suhrkamp, 2008.

MENKE, Christoph. "Subjektive Rechte: Zur Paradoxie der Form", *in*: TEUBNER, Gunther (ed.). *Nach Jacques Derrida und Niklas Luhmann. Zur (Un-) Möglichkeit einer Gesellschaftstheorie der Gerechtigkeit*. Stuttgart: Lucius & Lucius, 2008.

MENKE, Christoph. "Das Nichtanerkennbare. Oder warum das moderne Recht keine 'Sphäre der Anerkennung' ist", *in*: FORST, Rainer; HARTMANN, Martin, JAEGGI, Rahel e SAAR, Martin (ed.). *Sozialphilosophie und Kritik*. Frankfurt am Main: Suhrkamp, 2009.

MENKE, Christoph. "Autonomie und Befreiung", *in*: *Deutsche Zeitschrift für Philosophie 58/5*, 2010 (edição reimpressa e revisada em: KHURANA, Thomas, MENKE, Chistoph (ed.). *Paradoxien der Autonomie. Freiheit und Gesetz 1*. Berlin: August Verlag, 2011).

MENKE, Christoph. "Nach dem Gesetz. Zum Schluß des Zerbrochnen Krugs", *in*: Martina Groß e Patrik Primavesi (ed.). *Lücken sehen... Beiträge zu Theorie, Literatur und Performance*. Heidelberg, 2010.

MENKE, Christoph. "Zweite Natur. Kritik und Affirmation", *in:* VÖLK, Malte *et alii* (ed.), *"...wenn die Stunde es zuläßt". Zur Traditionalität und Aktualität kritischer Theorie*. Münster: Westfälisches Dampfboot, 2012.

MENKE, Christoph. "Ästhetische Freiheit. Geschmack wider Willen", *in*: *Die Kraft der Kunst*. Berlin: Suhrkamp, 2013a.

MENKE, Christoph. "Privatrecht, Klagerecht, Grundrecht. Zur Einheit der modernen Rechtsidee", *in*: HARATSCH, Andreas (ed.). *Festschrift für Eckhart Klein*."Berlin: Duncker & Humblot", 2013b).

MÜLLER, Heiner. "Wolokolamsker Chaussee I: Russische Eröffnung e Wolokolamsker Chaussee II: Wald bei Moskau", *in*: *Werke*, vol. 5. Frankfurt am Main: Suhrkamp, 2002.

NIETZSCHE, Friedrich. "Zur Genealogie der Moral", *in*: *Kritische Studienausgabe*, vol. 5. Ed. por COLLI, Giorgio e MONTINARI, Mazzino. Munique, Berlin, New York: dtv/de Gruyter, 1988.

PLATON. "Nomoi", *in*: *Sämtliche Werke*, vol. 9. Frankfurt am Main: Insel, 1991.

RANCIÈRE, Jacques. *Das Unvernehmen. Politik und Philosophie*. Trad. de Richard Steurer. Frankfurt am Main: Suhrkamp, 2002.

ROBESPIERRE, Maximilien. "Über die Grundsätze der politischen Moral, die den Nationalkonvent bei der inneren Verwaltung der Republik leiten sollen [5 de fevereiro de 1794]", *in*: *Ausgewählte Texte*. Hamburgo: Merlin, 1989.

ROUSSEAU, Jean-Jacques. "Vom Gesellschaftsvertrag", *in*: *Politische Schriften*, vol. 1. Paderborn: Schöningh, 1977.

SAVIGNY, Friedrich Karl von. *System des heutigen römischen Rechts*. Berlin, 1840 (reimpressão, Aalen: Scientia, 1981).

SCHMITT, Carl. *Politische Theologie. Vier Kapitel zur Lehre von der Souveränität*. Berlin: Duncker & Humblot, 1979.

SCHNEEWIND, J. B. *The Invention of Autonomy. A History of Modern Moral Philosophy*. Cambridge, UK: Cambridge University Press, 1998.

SETTON, Dirk. *Unvermögen. Die Potentialität der praktischen Vernunft*. Berlin, Zurique: Diaphanes, 2012.

SHAKESPEARE, William. *The Merchant of Venice*. Londres: The Arden Shakespeare, 2006.

SOPHOKLES. *König Ödipus, Text, Kommentar*. Trad. de Jean Bollack. Frankfurt am Main, Leipzig: Insel, 1994 [citado abreviadamente como *Ödipus*].

STAROBINSKI, Jean. *Aktion und Reaktion. Leben und Abenteuer eines Begriffspaars*. Trad. de Horst Günther. Frankfurt am Main: Suhrkamp, 2003.

STRAUSS, Leo. *Hobbes' politische Wissenschaft*. Neuwied, Berlin: Luchterhand, 1965.

TEUBNER, Gunther. *Recht als autopoietisches System*. Frankfurt am Main: Suhrkamp, 1989.

TEUBNER, Gunther."Die anonyme Matrix: Zu Menschenrechtsverletzungen durch'private'transnationale Akteure", *in*: *Der Staat*, vol. 44, 2006.

TEUBNER, Gunter (2008) Selbstsubversive Gerechtigkeit: Kontingenz- oder Transzendenzformel des Rechts? *in: Zeitschrift für Rechtssoziologie*, v. 29, n. 1, p. 9-36.

TOCQUEVILLE, Alexis de. *Über die Demokratie in Amerika*. Zurique: Manesse, 1987.

WALZER, Michael."Democracy and Philosophy", *in*: *Political Theory*, vol. 9, 1981.

WEBER, Max. *Wirtschaft und Gesellschaft. Grundriß der verstehenden Soziologie*. Tübingen: Mohr Siebeck, 1980.

WELLMER, Albrecht. "Freiheitsmodelle in der modernen Welt", *in*: *Endspiele: Die unversöhnliche Moderne*. Frankfurt am Main: Suhrkamp, 1993.

WOLF, Erik. *Griechisches Rechtsdenken. Vorsokratiker und frühe Dichter*, vol. I. Frankfurt am Main: Klostermann, 1950.

YOUNG-BRUEHL, Elisabeth. *Hannah Arendt. Leben, Werk und Zeit*. Frankfurt: Fischer, 1996.

YOVEL, Yirmiyahu. *Dark Riddle. Hegel, Nietzsche and the Jews*. Cambridge: Polity Press 1998.

ZARKA, Yves Charles (2000) «L'invention du sujet de droit », pág. 3-30, *in* Zarka, Yves Charles, *L'autre voie de la subjectivité. Six etudes sur le sujet et le droit naturel au XVIIe siècle*. Paris: Beauchesne.

ZEITLER, Christoph-Maximilian. *Zwischen Formalismus und Freiheit. Das Rechts- und Richterbild im attischen Recht am Beispiel des Prozesses gegen Sokrates*. Baden-Baden: Nomos, 2010.

ZIMMERMANN, Rolf, *Philosophie nach Auschwitz. Eine Neubestimmung von Moral in Politik und Gesellschaft*, Reinbek bei Hamburg: Rowohlt 2005.

ZIOLKOWSKI, Theodore. *Kleists Werk im Lichte der zeitgenössischen Rechtskontroverse. In: Kleist-Jahrbuch*. 1987, p. 28-51.